DAXUESHENG
CHUANGXIN CHUANGYE
JIAOYU

大学生创新创业教育

沈　丹　杨百忍　孟　昕◎编著

河海大学出版社
HOHAI UNIVERSITY PRESS
·南京·

图书在版编目(CIP)数据

大学生创新创业教育 / 沈丹，杨百忍，孟昕编著.
-- 南京 ：河海大学出版社，2021.6
ISBN 978-7-5630-6972-9

Ⅰ. ①大… Ⅱ. ①沈… ②杨… ③孟… Ⅲ. ①大学生
一创造教育一教材 Ⅳ. ①G640

中国版本图书馆 CIP 数据核字(2021)第 095774 号

书　　名	大学生创新创业教育
书　　号	ISBN 978-7-5630-6972-9
责任编辑	章玉霞
特约校对	袁蓉
封面设计	徐娟娟
出版发行	河海大学出版社
地　　址	南京市西康路 1 号(邮编:210098)
电　　话	(025)83737852(总编室)　(025)83787107(编辑室) (025)83722833(营销部)
经　　销	江苏省新华发行集团有限公司
排　　版	南京布克文化发展有限公司
印　　刷	广东虎彩云印刷有限公司
开　　本	787 毫米×960 毫米　1/16
印　　张	15.25
字　　数	288 千字
版　　次	2021 年 6 月第 1 版
印　　次	2021 年 6 月第 1 次印刷
定　　价	69.00 元

前言

近年来,《关于大力推进大众创业万众创新若干政策措施的意见》《关于推动创新创业高质量发展打造"双创"升级版的意见》等一系列政策文件陆续出台,大力推动了青年的创新创业发展。各高校也普遍实施弹性学制,建立创新创业学分积累与转化制度,激发广大青年学子创新创业活力。

开设"创新创业基础"必修课程是高校开展创新创业教育的一个有力抓手。本课程的教学目标不是培养所有学生都去创业,而是采用先进的教学理念和教学方法着力培养学生的创新创业意识、创新创业精神和创新创业思维,提高学生的团队协作能力、领导能力和沟通协调能力,锻炼学生的逆商、情商和财商。

本书以"十四五"规划教材建设为契机,遵循创新创业教育的具体教学特点和实际,结合地方本科高校应用型人才培养教学改革成果,在编写过程中力求实现前瞻性与历史性结合、典型性与普遍性结合、理论性与实践性结合。同时,努力实现理念先进、语言精练、内容丰富、结构合理、形式新颖、学科交叉、方法适当、案例典型、人物鲜活生动等。在遵循教育部创新创业教育教学大纲要求的前提下,实现结构、内容和形式的创新。

本书共分为十一章,内容包括大学生创新创业教育、创意与创意意识、创新与创新意识、创新精神与创新思维、创新方法与创新能力、创新成果实训、创业与创业精神、创业团队与创业机会、创业资源与创业融资、创业技术与新企业开发、创业成果实训。

全书具体分工如下:沈丹负责第一到第四章的编写;沈丹、杨百忍负责第五到第六章的编写;沈丹负责第七到第十章的编写;沈丹、孟昕负责第十一章的编写。另外,沈丹负责教材的总体策划、统筹以及统稿和审定。本教材作为高校创新创业基础课程的教材,可供普通本科院校和高职院校选用。

编者在该书编写过程中付出了辛勤劳动，得到了盐城工学院环境学院的支持。但由于编写人员水平有限，加之时间仓促，书中难免出现不足甚至错误，欢迎读者批评指正。在编写过程中，参考了有关的教材、论著、期刊等，限于篇幅，恕不一一列出，特做说明并致谢。受各种条件所限，编者未能与有关作者取得联系，引用与理解不当之处，敬请谅解！

目录

第一章

大学生创新创业教育

知识结构图：

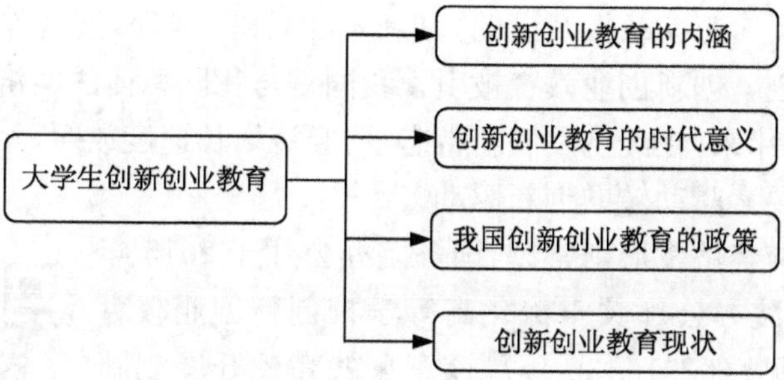

知识目标：

1. 了解创新创业的内涵和时代意义；
2. 了解国内外大学生创新创业现状，了解我国创新创业的政策。

能力目标：

了解创新创业教育的性质和责任，在实践中能自觉遵守职业道德和规范。

第一节　创新创业教育的内涵

一、创新创业教育的发展

创新创业是缓解就业压力、服务创新型国家建设的重大战略举措。联合国教科文组织甚至将创新创业教育与学术教育、职业教育并驾齐驱，称其为学习的“第三本护照”。创新创业教育是创新教育和创业教育的统一，在理念和内容上又对创新教育和创业教育进行了升华，是促进个体发展、教育教学改革、人类知识积累、社会经济发展的一项伟大事业。

创新创业教育的理论研究和实践探索最早兴起于美国。1947 年，哈佛大学商学院的迈赖斯·迈斯教授开设的“创新企业管理”课程，被看作是创新创业教育在高校的首创。创新创业教育被引入我国是与我国总体的经济发展形势分不开的，尤其是近年来，在经济发展新常态下，经济增长速度放缓，经济发展的驱动力也从投资与要素驱动转向创新驱动。

为主动适应经济发展新常态，国务院办公厅于 2015 年 5 月颁布《国务院办公厅关于深化高等学校创新创业教育改革的实施意见》(〔2015〕36 号)，该意见就高校开展创新创业教育的原则、目标、主要任务和措施做出了具体部署。至此，创新创业教育上升到国家发展战略的高度。从 2016 年起，创新创业教育课程在高校都要有所开设，在全国各高校普及创新创业教育，到 2020 年建立健全课堂教学、自主学习、结合实践、指导帮扶、文化引领融为一体的高校创新创业教育体系，人才培养质量显著提升，学生的创新精神、创业意识和创新创业能力明显增强，投身创业实践的学生显著增加。

国务院办公厅关于深化高等学校创新创业教育改革的实施意见

二、创新创业教育的内涵

创新创业教育是对创新创业的认知、心理、能力等综合素养的培育。对创新创业教育最初的定义源于联合国教科文组织在 1989 年提出的一个全新的概念，即事业心和开拓技能教育。1991 年，在日本东京召开的创业创新教育国际会议上，对“创新创业教育”给出了一个比较宽泛的定义：“培养最具有开创性个性的人，包括首创精神、冒险精神、创业能力、独立工作能力以及技术、社交和管理技能的培养。"2010年，教育部将"创业教育"的名称改为"创新创业教育"。从广义上来谈，创新创业教育是在"创新教育"和"创业教育"两个概念基础上衍生出的新概念。创新创业教育是以培养创新创业型人才为目标，高校通过创新教育理念和改革人才培养模式，强化对大学生创新创业意识、思维、精神和能力教育培养的方式和过程，从根本上提高人才培养质量，为国家和社会输出创新创业型人才。

第二节　创新创业教育的时代意义

一、创新创业教育的时代意义

2019年3月10日，习近平总书记在参加十三届全国人大二次会议福建代表团审议时强调，"要营造有利于创新创业创造的良好发展环境。要向改革开放要动力，最大限度释放全社会创新创业创造动能，不断增强我国在世界大变局中的影响力、竞争力"。习近平总书记关于"创新创业创造"的重要论述具有严谨统一的内在逻辑和丰富的思想内涵，它是一个从科技创新、高质量发展再到伟大民族精神的系统性理论拓展，是推动实现伟大中国梦的战略新抓手①。

1. 创新是"形势所迫"，是应对百年变局的必由之路

当前世界经济正处于第三次和第四次技术革命交汇期，这个阶段创新竞争异常激烈，各个国家普遍都将创新作为国际竞争优势的决定性力量。习近平总书记明确指出"即将出现的新一轮科技革命和产业变革与我国加快转变经济发展方式形成历史性交汇，为我们实施创新驱动发展战略提供了难得的重大机遇"，他强调"科技创新是提高社会生产力和综合国力的战略支撑，必须摆在国家发展全局的核心位置"。习近平总书记把创新发展作为新发展理念之首，精辟指出："创新是引领发展的第一动力。"解决新时代发展不平衡不充分的主要矛盾问题，关键是要深入贯彻新发展理念，着力抓重点、补短板、强弱项，这一切都需要进一步走创新之路。

① 刘志阳，张劲松："汇聚'创新创业创造'强大动力推动实现伟大中国梦"，载《光明日报》2019年8月9日。

创新是一个系统工程，包括理论创新、制度创新、科技创新、文化创新等各方面创新。在所有的创新活动中，习近平总书记特别强调科技创新和人才在国家发展全局的突出作用，强调要充分利用改革和开放这两个利器推进国家自主创新。人才是创新的根基，是创新的核心要素。创新驱动实质上是人才驱动。加快形成一支创新型人才队伍，重点要在吸引、培养、用好上下功夫。习近平总书记指出，“创新链、产业链、资金链、政策链相互交织、相互支撑，改革只在一个环节或几个环节搞是不够的，必须全面部署，并坚定不移推进”。只有全方位的改革才能焕发制度的活力，推进自主创新的自觉深入，让人才创新创造活力充分迸发。当前世界正进入以创新要素全球流动为特征的开放创新时代，自主创新也不能闭门造车，只有更深层次的开放才能谋划更高起点的自主创新。

【案例 1】

华为已无芯片

华为消费者业务CEO余承东在中国信息化百人会2020峰会中的演讲带来了两个重磅消息：一个是透露了华为将会有Mate40，而且还会用上麒麟9000芯片；另一个则是由于美国第二轮制裁，华为芯片只接受了5月15日之前的订单，到9月16日生产就停止了，2020年可能全球最领先的华为麒麟高端芯片将成为绝版，麒麟9000可能是最后一代麒麟芯片。

图 1-1　华为公司官方微博 5 月 16 日发文

2. 创业是"大势所趋",是实现高质量发展的战略举措

如果说科技创新解决经济新常态的动力问题,那么创业要解决的是经济发展的主体和活力问题。创业是将科技与资本、设备、人才等生产要素结合起来,它实质上是对科技创新的综合应用和产业化。习近平总书记指出,让市场真正成为配置创新资源的力量,让企业真正成为技术创新的主体。推进以科技创新为基础的创业,推动以制造业创新为主走向制造业与服务业齐头并进,打通科技创新和经济社会发展之间的通道,让一切劳动、知识、技术、管理、资本的活力竞相迸发,释放巨大发展潜能。全社会的创业活动将聚合新的市场主体,激活新的消费潜力,形成新的商业模式,由此广大中小民营企业将逐步成为市场活力的新的重要源泉,带动中国新一轮高质量发展。

创业的主体是企业家,特别是民营企业家。必须充分肯定我国民营企业在市场经济中的重要地位和作用。资本来源多样化决定了非公有制经济是创业活动的主要力量。党的十九大把"两个毫不动摇"写入新时代坚持和发展中国特色社会主义的基本方略。在2018年民营企业座谈会上,习近平总书记指出:"民营经济是我国经济制度的内在要素,民营企业和民营企业家是我们自己人。"推动民营经济发展和激发全社会的创业活动需要充分保护企业家精神。市场活力来自于人,特别是来自于企业家,来自于企业家精神。激发和保护企业家精神对于增强市场活力、推动经济结构转型升级以及促进经济社会持续健康发展都具有重要意义。

3. 创造是"时代必然",是凝聚力量实现中国梦的重大选择

党的十九大报告提出2035年基本实现社会主义现代化的目标。基本实现现代化需要激发全民族的劳动创造精神。如果说创新创业是经济发展的助推力,那么创造则是新时代高质量发展的必然要求。习近平总书记提出要"推动中国制造向中国创造转变、中国速度向中国质量转变、中国产品向中国品牌转变"。"中国创造"意味着"中国制造"从劳动生产向价值创造、从加工制造向价值链攀升的全面转型,是一场面向国际产业竞争的自觉"品质革命"。伴随中国在全球竞争中主导产业和核心技术的突破式创新以及企业国际市场占有率的不断提高,"中国创造"正逐步成为全球高质量、高品质的代名词。当越来越多的中国创新企业参与到全球技术标准和贸易规则的制定过程,"中国创造"在全球创新版图的贡献度也将日益凸显。

"中国创造"更是指全体劳动人民伟大的创造精神。在十三届全国人大一次

会议上的重要讲话中，习近平总书记热情讴歌中华民族的创造精神、奋斗精神、团结精神和梦想精神，指出“只要 13 亿多中国人民始终发扬这种伟大创造精神，我们就一定能够创造出一个又一个人间奇迹”。创造精神缘起于中华民族艰苦奋斗自强不息的精神传统和文化内蕴，也是中国梦实践中的伟大民族精神的自我升华。“创造”意味着开创、突破和超越的勇气，意味着事业从无到有、革旧鼎新的实践探索。“创造”的主体和依靠力量是最广大的人民群众。新时代倡导创造精神就要努力营造劳动光荣的社会风尚和精益求精的敬业风气；营造“尊重首创精神，保护创造成果”的社会氛围；大力弘扬劳模工匠精神、企业家精神和科学家精神；最大限度激发广大人民群众创新创造的磅礴伟力，最大限度释放全社会创新创业创造的新动能。必须从中华民族伟大精神的高度去认识和把握“创新创业创造”重要论述，以“创造”之精神推动新时代“创造”之伟业，让“创新创业创造”汇聚成新时代经济社会高质量发展的永恒动力。

4. “创新创业创造”重要论述是有机的思想整体

从科技创新这个逻辑起点到以技术为导向进行各种生产要素组合的创业，再到弘扬伟大民族精神的创造精神，“创新创业创造”重要论述在行为主体、精神动力和作用机制上构成一个逻辑严谨、逐步提升的思想体系。

在行为主体上，科技创新的主体是广大科技工作者以及全社会所有科技参与者；创业的主体是企业家，特别是民营企业家，他们是“创业就业的主要领域、技术创新的重要主体”；创造的主体是全体中华儿女，既包含广大的科技教育工作者、大国工匠、民营企业家等知识型、技能型、创新型劳动者，也涵盖千千万万的有创造想法的普通老百姓。这些“创新创业创造”群体组成了新时代最耀眼的时代新人。

在精神动力上，创新需要大力弘扬爱国、创新、求实、奉献、协同、育人的新时代科学家精神，以科学家的榜样力量引领全社会创新智慧的充分迸发和创造力量的不断涌动；创业需要“激发企业家精神，发挥企业家才能”，冒险、创新、永不满足、服务社会的精神是创业的内在动力；创造既需要激发科技工作者的创新求变精神，也需要激活和保护企业家的创业创造精神，更需要发扬普通民众的劳动和工匠精神。创新侧重思维，创业重在实践，创造强调精神。创新创业是创造的归属和实践，创造是创新创业的灵魂和动力，必须从整体上把握新时代创新创业创造精神的思想实质。

在作用领域上，创新主要聚焦科学技术领域，强调以科技创新为抓手进而推动制度、文化、观念等领域的创新；创业主要聚焦经济发展领域，强调要适应高质量发展不断培育新的市场主体，从而推动经济切实转型增效；创造不仅是指经济领域从传统制造业到高端制造的经济发展模式转变，更是指社会领域新时代所需要的新面貌和新作为，因而适用于绝大多数领域。“创新创业创造”重要论述“打通从科技强到产业强、经济强、国家强的通道”。

总之，习近平总书记关于“创新创业创造”的重要论述体现了从生产力、经济基础再到社会系统的理论逻辑上升过程。创新是推动生产力的最活跃、最原始的动力，生产力的发展必然引发生产关系和上层建筑的变革，最终将推动社会进步。创业是由创新所牵引的，主要作用于经济基础。创造发端于生产力领域中的高附加值创新创业劳动，作用于推动经济增长和社会进步的所有要素的崭新整合。创造也是个体求新求变思维的开端，所有个体的创造精神更是指涉民族精神重塑、社会发展理念更迭等上层建筑，因此它是涵盖各个层面、内涵最为广泛的一种活动。创新驱动发展，创业激活经济，创造提升价值并塑造新的时代精神。习近平总书记关于“创新创业创造”的重要论述是有机的思想整体，必须深刻把握其丰富的时代内涵，汇聚创新创业创造的强大动力，努力推动中华民族伟大复兴及中国梦的实现！

第三节　我国创新创业教育的政策

自 1999 年清华大学举办首届“挑战杯”中国大学生创业计划大赛，拉开了我国高校开展创新创业教育的序幕以来，创新创业教育在我国已经有 20 余年的历史。在此期间，国家出台了一系列政策文件为我国创新创业教育的发展提供指导。我国创新创业教育的发展历程大致可以划分为三个阶段：萌芽阶段（1999 年—2002 年）、试点阶段（2002 年—2008 年）和全面推进阶段（2009 年至今）。

1998 年 12 月，教育部印发《面向 21 世纪教育振兴行动计划》，提出实施“高校高新技术产业化工程”，要求“加强对教师和学生的创业教育，采取措施鼓励他们自主创办高新技术企业”。

1999 年 6 月，《中共中央国务院关于深化教育改革，全面推进素质教育的决定》出台，提出要实施素质教育，高等教育要重视培养大学生的创新能力、实践能力和创业精神，普遍提高大学生的人文素养和科学素质。

2004 年，《中共中央国务院关于进一步加强和改进大学生思想政治教育的意见》（中发〔2004〕16 号）提出，要“努力解决大学生的实际问题……要帮助大学生树立正确的就业观念，引导毕业生到基层、到西部、到祖国最需要的地方建功立业。要进一步建立健全大学生就业指导机构和就业信息服务系统，提供高效优质的就业创业服务。”

2004 年，劳动和社会保障部办公厅、教育部办公厅印发《关于在部分高等院校开展“创办你的企业”(SYB)培训课程试点的通知》(劳社厅函〔2004〕234 号)，首先选择部分有创业培训工作基础、工作积极性较高的高等院校进行 SYB 培训试点，并为首批试点院校培训一批 SYB 教师。

2006 年，《十四部门关于切实做好 2006 年普通高等学校毕业生就业工作的通知》(教学〔2006〕8 号)指出：“切实加大对高校毕业生自主创业和灵活就业的扶持力度”，“全面深化高等教育改革，努力提升高校毕业生就业能力”。

2006 年，劳动和社会保障部办公厅《关于进一步做好 2006 年高校毕业生就业有关工作的通知(劳社厅发〔2006〕17 号)指出，“加强对大学生的创业培训和创业服务”，要求各地要将大学生创业培训工作纳入当地创业培训工作总体规划，组织有积极性的高等学校开展大学生创业培训工作，引入“产生你的企业构思”(GYB)培训，将“创办你的企业”(SYB)培训作为试点院校选修课程，并加快培养一批高校创业培训教师。

2007 年，《劳动和社会保障部关于进一步加强创业培训推进创业促就业工作的通知》(劳社部发〔2007〕30 号)指出，“创业培训是提高劳动者创业能力的重要手段，是推进创业促就业工作的重要内容”，并要求继续推动与国际劳工组织联合实施的“创办和改善你的企业”项目。

2008 年，《国务院办公厅转发人力资源社会保障部等部门关于促进以创业带动就业工作指导意见的通知》(国办发〔2008〕111 号)提出了加大培训力度、提高培训质量、建立孵化基地、健全服务组织、完善服务内容等政策，这是我国第一个较为完整的创业培训政策体系。

2010 年，《国家中长期教育改革和发展规划纲要(2010—2020 年)》，提出“职业教育要面向人人、面向社会，着力培养学生的职业道德、职业技能和就业创业能力”。

2010 年，人力资源和社会保障部、教育部等《关于实施“2010 高校毕业生就业推进行动”大力促进高校毕业生就业的通知》(人社部发〔2010〕25 号)要求，对高校毕业生初创企业，可按照行业特点，合理设置资金、人员等准入条件，并允许注册资金分期到位。完善整合就业税收优惠政策，鼓励高校毕业生自主创业。

2010 年，《教育部关于大力推进高等学校创新创业教育和大学生自主创业工作的意见》(教办〔2010〕3 号)提出“加强创新创业教育课程体系建设、加强创新创业师资队伍建设、广泛开展创新创业实践活动、建立质量检测跟踪体系、加强理论研究和经验交流”等举措，形成了创新创业教育、创业基地建设、创业政策支持、创业服务“四位一体”的格局。

2012 年 5 月，《教育部财政部关于印发高等学校创新能力提升计划实施方案的通知》(教技〔2012〕7 号)提出，“加快高校机制体制改革，转变高校创新方式，集聚和培养一批拔尖创新人才，产出一批重大标志性成果，充分发挥高等教育作为科技第一生产力和人才第一资源重要结合点的独特作用，在国家创新发展中做出更大的贡献”，为高校创新教育的深入开展奠定了坚实基础。

2012 年 8 月，《教育部办公厅关于印发〈普通本科学校创业教育教学基本要求(试行)〉的通知》(教高厅〔2012〕4 号)提出了面向全体、注重引导、分类施教、结合专业、强化实践的教学原则；确定教学内容为“教授创业知识、锻炼创业能力、培养创业精神”。

2015 年，《国务院关于进一步做好新形势下就业创业工作的意见》(国发〔2015〕23 号)，提出“统筹推进高校毕业生等重点群体就业……加强就业创业服务和职业培训……利用各类创业培训资源，开发针对不同创业群体、创业活动不同阶段特点的创业培训项目，把创新创业课程纳入国民教育体系”。

2015 年，《国务院办公厅关于深化高等学校创新创业教育改革的实施意见(国办发〔2015〕36 号)系统提出了“完善人才培养质量标准、创新人才培养机制、健全创新创业教育课程体系、改革教学方法和考核方式、强化创新创业实践、改革教学和学籍管理制度、加强教师创新创业教育教学能力建设、改进学生创业指导服务、完善创新创业资金支持和政策保障体系”。

2015 年，人力资源社会保障部办公厅《关于进一步推进创业培训工作的指导意见》(人社厅发〔2015〕197 号)提出了“明确创业培训对象和内容、建立健全创业培训制度、加强创业培训课程开发、加强创业培训师资队伍建设、规范创业培训机构发展、创新创业培训模式、强化创业服务等具体举措”，这是对 2008 版的创业培训政策体系的全面完善和提升。

2016 年 5 月，中共中央、国务院印发的《国家创新驱动发展战略纲要》提出“推动创新创业，激发全社会创造活力”，要求“建设和完善创新创业载体，发展创客经济，形成大众创业、万众创新的生动局面”。

2016 年，《人力资源社会保障部教育部关于实施高校毕业生就业创业促进计划的通知》(人社部发〔2016〕100 号)提出：实施能力提升、创业引领、校园精准服务、就业帮扶、权益保护五大行动。

2017 年 6 月，科技部办公厅印发《国家科技企业孵化器“十三五”发展规划》(国科办高〔2017〕55 号)提出“提升孵化质量，带动创业服务精益发展”，要求：“以创业者的需求为导向，强化‘创业导师＋创业辅导师’制度和职业化管理服务队伍建设，扩大孵化器与第三方专业服务机构合作，建立专业化、网络化、开放化的服务机制，扩大创业服务供给，提升增值服务水平。”

2017年9月，中共中央办公厅、国务院办公厅印发的《关于深化教育体制机制改革的意见》指出：“完善提高职业教育质量的体制机制。强调要健全德技并修、工学结合的育人机制。坚持以就业为导向，着力培养学生的工匠精神、职业道德、职业技能和就业创业能力。”

2017年，《国务院关于强化实施创新驱动发展战略进一步推进大众创业万众创新深入发展的意见》(国发〔2017〕37号)提出：“大众创业、万众创新深入发展是实施创新驱动发展战略的重要载体”，要贯彻“人才优先、主体联动”的理念，以人才支撑为第一要素，改革人才引进、激励、发展和评价机制，激发人才创造潜能，鼓励科技人员、中高等院校毕业生、留学回国人才、农民工、退役士兵等有梦想、有意愿、有能力的群体更多投身创新创业。

2018年9月，《国务院关于推动创新创业高质量发展打造“双创”升级版的意见》(国发〔2018〕32号)指出：“近年来，大众创业万众创新持续向更大范围、更高层次和更深程度推进，创新创业与经济社会发展深度融合，对推动新旧动能转换和经济结构升级、扩大就业和改善民生、实现机会公平和社会纵向流动发挥了重要作用，为促进经济增长提供了有力支撑。”这是我国迄今为止最为全面的创新创业政策体系。

2019年12月，《国务院关于进一步做好稳就业工作的意见》(国发〔2019〕28号)指出：“坚持把稳就业摆在更加突出位置，强化底线思维，做实就业优先政策，健全有利于更充分更高质量就业的促进机制，坚持创造更多就业岗位和稳定现有就业岗位并重，突出重点、统筹推进、精准施策，全力防范化解规模性失业风险，全力确保就业形势总体稳定。”

2020年7月，《国务院办公厅关于提升大众创业万众创新示范基地带动作用进一步促改革稳就业强动能的实施意见》(国办发〔2020〕26号)指出，“支持高校毕业生、返乡农民工等重点群体创业就业，努力把双创示范基地打造成为创业就业的重要载体、融通创新的引领标杆、精益创业的集聚平台、全球化创业的重要节点、全面创新改革的示范样本，推动我国创新创业高质量发展”。

第四节　创新创业教育现状

一、国内创新创业教育状况

2010年，我国教育部把创业教育名称改为“创新创业教育”。创新创业教育是以培养创新创业型人才为目标，高校通过创新教育理念和改革人才培养模式，强化对大学生创新创业意识、精神和能力教育培养的方式和过程，从根本上提高人才培养质量，为国家和社会输出创新创业型人才。

清华大学是亚洲最早举办校园创业赛事的大学，也是我国最早开始建设系统的创业课程的大学，在国内相对具有很好的创业教育传统。清华大学坚持原有的教育科研标准，做好通识和专业教育，通过课程、讲座、赛事活动、因材施教计划等方式培养学生创新创业精神与能力，以期学生普遍具有创新创业精神。清华大学近年来正在建立大学—企业—政府协同合作的创新创业生态系统，改革传统的“课程—赛事”教育模式，进一步提升原有教育质量，并引入风投驻校，鼓励创业实践与实习，与地方政府签订一系列合作协议，逐渐形成了清华新的创业教育模式，其中“清华创＋”尤为典型。“清华创＋”通过讲座、沙龙、在线课程、嘉年华等方式进行基础的创业教育。对于有志于从事创业活动的学生，“清华创＋”则通过汇集学校、企业和政府的资源，提供跨越产学界线和专业界线的各类创业教育平台，根据一般创业过程，全过程教育，全过程匹配，通过创业实习、创业SRT、种子基金和路演、对接落地等方式，让学生在校期间就可以真刀真枪地干中学。通过“清华创＋”平台，大学、企业、政府在培养创新创业人才的共同长期目标下，发挥原有职能，并嵌入式地行使部分另外两机构的功能，优化资源配置，形成紧密的合作网络，解决现有问题，提升创业教育质量。

同济大学在其创新创业型人才培养上做出了积极的探索和实践，形成了包括理论与实践相结合的教育、实践基地建设、软硬件支持的孵化平台建设、浓郁的校园文化氛围和“官产学研结合”与“三区联动”特色性的创新创业教育模式。

南京大学将通识教育与个性化培养相融合的理念融入“三三制”人才培养体系中并贯穿本科四年教育的全过程，构建了包括训练、竞赛、成果孵化、创新创业课程、讲堂为主要内容的“五位一体”创新创业教育体系。

浙江大学通过教学体系改革（改变教学观念，变革培养模式）、创业实践探索

（探索创新实践，激发创新意识）、内外资源整合（整合内外资源，形成“资源＋”），以学术研究、服务支撑机构、学生社团和活动竞赛为支撑，以政府、企业孵化器和风险投资机构等构建多层次全校性创新创业教育模式。

二、国外创新创业教育状况

国外一直重视对创新创业教育的研究，研究的起步时间和相关的实践活动都开始得比较早，一定程度上取得了重要的成果，研究也已经到了比较成熟的阶段，研究内容涉及教育理念、培养机制、课程体系、教学模式等多个方面。

1. 美国

美国对创新创业教育的研究处于世界领先的地位。20 世纪 40 年代末期，美国哈佛大学、百森商学院、斯坦福大学等先后尝试为学生提供创新创业教育活动，并且这一教育活动被称作本国经济进步的直接推动力。在美国，创新创业教育对整个社会的发展都起着重要性及不可替代性，逐渐被视为国民基础教育组成部分，并被贯穿到小学到研究的全过程中。很多高校同时开设了相关课程。

麻省理工学院自 1861 年创校以来，一直享有鼓励创业的声誉，开创了创业型大学的先河，创业精神诞生于创校之时，“手脑并重”是该校校训。该校开创了基础研究和教学与产业创新结合的模式，形成了大学、产业、政府三方密切协同合作关系。

表 1-1　麻省理工学院创新创业教育实践项目

项目名称	内容
创业启动项目（Start MIT）	旨在向任何对创业感兴趣的学生介绍创业所需的技能和精神。为期两周半的研讨会让学生沉浸于创业，为他们提供将激情转化为市场所需技术的基础。每天的主题和目标包括：创意练习、客户和主要市场调查、产品市场匹配度、公司故事讲述、财务和融资、走向市场战略等。学生可去纽约和硅谷考察
沙盒创新基金计划（MIT Sandbox Innovation Fund Program）	为所有类型学生创新者开辟道路，无论他们是有种子计划、新技术，还是想成立公司，研究生和本科生都可参加该项目。因材施教，提供高达 25 000 美元的资助，帮助他们培养创造性思维
创业融合项目（MIT fuse）	为期 3 周的动手创业体验，专为希望像企业家一样工作、思考并想成立公司的学生和小型团队设计。以工作坊形式为学生提供机会，让他们了解自己是否喜欢创业公司的生活方式，学习有价值的技能，即使他们选择的职业道路不是创办自己的公司。包括团队动态、客户获取策略、如何快速有效工作、如何进行公司营销

续表

项目名称	内容
创业实习项目(Entrepreneurship Internship)	面向麻省理工学院所有本科生开放的带薪暑期实习项目，在麻省理工学院 DeltaV 校友创办的初创企业中提供身临其境的工作体验。接受一对一指导，确定创业生活是否适合自己
10 万美金创业竞赛项目(MIT $ 100K Entrepreneurship Competition)	重点在培养必要创业技能，将人才、创意和技术转化为创新型公司。半决赛选手将获得指导、原型基金、商业计划反馈、折扣服务和媒体曝光。获胜团队获得 10 万美元奖金帮助其成立公司
创业和创客技能整合项目(MIT Entrepreneurship and Maker Skills Integrator)	为期两周的密集型硬件启动训练营，将数名麻省理工学院学生带到香港与香港大学同行合作，组建团队，进行问题识别和初级市场调研，建立工作原型。包括通过参观中国工厂对中国制造生态系统进行参与式观察
转化研究员项目(Translational Fellows Program)	为被提名的博士后提供资金，让他们每周有一天致力于将麻省理工学院的研究成果转化为市场技术。为期一年的项目中，让博士后们参与系列活动，从指导到利益冲突管理，旨在建立具有风险投资价值的公司，与麻省理工学院丰富的创业生态系统建立联系
创业加速项目(Delta V)	严格的暑期创业加速器项目，是创业中心最引人注目的项目，也是麻省理工学院学生创业者的最高教育体验。允许学生全职工作，边做边学。三个月时间里，参与者接受创业培训、教练和导师直接建议、模拟委员会评审、高达 20 000 美元的免费资金、办公空间、原型工具和实验室空间等。学生可获得每月 2 000 美元的奖学金
国际科学与技术中心的创新创业实习计划(MISTI's innovation & entrepreneurship internship)	麻省理工学院国际科学与技术中心开创性的国际教育项目。国际实习项目为麻省理工学院学生提供独一无二的世界级体验，在全球领先公司和实验室获得实际工作经验的机会

（资料来源：根据麻省理工学院创业中心网络管理，https://entrepreneur-ship.mit.edu/。）

斯坦福大学是世界领先研究型大学之一，以创业精神而闻名，是美国智力最活跃、文化最多元的地区之一。斯坦福大学创业研究中心于 1996 年创立，其创新创业教育实践项目主要由商学院、工程学院和普拉特设计学院提供，其创业教育方法是课堂前沿理论和现实世界专业知识的有机结合，课程模块由创业基础课、体验式课程、功能性课程、行业特定课程、社会创新课程组成，授课团队由斯坦福大学的教师和经验丰富的企业家组成，形成了包括商学院、工程学院、医学院、创业俱乐部等在内的动态网络组织的成熟创新创业生态系统。

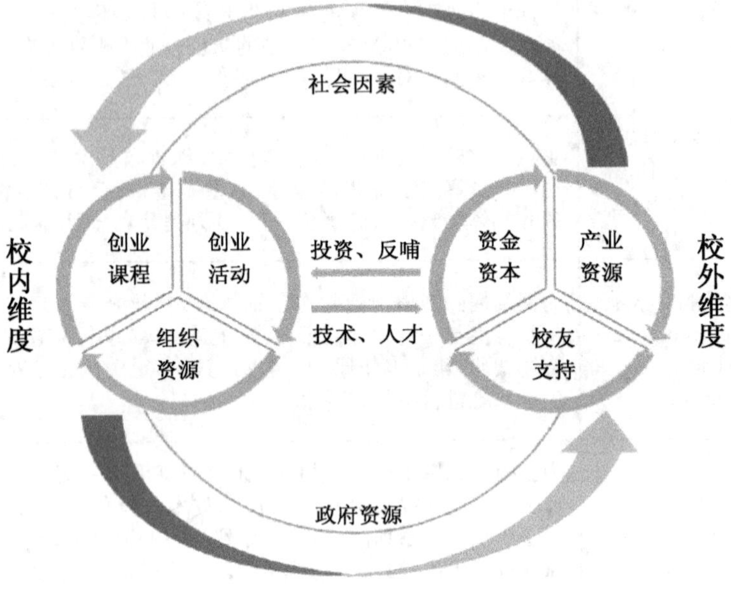

图 1-2　斯坦福大学创新创业生态系统

从图 1-2 的动态网络图中，可以看到斯坦福大学从内部教育完善的管理运行，到外部产业和风投带来的配套支持，形成了从课堂到实践的斯坦福创业网络。此外在社会环境和政府资源的支持下，学校积极沟通各方关系，为斯坦福的创业成果转化提供了全方位的保障。

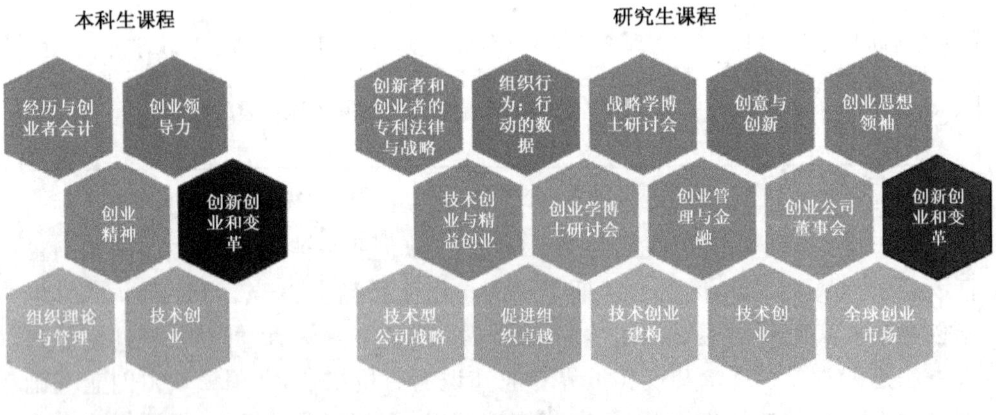

图 1-3　斯坦福大学部分创新创业课程

表 1-2 斯坦福大学创新创业教育实践项目

项目名称	内容
梅菲尔德研究员项目 (The Stanford Technology Ventures Program's Mayfield Fellows Program)	属于斯坦福科技创业计划,为在任何专业有天赋的本科生或硕士生提供机会,培养他们建立和发展高科技公司所需的理论、实践知识和领导技能。通过为期 9 个月的课程、指导、社交活动以及在硅谷初创公司的带薪暑期实习,建立起积极的创业心态
创业门槛项目 (Threshold Venture Fellows)	是工程学院为十几名对创业企业感兴趣的硕士生精心设计的、通过提供机会观察当地企业并接受专业人士和不断发展的校友网络的行业指导,积累公司创立和成长的一手经验,引导其形成创业领导力
加速创新学者计划 (The Accel Innovation Scholars program)	支持斯坦福工程博士生团队发现和评估技术商业化机会、形成创业领导力技能。为期 9 个月,为学生提供高效地接触硅谷创业领袖和创新创业公司的机会,让工程博士生为世界带来突破性想法
发展中经济体创新项目 (The Stanford Institute for Innovation in Developing Economies)	致力于刺激、发展和传播创新,使企业家、管理者和领导人能减轻发展中经济体的贫困
斯坦福点火项目 (Stanford Ignite)	为期四周的全职参与项目,参加者能够获得将创业想法转变为创办公司所需的商业基础知识和实践经验
创业暑期计划 (Entrepreneurial Sum GMer Program)	通过在初创公司实习来测试是否适合创业。提供真实的机会,体验早期创业环境的节奏和氛围。每年约有 10%的 MBA 课程参加此项目,到有 5～50 名全职员工规模的公司暑期实习。完成项目后,学生对自己是否适合创业和是否有创业兴趣会更加清楚
创新之路项目 (Path ways in Innovation Program)	由国家科学基金会创建和运营,将创新和创业精神充分融入工程课程的模式、定制在线资源、创业教师指导,与国外加强合作
大学创新研究员项目 (University Innovation Fellows program)	赋权学生成为学校变革推动者,帮助大学生培养创业心态和创业信心。创建学生工作室及为跨学科合作提供机会,与学术领袖一起倡导变革,代表学校参加国家活动。每年春季和秋季通过申请程序挑选,录取后,候选人将参加为期六周的在线体验培训,与全国性研究员网络联系,评估目前的创业生态系统,制定行动计划,开始实施他们的想法。该项目由普拉特设计学院和国家科学基金会共同设立

续表

项目名称	内容
企业社区资助的住校学生创业奖学金计划(Student in Residence Scholarship)	支持学生团队在完成学位的同时建立公司。资格须是斯坦福具有良好声誉的学生，与全部创始人团队一起申请
基础创业项目(Cardinal Ventures)	由学生创立和管理的斯坦福大学校园创业加速器。每年举办两期 10 周的项目，每组 12～20 个团队，目标是支持学生尽早创业。将创始人与硅谷生态系统联系起来，对其进行创业教育，并提供指导、资源、网络和战略建议等

(资料来源：根据斯坦福大学创业研究中心网站管理，https://www.gsb.stanford.edu/faculty-research/centers-initiatives/ces。)

2. 英国

1987 年，英国对大学生教育工作的重视度日益提升，尤其是到了 20 世纪 80 年代末期，英国政府提出在全国范围内实施高校创业计划(EHE)，对大学生创业教育给出了指导意见鼓励大学毕业生创业，并且在各大高校内加强创新创业教育。到了 20 世纪 90 年代末期，英国建立专业的创新创业教育管理与实施的科学创业中心(UK-SKC)。英国非常重视创新和创业教育的实践，通过建立创业园区和开展企业实践活动来补充课堂理论教学。通过建立创业园区，整合政府和企业等社会资源，积极为学生提供理论指导和场地支持。鼓励成功创业企业走进创业园，为学生传授创业成功的要领，同时营造真实的创业环境。除了建立创业园，创业实践计划也是英国创新和创业实践教育的重要组成部分。

目前，英国高校创业教育课程主要分为两种：一种是“关于创业”课程，是为了使学生能够系统掌握创业的理论、观点和技能的课程；一种是“为创业”课程，是与创业活动直接相关的课程。“关于创业”课程通常以创业基本理论与技能作为编制依据，从相应创业相关领域中选取知识，编排课程，进行教学。“为创业”课程注重培养学生的实践能力，强调创业课程要与创业实际关联，最大限度地接近真实创业活动过程。广泛开展创业选修课是英国多所名校推进创业教育的重要方式。

伦敦商学院通过在 MBA 项目中设立创业选修课的方式拓宽创业教育的普及面。不仅如此，各种选修课程灵活多样，学生可以根据自己的兴趣进行自由选择，尊重了学生的主体性。除此之外，创业教育课程还会根据教学对象的不同，进行不同的划分，本科生、硕士生和博士生的课程内容和形式也不相同。通过这样的课程安排，有效满足了不同专业、不同学历学生的不同学习需求。

牛津大学创新创业教育的主要提供者为全球一流的商学院——赛义德商学院(Oxford Said Business School)。当前牛津大学的创新创业教育模式就属于这种从赛义德商学院衍生发展出来的新型互动模式。所谓互动模式是指在商业环境下运行，有着自身独特的创新创业教育理念，引导大学生积极利用社会资源，将企业和社会角色纳入创新创业发展系统加以考虑，培养大学生掌握创业相关知识、学会创业行为和技能的创新创业教育模式。在赛义德商学院教师中，几乎百分之百的教师都拥有英国或美国如 MIT、哈佛等世界顶尖高校的学历，其中百分之九十以上的教师在进入赛义德之前有着多年在银行做管理顾问，在世界 500 强企业任高层管理或顾问，在世界银行、欧盟、联合国等这些国际组织任职或自己创办经营公司等的相关经验。牛津大学在课程设置上，注重创新创业教育知识和其他学科专业的融合，开设了联合课程，如计算机、工程、化学与商业研究相结合的联合课程。课程的联合，既能让创新创业教育走向商学院以外的院系和学科，又可以使其他学科专业融进商学院的课程中来。此外，牛津大学每年都会举行若干场商业大赛，如由牛津科学与企业研究中心(Ox SEC)及 SBS 下设的詹姆士马丁科学与文明研究院(JMI)共同主办的“21 世纪挑战杯”及 BSB 创办的 YBD 牛津青年创业大赛，这两个都是国际性的商业大赛。同时，牛津大学也组织学生积极参加其他国家举办的国际性商业大赛，如“常青杯全球华人创业大赛”。学校成立了“牛津大学商业校友会”，为志于在商业领域发展的校友提供帮助。另外，还形成了由 9 个不同的网络组成的“牛津大学商业网络”，每一个网络都是牛津大学在校学生和校友共同主持运作，学生可以通过加入其中一个与自己创业兴趣相关的网络为自己创造机会。

3. 日本

日本对高校创新创业教育也十分重视。20 世纪末日本遭受经济危机后，引进创业教育并投入大量资源用于恢复本国经济市场发展，同时提出科技立国的理念，鼓励本国教育界特别是高等教育界强化科技作用，积极为高校学生开展创新创业教育，努力培养出更具创造力的科技人才。

日本的创新创业教育是典型的“政府主导”的发展模式。“产—官—学”模式是日本教育的特色之一。“官”代表了政府对创新创业教育的支持，“学”代表了高校的创业教育，“产”代表了企业对创新创业教育的支持。日本政府通过这种模式，充分地调动了社会各界的资源。日本企业能够积极为高校学生提供实践基地，提供风险投资。同时，高校利用自身的优势，通过设立产学合作中心、产学创业教育中心等途径，为企业提供技术和管理方面的支持。

日本最具特色的课程是2005年东京大学开设的“企业家道场”，讲师是具有丰富实践经验的企业家、投资者或教师。“企业家道场”的课程设置分为初、中、高三类，分别针对不同阶段的学生开设，课程设置适合学生发展需要，能够结合学生实际经历。

三、国外创新创业教育模式对我国的借鉴和启发

1. 高校层面：完善培养机制

(1) 良好的创新创业校园氛围

校园文化对学生起着潜移默化的影响作用，要想拥有良好的创新创业教育环境氛围，离不开良好的校园创新创业文化的熏陶。研究发现，部分高校相继成立了创新创新教育中心或创新创业教育学院等专门负责学生创新创业教育的组织，这是一个很好的方向；另外，高校教师须具备创业教育的意识，在教育教学中不失时机地渗透创新创业教育相关知识；高校可以成立大学生创新创业协会等一些学生组织吸引学生踊跃参加，通过定期举办成功创业者交流座谈会、学生创新创业作品成果展和大赛等活动来渲染和营造创新创业氛围。

(2) 完备的创新创业教育师资队伍

参考国外高校在创新创业教育方面的先进经验，我国高校需要完善创新创业教育师资队伍建设，把师资的选拔和培养重视起来。第一，师资选拔上。除了选聘创新创业教育专职教师，还需要引入多学科背景的教师拓展学生的创新性思维，同时也需要从校外聘请企业成功人士或某领域的专家等担任兼职教师，以其丰富的实践经验和工作阅历开拓学生的视野，并为学生提供多方面的指导。第二，师资培养上。教授创新创业教育课程的教师，既需要增强自身在创新创业教育理论方面的知识并提高教学能力，也需要学校制定相应措施激励他们深入企业了解企业运作和行业发展的实际情况、与企业中的成员多交流。

(3) 完善的创新创业教育课程体系

首先，创新创业教育课程的设置应与学校的人才培养目标相一致，把创新创业教育内容融入教学大纲中，同高校发展的长远目标相关联。其次，高校应组织专业权威人士（可考虑校内外师资合作参与）开发创新创业课程体系，将高校创业课程作为必修课程进行学习。再次，课程内容设置上除了开设专门的创业课程，应增加包括文、理、工科等有机结合的综合性课程和跨学科、跨专业课、活动

类课程。最后，可依据能力需求设计创新创业教育课程类别，如创新创业教育课程应该有基础课程、核心课程和实际操作课程等。

(4) 完善的创新创业教育评价体系

研究发现，我国高校在发展创新创业教育建设过程中很少有评价体系，而斯坦福大学完善的创业教育评价体系非常值得我国高校学习。斯坦福坚持接受校内的评价模式和借鉴校外企业管理中的思想，保障创新创业教育质量的评估和审查，同时也接受校外组织的追踪评价。因此，我国高校需要建立完善的创新创业教育评价体系来保障其质量，如可以从课程、师资、学生的创新创业项目、社会实践、对社会的影响力、毕业生的成就等进行全方面的考虑。

2. 企业层面：完善协同方式

(1) 完善的协同人才培养模式

创新校企合作人才培养模式，校企合作不仅需要重视培养学生的实践能力，也需要回归到教学重视学生创新创业理论知识的学习。企业参与高校修订创新创业教育人才培养方案，参与课堂教学。如学校可以邀请企业中的专家和技术人员参与创新创业型人才培养方案的修订，人才培养方案可以有效地突出企业实际中的真实案例；参与高校创新创业教育课程的开发和课堂教学，让学生近距离感受和接触企业中实实在在的案例。这样不仅能提高学生的创新创业能力，还能激发他们的创新创业意识和兴趣。

(2) 充足的资金支持力度

多渠道的资金来源可以保证高校创新创业教育的有效开展，高校除了政府和自身的资金来源外，也需要企业的支持。如企业应积极与高校合作共建互惠互利的创新创业教育实训平台和研发平台；赞助大学生创新创业竞赛和成果展的同时可以发掘优秀的人才或科技成果为自己所用；为大学生创业项目提供融资的同时也可以实现收益；参与天使投资或社会捐赠为自己赢得良好声誉；等等。

3. 政府层面：完善保障机制

(1) 良好的社会创新创业氛围

政府需要营造良好的社会创新创业大环境氛围，如向全社会倡导创新创业理念、弘扬创新创业精神；让新闻媒体和互联网宣传创新创业政策和典型实践案例。可以对创新创业优秀代表给予表彰和奖励，通过宣传创业成功人士的事迹让大众所熟知，发挥他们明星性引领作用，激发更多人的创新创业意识和热情。

(2) 完备的创新创业法规体系

我国可以借鉴发达国家的先进理念和模式，健全我国创新创业政策与立法。从政策引导、规范服务、环境营造等方面加强立法。如可以出台一系列涉及工商、税务等的政策法规，为大学生自主创业提供制度保障，保护他们自主创新创业的积极性，让他们能在激烈的市场竞争中真正锻炼出创新创业本领，推动大学生自主创新创业的持续、健康发展。

(3) 充足的创新创业资金

充足的资金利于保证创新创业教育的有效运行和创业实践的顺利开展。首先，中央政府需要投入充足资金支持高校创新创业教育教学的开展、科研和实践训练、平台建设、活动开展等，保障高校创新创业成果的顺利转化和为国家培养创新创业型高素质人才。其次，地方政府也需要适当的资金投入，因为不管是高校开展创新创业项目还是学生创业实践都有助于带动地方经济的发展。最后，刚毕业离开学校的大学生创业也需要政府重视，他们很容易因资金缺乏被迫放弃创业。因此，政府应担当起积极的作用，通过财政和社会渠道重点扶持大学生创业。同时，也要开拓各种创业融资体系，吸引风险投资，鼓励企业和个人通过资金援助的方式设立创业基金，等等。

(4) 高效的创新创业助推机构

近年来，随着我国对高校创新创业教育的更加重视，许多部门和机构积极参与到支援大学生创新创业的队伍中来。与发达国家一些高校相比，我国急需建立多方联动的创新创业助推机构来推进大学生开展创新创业。如各种科技转化创业中介机构，扶持大学生自主成长；工商、税务等方面的创业咨询服务机构，帮助大学生完善创新创业方案；建立和发展创业评估机构，保障创新创业教育质量。

4. 其他层面：资源有效整合

(1) 校内外资源有效整合

一流大学建设高校创新创业教育的发展除了需要高校、企业、政府三者的协同助力，还需要更多的社会力量的参与，如银行可以参与为创新创业大学生提供无息或低利息贷款创办企业，风险投资机构可以参与为创新创业大学生提供创业资金，校际间合作可以参与彼此创新创业人才培养方案的设置和具体培养方式的交流合作，校地间合作可以为创新创业大学生实践能力的提升建立创新创业实践平台，校友力量的参与可以为创新创业大学生提供经验分享和某一领域发展的帮扶，等等。总之，完善校外多方参与的协同育人机制，有效地整合各方资源形成合力，助推我国创新创业型人才的培养。

(2) 国内外资源有效整合

国外很多发达国家，尤其是美国的创新创业发展得非常完善，各大世界顶尖级高校的创新创业教育开展得也非常有效。因此，我国一流大学建设高校创新创业教育的发展除了需要整合国内各方社会力量之外，也还需要向牛津大学学习重视国际资源。如广泛开展与国外高等教育机构的多方面合作，与国外企业共同合作研发，积极发起或参加国际型创新创业教育学术会议或大赛，聘请国际一流师资，派遣师生前往国外交流学习，等等。整合国外优质资源，汲取其精华优化自身。

思考题：

1. 创新创业教育对人生的发展有何影响？
2. 作为大学生，应该如何做好大学期间的创新创业的储备规划？

第二章

创意与创意意识

知识结构图：

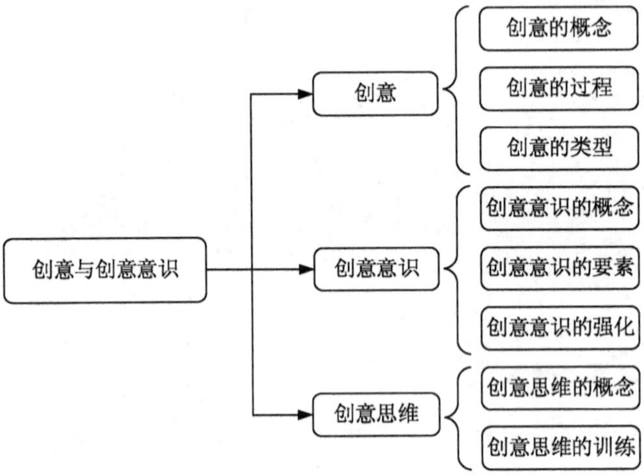

知识目标：

1. 了解创意、创意意识、创意思维的概念；
2. 熟悉创意意识的强化、创意思维的训练。

能力目标：

了解创意教育的性质，在实践中能进行创意思维的训练。

第一节 创意

一、创意的概念

1. 创意的含义

创意，在汉语里既是一个静止的名词概念，又是一个动词的动态过程，还是一个形容词上的赞誉概念。

表 2-1 “创意”概念的三种词性

名词	名词概念上的创意是指创见性的意念、巧妙的构思、好点子、好主意等
动词	动词意义上的创意，指的是创见性的思维活动
形容词	在形容词上有创新性的赞誉。例如，他是很有创意的人；这是一个很有创意的方案

创意是创造意识或创新意识的简称，亦作“剏意”。它是指对现实存在事物的理解以及认知所衍生出的一种新的抽象思维和行为潜能。

在我国的古代典籍中，已有文献对“创意”二字有所记载，如汉代王充《论衡·卷十三·超奇篇》：“孔子得《史记》以作《春秋》，及其立义创意，褒贬赏诛，不复因《史记》者，眇思自出於胸中也。”宋代程大昌《演繁露·纳粟拜爵》：“秦始皇四年，令民纳粟千石拜爵一级。按此即晁错之所祖效，非错剏意也。”

在一个人人都坚信地球是方的、大海是由乌龟驮起的年代中，哥伦布提出：地球是圆的。从自己居住的地方向西航行，可以到达神秘的东方。于是，他发现了新大陆。创意(creative)是一种通过创新思维意识进一步挖掘和激活资源组合方式，进而提升资源价值的方法。Google 总裁施密特曾说：“创意是知识股本不断增值的源泉。”美国著名广告大师大卫·奥格威指出：“要吸引消费者的注意力，同时让他们来买你的产品，非要有很好的特点不可，除非你的广告有很好的点子，不然它就像很快被黑夜吞噬的船只。”另一位美国广告大师威廉·伯恩巴克指出：“我们没有时间也没有金钱允许大量及不断重复的广告内容。我们呼唤我们的战友——创意，要使观众在一瞬间发出惊叹，立即明白产品的优点，而且永不忘记，这就是创意的真正效果。”

创意是以思维活跃、不因循守旧、不盲从、富于创意性和批判性、具有敢于标新立异和独树一帜的精神和追求为主要特征的。只有具备强烈的创新意识，才能倾心于创意，敢想前人没有想过的事，敢创前人不曾创成的业。

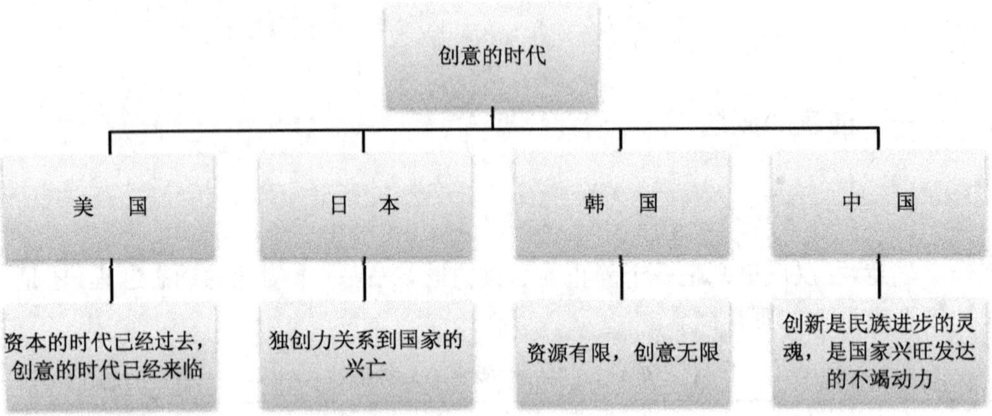

图 2-1　各国对创意的理解

创意对财富的催生作用在发达国家已经被证实，创意在我国才刚刚开始，但是从政府到民间，一股创意热潮正在涌动，创意的魅力让无数的投资者开始将目光投入到创意中来。日本一家公司的职员，有一次去买苹果送给病中的朋友。站在水果摊前他突发奇想：要是在苹果上印上"祝你早日康复！"等字眼，带去探望病友肯定会很受欢迎。很多时候，人们买水果是送人的，那么可以在水果上写上各种吉利的祝福语，如"福""我爱你"等，那绝对会很畅销。于是他和果农合作，将简洁的祝福语印在水果上，结果使许多水果店获得大量订单。

凡是有创意的项目都能吸引到大笔的风险投资，互联网产业的创意与无数成功案例就是最好的说明。

2. 创意的内涵

美国广告大师李奥·贝纳提出："创意的核心是运用有关的、可信的、品调高的方式，与以前无关的事物之间建立一种新的、有意义的关系的艺术。"

创意的内容包括两个方面：

(1) 创意是能够产生创造性社会后果或成果的思维过程。

(2) 创意思维就是思维本身和思维结果均具有创造特点的思维。

创意的关键在于创造，创造既是一个过程，也是一种成果。创造可分为三种，即发现、发明、发展。

发现——有中出新；
发明——无中生有；
发展——创新完善。

3. 创意的特性

创意思维成果有赖于思维方式、方法、过程本身的创新，思维成果的创新性与思维活动的创新性是创意思维内涵不可分割的两个方面。创意思维除了具有前文所述的思维的一般特性外，还具有下述特性：

（1）独立性。指创意思维在展开过程中，具有不依赖现成的答案和方法，不易受他人暗示的品格，在逻辑上属于超出原有论域的思维。

（2）敏捷性。指创意思维具有面对问题时能迅速做出反应、思维进程的速度较快的品格。

（3）灵活性。指创意思维所具有的能根据具体情况的需要，随时调整、改进原有思路及其假说、假设、方案等的品性。

（4）伸展性。指创意思维所具有的向前、向后、向左、向右延伸的品质。

（5）深刻性。指创意思维所具有的善于透过现象深入事物本质的品性。

二、创意的过程

创意有着灵活多变、可以创新、不受拘束的本质特点。具体的创意活动没有固定的、一成不变的模式，但通过对古今中外杰出创意实例的深入研究，并通过相关的专门领域的科学研究，我们认为创意的活动过程有以下几个突出时期：

创意的准备期，即一个发现问题与界定问题的过程；

创意的产生期，即一个提出假设、发挥构想、产生创意的过程；

创意的验证期，即一个完善和发展假设、构想，也就是评价、优化创意的过程。

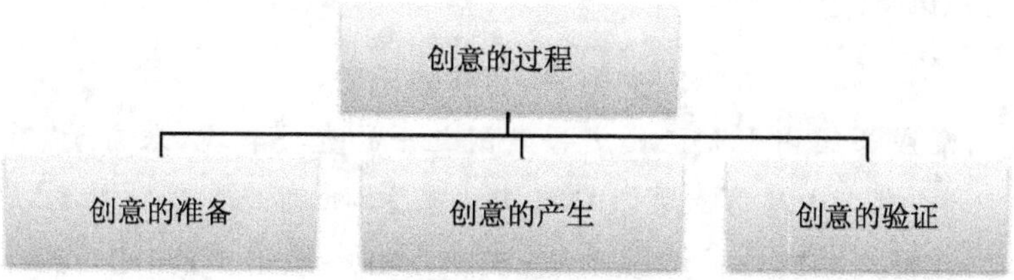

图 2-2　创意的过程

三、创意的类型

【案例2】

是什么让"可口可乐"公司如此成功?

在米兰,国际米兰与AC米兰每年都火拼得不可开交,狂热的球迷们也各自为阵,见到对方更是分外眼红。对此,可口可乐提出了,友谊第一、比赛第二。一个代表和平主义的可口可乐贩卖机在圣西罗球场亮相了。贩卖机被分别放置在球场两侧的入口处,只有这一方按下去,另外一方才会吐出可口可乐。通过贩卖机上的视频和音频连接,双方球迷能直接对话。

(材料来源:百度)

创意是创造意识或创新意识的简称,亦作"朔意"。它是指对现实存在事物的理解以及认知所衍生出的一种新的抽象思维和行为潜能。创意是一种通过创新思维意识进一步挖掘和激活资源组合方式,进而提升资源价值的方法。创意是传统的叛逆,是打破常规的哲学,是破旧立新的创造与毁灭的循环,是思维碰撞、智慧对接,是具有新颖性和创造性的想法,不同于寻常的解决方法。

创——创新、创作、创造……将促进社会经济发展;意——意识、观念、智慧、思维……是人类最大的财富。大脑是打开意识的金钥匙,创意起源于人类的创造力、技能和才华,创意来源于社会又指导着社会发展。人类是创意、创新的产物。类人猿首先想到了造石器,然后才动手把石器造出来,而石器一旦造出来,类人猿就变成了人。人类是在创意、创新中诞生的,也要在创意、创新中发展。

头脑风暴法(Bainstorming)是最为人所熟悉的创意思维策略。该方法是由美国人奥斯本(Osborm)于1939年所倡导,强调集体思考的方法,着重互相激发思考,鼓励参加者于指定时间内,构想出大量的意念,并从中引发新颖的构思。

【案例3】

农夫山泉,甜并快乐着

农夫山泉成为国内十大经典广告案例之一的直接表现,来自于"有点甜"的概念创意——"农夫山泉有点甜"。"农夫山泉"真的有点甜吗?非也,营销传播概念而已。并不要求水一定得有点甜,甜水是好水的代名词,中文有"甘泉"一词,解释就是甜美的水。

(材料来源:创意广告)

创意可以应用在社会和生活的各个方面,包括文化的创意、产业的创意、生活的创意、经济的创意等。创意的特点就是新奇、惊人、震撼、实效。创意绝不能重复,创意无处不在,只有好的创意才可以进行创新和创造,甚至是创业。

创意常得益于灵感,它是在灵感诱发下形成的观念形态的想法和念头,整体上比灵感更加完整。因此,创意就有以下几个特征:

(1) 突发性

创意源于一闪而现的灵感,是一种突变式的思维飞跃,从而使灵感性材料或灵感启示迅速升华为理性认识,变成想法、意念。

(2) 形象性

关于思维方式,爱因斯坦说:"在我的思维机制中,书面的文字和口头的语言似乎不起任何作用,作为思维元素的心理的东西是一些符号和一定明晰度的意象,它们可以由我'随意地'再生……这种组合活动似乎是创造性思维的主要形式。"这就是说,爱因斯坦在产生创意时,他主要的思维活动是形象思维。有了创意以后,才可以用概念来审查、推论,运用逻辑思维来证明或否定创意。

(3) 自由性

创意思维的目标是确定的,但从思维的方向来说,则是多路的、散漫的、全方位的、灵活的,具有充分的自由性。在创意的选择上,也是自由开放的,可以由着自己的性子去思考自己最愿意做的事,甚至可以是隔行的"业余爱好者"。思维开阔、自由奔放、不受拘束,有时能获得十分宝贵的创意。

(4) 创意的不成熟性

创意具有相对模糊性和不成熟性。创意不是创新思维的最终产物,它是介于灵感、经验与创新设计方案之间具有媒介性质的思维存在。因此,创意诞生后,还必须有一个证明或证伪的过程,有一个去粗取精、去伪存真、由表及里的再思维过程。

【游戏 1】

可乐置换的创意

鲁百年教授曾经给他的学生做过这样一个游戏,关于可乐瓶兑换的游戏:一听可乐 2 元人民币,两个空可乐瓶罐可以换 1 听可乐,现在每个人发 6 元人民币,问每个人最多能买多少听可乐?不同的人有不同的回答,有的学生认为最多能换 4 听,有的认为最多能换 5 听……至于怎么换到 4 听或者 5 听,不同的同学也有不同的方法。但是确实有人脑洞大开,说可以换到很多很多听,可以先用 6 元钱去废品收购的地方收购空可乐瓶,也可以去捡拾空可乐瓶,然后拿两个空可乐瓶去换取可乐，喝空的可乐瓶还可以继续换可乐，这样周而复始下去可以换取很多可乐。除此之外，还有没有更好的创意置换方法呢？请打开头脑，继续想下去。

（材料来源：《创新设计思维》）

第二节　创意意识

一、创意意识的概念

创意意识是创意者在创意前必备的一种心态，创意者只有具备了一种积极、主动的创意心态，才有可能产生比较前卫的创意。所谓创意意识，是创意者受外界事物的激发而产生创意火花前的一种思维酝酿。

二、创意意识的要素

人的创意意识分为两类：一类是习惯性的创意意识，另一类则是强制性的创意意识。

习惯性创意意识的特点是，创意已成为创意主体的一种习惯，不需要主体意识的主动干预，就能有效地支配人的创意活动。

强制性的创意意识完全是在创意主体的目的性支配下实现的。就是说，它必须有主体意识的强制性干预。

三、创意意识的强化

1. 树立自信心

缺乏创造的自信心等影响聪明才智发挥的种种消极思想，是创意产生的严重障碍。创意活动，从最一般的意义上说，就是带着创造之心去认识的活动。创造性不能脱离原有的基础，不是一切都是前无古人的。能够在别人的基础上向前迈进一步，产生某种或某方面新颖、独特的有社会价值的构思、设想、观念、技术或产品，这就是创造。

树立自信心，是形成创意意识的立足点。现代科学研究证明，人天赋中的创造力虽然存在着某些差异，但并不明显，这种差异的拉大主要是后天的生活环境、教育和实践等造成的。生活实践也告诉我们，即使创造性暂时显得稍差一点的人，经过创造思维的训练及有关方法的传授，创造积极性可以得到激发，创造能力也可以得到提高。知识不多的人，在实际中受到锻炼，单点深入，也能成为某方面的专门家，也能搞出创造发明。很多人的实践告诉我们，创造并非真是那么可望而不可及。在创造面前妄自菲薄，谈“创新”色变是要不得的。缺乏创造力的人经过创意思维训练仍可把创造力发挥出来。

2. 养成勤于思考、不迷信权威、乐于质疑的好习惯

传统的想法是创新的头号敌人。传统的想法会冻结你的心灵，阻碍你的进步，干扰你进一步发展你真正需要的创造性能力。在一般人群中，比较常见的有两种人，一种是爱动脑筋，对什么都要刨根问底并且敢于对权威提出质疑的人，这种人多有创造成果或独到的见解。另一种是懒于思考的人，这种人对专家、权威的意见深信不疑，毫无个人创见，极少有发明创造。正是这种过分信赖权威的做法，阻碍了很多人创造才能的发挥。

3. 培养勇于探索、不怕失败的精神

创造发明学的奠基人奥斯本说：“好的设想夭折率很惊人，它们大多数是在问世以前就被自己的‘父母’扼杀了。”这其中一个重要原因就是害怕失败。任何事都不尝试，就学不到任何东西。只有尝试了并且失败了，你才能知道哪些办法行不通。这将使你离成功更近一步。否定的反馈可为你提供尝试另外一种不同方法的机会。失败多少次并不重要，重要的是成功多少次。有太多的人因害怕失败而不敢冒险。如果你坐等安全了才行动，你将被竞争对手抢先而击败。

4. 培养刻意求新、不满足现状的创意性品格

创意性品格是一种稳定的心理个体品质，它一经形成，就可以激发创意意识的持续力量。创意性品格的形成不是一朝一夕的事情，它是家庭、学校、社会各方共同作用的结果。科学上的重大发现都是在旧理论遇到危机、新的事物与旧观念发生剧烈冲突时诞生的。这种冲突迫使人们去怀疑自己根深蒂固的偏见，萌发出种种探求性的疑问。怀疑并不是绝对的否定，而是包含着肯定的否定，是探索真理、扫除偏见的手段，是走向真理的起点。乐于接受各种创意、勇于尝试新的领域、主动前进、制订更高的标准和目标、善于发问和聆听、创造机会等，是发展个人的创意思维的原则。它利于开拓眼界，激励自己并获得思想和创意。

第三节 创意思维

一、创意思维的概念

1. 创意思维的含义

(1) 创意思维是一种高于其他思维的独立思维、超常规思维、形象思维、断裂思维、跳跃性思维和非逻辑思维等的综合性创造性思维。

(2) 创意思维是对一切旧思维进行革命性的改革和更新的新型思维。

2. 创意思维重在创新规律

创意思维与一般思维的本质不同,创意思维不仅能够揭示事物的本质和事物之间的常规性活动轨迹,而且能够提供新的、具有社会价值的思维产品。

常规性思维是遵循固有思路和方法进行思维,重复常人过去已经进行的思维过程,所能解决的是实践中经常重复出现的情况和问题,思维的结论属于已有知识的范围。

创意思维则是努力探索世界尚未认识的规律,所能解决的是实践中出现的新情况和新问题,从而为人们的实践活动开辟新领域。

【趣味故事】

"金利来"创意制胜

中国香港著名的"领带大王"曾宪梓就是一个善于发现信息和利用信息的成功创业家,从而创造了名震世界的"金利来"男人世界。

20 世纪 70 年代,曾宪梓来到香港,开始了他艰难的创业之路。他凭着特有的敏锐眼光发现了目标:开设领带厂。西装必须佩戴领带,这是搭配的需要,因此,领带也就自然而然地成了抢手货。香港人不仅自己佩戴领带,用以表现自己的性格、能力、风度和气质,在日常的社交中还把领带当作馈赠佳品,用来沟通和交流感情。

可惜他如意算盘没有打响,买主拼命压价,并不容易售出。于是,曾宪梓决定另辟蹊径,走生产高级领带的路线。他买了 4 条国外的高档领带,逐一"解剖”，研究制作过程，待有所悟后，曾宪梓以此为样本裁出另外4条领带，并将自己缝制的4条领带和购买来做样品的4条国外名牌领带一并交给行家鉴别。结果是以假乱真，行家都难以区别，证明了他所制作的领带在布料及款式上能与一流货相媲美。岂料香港的商店却不敢从他的工厂进货，他们担心这种不是名牌的曾氏领带在顾客中毫无影响，不好推销，因此不是婉辞，便是摇头。无路可走的曾宪梓一咬牙，横下心把自己缝制的领带寄存在当时位于旺角的瑞兴百货公司内，费尽口舌说服老板将他的领带陈列在显眼的位置，供顾客选择，自己不赚取分文。

出乎预料，他制作的领带虽属“无名之辈”，但购买者纷纷被其新颖的款式、独特的花纹、地道的外国面料和精湛的工艺所吸引。这种领带无论从哪个方面都能与外国名牌领带相媲美，而价格又大大低于外国同类产品，何乐而不为？结果销量很好，几乎被一抢而光。曾宪梓也因此而一举打开了香港市场。

但是，曾宪梓并不满足于已打开的市场，他一边辛勤制作，努力销售，扩大生产，一边致力调查西方欧美名牌领带，锐意革新领带的款式、品种、规格、花色、面料。曾宪梓以锐意改进、苦心经营的方法，使他的产品在香港领带市场独领风骚，之后他又瞄准了国际市场，决心在国际领带市场争得一席之地。

因此我们要善于发现信息和利用信息，抓住创意金点，满足社会需要，开拓新的市场。既然创意就是不随大流，那就和大流反着来，要有“都那么做，我偏偏反着干”的思维。

二、创意思维的训练

1. 训练目的

培养大学生跳出传统思维模式，思考个性创意。

2. 活动步骤

(1) 活动准备。上课教室内学生若干，每个学生的桌子上放上纸和笔。

(2) 游戏规则。将全班同学进行分组，共12个组，每组代表一个星座，每组派选两位代表进行表演。

(3) 表演结束后由指导教师进行点评，各组代表投票选出3组最佳表演方案。

(4) 游戏内容：表演星座特性。每组依次表演，要求两人相对而立，按照自己的小组星座，表演所属星座的特色动作，并配合声音进行展示。

（5）同学们进行点评，并从 12 个组里选出 3 组最具创意的表演。

（6）总结。

思考题：

1. 作为大学生，应该如何正确认识创意意识？

2. 如何将创意思维训练与专业学习结合？

3. 进行创意竞赛，同学之间分组，每组结合日常学习和生活中遇到的问题和困境设题，并相互作答。

第三章

创新与创新意识

知识结构图：

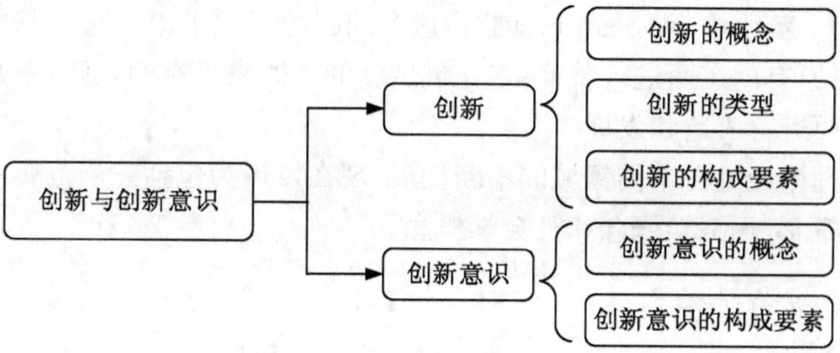

知识目标：

了解创新、创新意识的概念、构成要素。

能力目标：

了解创新、创新意识的性质，在学习与实践中能有创新意识。

第一节 创新

一、创新的概念

“创新”一词常同“改旧”一词一同出现,《魏书》有“革弊创新者,先皇之志也”;《周书》载“西自雁门,东至碣石,创新改旧,咸得其要害云”。创新亦作“剏新”,《南史·后妃传上·宋世祖殷淑仪》有“据《春秋》,仲子非鲁惠公元嫡,尚得考别宫。今贵妃盖天秩之崇班,理应创新”。创新,顾名思义,创造新的事物。《广雅》中对创的解释有:“创,始也。”“创新”在《现代汉语词典》中的解释为“抛弃旧的,创造新的”。

在西方,英语中 Innovation(创新)这个词起源于拉丁语。它有三层含义:一是更新,对原有的东西进行替换;二是创造新的或原来没有的东西;三是改变,对已有的东西进行改造和发展。

创新理论经过在不同领域的不断发展,现在发展为包括三个范畴的概念,分别是哲学概念、经济学概念和社会学概念。

1. 创新的哲学内涵

创新从哲学上说是一种人的创造性实践行为,这种实践为的是增加利益总量,需要对事物和发现的利用和再创造,特别是对物质世界矛盾的利用和再创造。人类通过对物质世界的利用和再创造,制造新的矛盾关系,形成新的物质形态。

2. 创新的经济学内涵

创新是指以现有的知识和物质,在特定的环境中,改进或创造新的事物(包括但不限于各种方法、元素、路径、环境等),并能获得一定有益效果的行为。

1912 年,经济学家约瑟夫·熊彼特将“创新”概念引入经济学,提出“创新理论”。他认为,所谓“创新”就是建立一种新的生产函数,把一种从来没有过的关于生产要素和生产条件的“新组合”引入生产体系。熊彼特列出了 5 种新组合:开发新产品;引进新技术;开辟新市场;发掘新的原材料来源;实现新的组织形式和管理模式。20 世纪 50—60 年代,学者们在熊彼特工作基础上,形成“创新”研究的三个分支：技术创新理论、制度创新理论、国家创新系统研究。20 世纪 80 年代，英国技术创新专家弗里曼等把工业创新（技术创新）分成四类：渐进性创新、渐进的改进、根本性创新、根本的突破。20 世纪 70—80 年代，是创新理论的发展和应用时期。迈尔斯和马奎斯在《成功的工业创新》中将"创新"定义为技术变革的集合：技术创新是一个复杂的活动过程，从新思想和新概念开始，通过不断地解决各种问题，最终使一个有经济价值和社会价值的新项目得到实际或成功应用。弗里曼认为"技术创新是一个技术的、工艺的和商业化的全过程，其导致新产品的市场实现和核心技术工艺与装备的商业化应用"。20 世纪 90 年代至今，创新理论开始成熟，并且发展到国家创新体系建设层面。1993 年，纳尔逊主编的《国家创新系统》指出，国家创新系统是指"一系列的制度，它们的相互作用决定了一国企业的创新能力"。OECD（经济合作与发展组织）认为，创新包括科学、技术、组织、金融和商业的一系列活动，包括以下三种创新：①非技术创新，指技术创新之外的所有创新活动，主要类型有组织创新和管理创新；②技术创新，包括技术产品创新和技术工艺创新，指技术上的新产品和新工艺，以及技术上有重大改进的产品和工艺；③企业创新，指企业的所有创新活动。

3. 创新的社会学内涵

创新是指人们为了发展需要，运用已知的信息和条件，突破常规，发现或产生某种新颖、独特的有价值的新事物、新思想的活动。

创新的本质是突破，即突破旧的思维定式、旧的常规戒律。创新活动的核心是"新"，它或者是产品的结构、性能和外部特征的变革，或者是造型设计、内容的表现形式和手段的创造，或者是内容的丰富和完善。

由此可知，现代社会中的创新概念是人们根据一定目的，针对所研究的对象，运用已知的信息和条件，从而改进或创造新的事物、方法、元素、路径、环境，并能获得一定有益效果的行为。这种成果是指以某种形式存在的创新成果，它既可以是一种新概念、新设想、新理论，又可以是一项新技术、新工艺、新产品，还可以是一个新制度、新市场、新组织。这个定义是根据成果来判别创新性的。其判别标准有两个：一是成果是否新颖，是否有社会或个人价值；二是有社会价值，指对人类、国家和社会的进步具有重要意义，如重大的知识创新、技术创新和产品创新等。人类社会发展到今天的信息化、智能化，是依靠人类思想的更新和实践的实施所推动。如果人类社会没有创新，就不会有生产力的进步，人类历史就不会向前发展。

二、创新的类型

创新虽有大小、层次之分，但无领域、范围之限。从不同角度可以对创新做出各种不同的类型划分。根据创新的性质可将其划分为三种类型：原始创新、跟随创新和集成创新。

1．原始创新

原始创新是指重大科学发现、技术发明、原理性主导技术等原始性创新活动。原始性创新成果通常具备以下三大特征：

（1）首创性，研究开发成果前所未有。只有具备首创性的原始创新才有可能发展成为核心竞争优势。首创性的最高层次是文化和标准的首创性：文化的首创性最终沉淀为经典，科技的首创性最终转化为标准和法规。

（2）突破性，在原理、技术、方法等某个或多个方面实现重大变革。创新既是在前人成果基础上的思维，又是打破前人成果的思维。对已经过多年实践考验的前人成果，必须学习和继承；而对未成定论的、有争议的、新兴的、边缘的学科或产业领域，则应积极开展原始创新活动。

（3）带动性，原始创新在对科技自身发展产生重大牵引作用的同时，也给经济结构和产业形态带来重大变革。例如，晶体管、集成电路的发明以及半导体和存储器、互联网和移动通信等原始创新成果的出现，对解放生产力起到了革命性的推动作用，给提高人们的生产、生活质量提供了必要的物质基础。

2．跟随创新

跟随创新是指在已有成熟技术的基础之上，沿着已经明确的技术道路进行技术创新，如在原有技术之上将技术更加完善，开发出新的功能，等等。当年微软公司正是采取在学习网景浏览器的基础上进行创新的方式打败了网景。微软这种被称为"跟随创新"的创新方式，被形容为"等竞争对手出现，马上复制，然后赶超"。理论上讲，技术上所有的独特用途都是可以复制的。随着技术复制周期越来越短，对新技术的早期投资能真正得到回报的可能性越来越低了，因而，巨大的研发投资，也就是所谓的领先创新，并不一定会为自己带来优势。只有当风险比较低时，创新才可以获得回报。这种看法已获得多数人的认同。

3．集成创新

集成创新是利用各种信息技术、管理技术与工具等，对各个创新要素和创新内容进行选择、集成和优化,形成优势互补的有机整体的动态创新过程。“苹果”现象就是集成创新的典范,一部苹果手机=手机+电脑+DV+MP3+P5P。只有创新才能突破,只有突破才能取胜。

三、创新的构成要素

根据专家、学者的观点、总结,创新的成功可以归纳为三个要素共同作用,这三个要素包括创新意识、创新思维和创新能力。

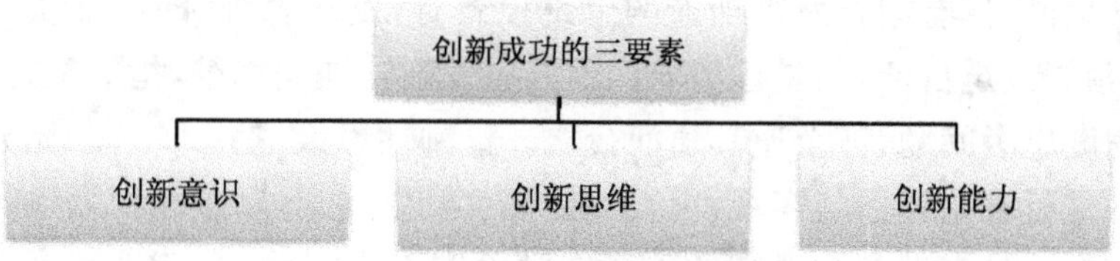

图 3-1 创新成功的三要素

1. 创新意识

创新意识是创新的前提,是人们认识创新的价值性、重要性的程度,由此形成创新的倾向和准备状态,表现为积极开放的心态和乐于创新的意愿,是人们进行创造活动的内在动力。创新意识首先是具有积极开放的心态,具有好奇心和探究欲,并且总能得出与众不同的解决方案。其次是敢于否定,不迷信权威,乐于发现与寻找符合客观实际的规律性行为与现象。

创新意识根据其来源,有主动与被动之分。创新行为的产生,是缘于长期的思考、积累、酝酿,突然灵光一现产生的创新意识。有一部分创新意识是被动的,是长期重复工作所累积经验后偶然出现的。另一部分是主动的创新意识,是强调主体的创新行为,强调发挥主观能动性,是长期思考、酝酿的结果。

同时,创新意识是创新能力的基础,是增加我们自主创新能力的前提。增强创新意识是实现理论创新、制度创新和科技创新的重要条件。

2. 创新思维

创新思维是一种创造性的思维活动,它可以开拓新的领域,创造新的成果,它是创新成功的关键因素。这种思维可以突破传统思维的界限,以超常规或者反常规的方法和视角去思考问题,从而提出独特的解决方案,甚至形成新颖、独到和有价值的成果。因此,创新思维不仅体现在新发现和新发明的思维过程中,也体现在思考的方法和技巧上,体现在某些局部的结论和见解上,是具有新颖独到特点的思维活动。具有创新思维的人在解决问题的时候可以想别人所未想，敢于突破原有的框架，或是反向思考问题，从而取得创新成果。

创新思维需要艰苦的脑力劳动，创新思维成果的实现往往需要长期的探索、刻苦的钻研，甚至反复、多次的挫折，并且创新思维离不开推理、想象、联想、直觉等思维活动。与创新思维相对立的是定式思维，定式思维是通过重复或重复使用而巩固形成的思维方式，是机械的、封闭的和单一的思维。因此，可以说创新思维是打破常规和习惯，以独特、新颖、灵活的方式思考问题的思维方式。

通常来说，具有创新思维功能的思维模式有：发散思维，即思维从一个点出发，没有预先设定目标，而是任意向四面八方发散。逆向思维，指敢于打破常规，从不同角度思考问题，甚至逆其道而行之。批判性思维，是一种基于充分的理性和客观性进行理论评估与客观评价的能力与意愿，它不为感性和无事实根据的传闻所左右。具有批判性思维的人能在辩论中发现漏洞，并能抵制毫无根据的想法。在现代社会，批判性思维被普遍确立为教育尤其是高等教育的目标之一。形象思维，指根据生活中的各种现象加以选择、分析、整合，然后加以艺术塑造而成的思维方式。

【案例 4】

怀炳和尚捞铁牛

公元 1066 年，我国宋朝英宗年间，黄河发洪水，冲垮了河中府(今山西省永济县)城外的一座浮桥，将两岸岸边用来拴住铁桥的每个 1 万斤重的 8 个铁牛，也冲到了河里。洪水退去以后，为了重建浮桥，需将这 8 个大铁牛打捞上来。在当时这是一件极为困难的事，府衙为此贴了招贤榜。后来，一个叫怀炳的和尚揭了招贤榜。怀炳经过一番调查摸底和反复思考，指挥一帮船工终于将 8 个大铁牛全都捞上了岸。怀炳提出的办法是，在打捞的那一天，他指挥一帮船工，将两条大船装满泥沙，并排地靠在一起；同时在两条船之间搭了一个连接架。船划到铁牛沉没的地方后，他叫人潜到水下，把拴在木架上绳子的另一端牢牢地绑在铁牛上。然后船上的船工一面在木架上收紧绳子，一面将船里的泥沙一铲一铲地抛人河中。随着船里泥沙的不断减少，船身一点一点地向上浮起。当船的浮力超过船身和铁牛的重量时，陷在泥沙中的铁牛便逐渐浮了起来。这时，通过船的划动，很容易地就能把铁牛拉到江边并拉上岸。如此反复进行了 8 次，终于将 8 个大铁牛全都打捞到了岸上。怀炳的打捞情景的设想，运用了形象思维的预示想象创新思维方法。

3. 创新能力

创新能力是指将创新想法变成现实的能力,能够提出通过创新的想法解决前人未解决的问题,能够通过创新的途径取得前所未有的成功。

对于企业而言,凡是能改变以后资源财富的行为,就是创新能力。因此,企业的创新能力是企业的要素资源在市场中进行有效的转化,从而提高企业内部质量、促进企业获得与其他竞争对手更多差异的能力,这种差异性最终转化为企业在市场上获得的竞争优势。企业创新能力的提高意味着企业竞争力的提高,创新能力的高低直接影响企业竞争力的强弱。

对于社会而言,创新能力是人类进步的灵魂。如果人没有创新能力,便不会有今日人类的文明,我们可能还过着钻木取火的原始生活。爱因斯坦、爱迪生等人之所以能对人类发展做出如此大的贡献,就是因为他们具有很强的创新能力。当今社会的竞争,与其说是人才的竞争,不如说是人的创造力的竞争。

因此,创新意识、创新思维和创新能力之间是相辅相成、相互促进的关系。创新意识促进创新思维,从而促进创新能力,反过来,创新能力也会激发创新意识和创新思维。创新三要素的关系如图 3-2 所示。

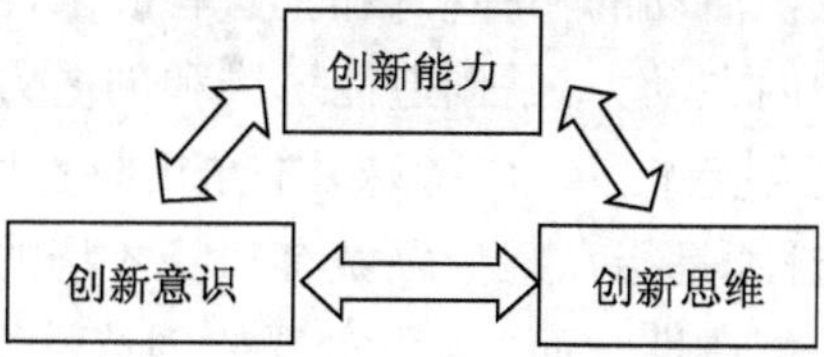

图 3-2　创新三要素关系图

【案例 5】

爱因斯坦在权威圣圈面前

1900 年,著名教授普朗克和儿子在自己的花园里散步,他神情沮丧,很遗憾地对儿子说:"孩子,十分遗憾,这天有个发现。它和牛顿的发现同样同样重要。"他提出了量子力学假设及普朗克公式。他沮丧这一发现破坏了他一向崇拜并虔诚地信奉为权威的牛顿的完美理论。他最后宣布取消自己的假设。人类本应因权威而受益,却不料竟因权威而受害,由此使物理学理论停滞了几十年。

25 岁的爱因斯坦敢于冲破权威圣圈,大胆突进,赞赏普朗克假设并向纵深引申,提出了光量子理论,奠定了量子力学的基础。随后又锐意破坏了牛顿的绝对时间和空间的理论，创立了震惊世界的相对论，一举成名，成了一个更伟大的权威。

第二节　创新意识

一、创新意识的概念

1. 创新意识的定义

创新意识是人们对创新与创新的价值性、重要性的一种认识水平以及由此形成的对待创新的态度，以及形成一种指导创新活动的整体的精神态势。人们根据对创新的认识和生产生活的需要，引起创造新事物的观念和动机，并在创造活动中表现出意向、兴重、愿望等。创新意识是一种思想观念和主观欲望，是唤醒和发挥人的创新潜能的前提。不仅是科学家等人群需要创新意识，每个人都需要创新意识，从而更好地解决问题，使自身和社会受益，同时更大程度地实现自我价值。它是人类意识活动的一种积极的、富有成果性的表现形式，是人们进行创造活动的出发点和内在动力，是创造性思维和创造力的前提。

心理学家马斯洛把创造性分为“特殊才能的创造性”和“自我实现的创造性”。“特殊才能的创造性”是指在某个领城有独特才华的人，如科学家、发明家、艺术家等所表现出来的创造性。而“自我实现的创造性”是指追求创新，实现人的价值，这是人人都具有的创造潜力。因此，我们要增强创新意识，认识到自身有创新的可能，从而进一步提升创新能力，取得创新成果。

2. 创新意识的特征

(1) 创新意识是求新求变的意识

创新意识区别于其他意识的最典型特征是求新求变。创新意识是种不安于现状的精益求精的意识，是一种面对未知问题而不无动于衷的尝试冲动，是不断探索、求新求异的兴趣和欲望。总之，创新意识是与墨守成规相对立的，是创造美好的新生事物的必要条件。

(2) 创新意识是创新的起点

如果说创新是一种从思想到实践的变化过程，那么创新意识就是思想的起点，是人们进行创新活动的出发点。所以，创新意识是开展创造活动的先决条件，也是开发创新思维和创新能力的起点。很难想象，一个没有创新意识的人会持续开展创新活动，取得创造性成果。所以，培养创新能力首先要从培养创新意识着手。

(3) 创新意识是各种心理因素构成的整体

创新意识是个体对创新的认识和态度，以及由此引发的情感和意志。创新意识包含好奇心、怀疑感、兴趣、动机、情感等，是多种心理因素共同组成的一种精神状态，是人类意识活动的一种积极的、富有开创性的表现形式。

(4) 创新意识具有可塑性

创新意识是可以被塑造的。创新意识需要在生活和学习中逐步建立和发展，它可以通过学习和实践加以激发，也可以通过培养和锻炼加以巩固。大学生要充满好奇心、求知欲，力求掌握更多知识及其原理，深入探索未知的事物和新方法。同时要有质疑精神，保持思维的独立性和求真性。树立远大抱负和工作责任感，也是塑造创新意识的催化剂。

3. 创新意识的类型

创新意识是人类的高级心理活动，是各类人才所必须具备的基本素质。心理学认为，创新意识是指思维不仅能提示客观事物的本质及内在联系，而且能在此基础上产生新颖的、具有社会价值的前所未有的思维成果。创新意识的培养和开发是培养创造人才的起点，只有注意激发人的创新意识，才能为培养创新型人才打下良好基础。

那么，如何激发自己的创新意识呢？具体可以按照如下七个方面开展：

(1) 敢于质疑，多思考

亚里士多德曾经说过，思维是从疑问和惊奇开始的。正所谓“小疑则小进，大疑则大进”，在人类社会进步的过程中，批判和怀疑起着无可置疑的推动作用。

大学生要有敢于质疑的精神，敢于挑战权威，有独立见解，发挥自己的潜力。为此，要充实自己的知识体系，用知识来武装自己，让自己有更多的机会和能力去发现新问题、新事物。

众所周知，古希腊伟大的科学家亚里士多德认为，物体做自由落体运动的快慢是不一样的。它的下落速度和它的重量成正比，物体越重，下落的速度越快。比如说，10 千克重的物体，下落的速度要比 1 千克重的物体快 10 倍。1700 多年以来，人们一直把这个违背自然规律的学说当成不可怀疑的真理。然而年轻的伽利略根据自己的经验推理，大胆地对亚里士多德的学说提出了疑问。经过深思熟虑，他决定亲自动手做一次实验。他选择了比萨斜塔作实验场。这一天，他带了两个大小一样但重量不等的铁球，一个重10磅，是实心的；另一个重1磅，是空心的。伽利略站在比萨斜塔上面，望着塔下。塔下面站满了前来观看的人，大家议论纷纷。有人讽刺说："这个小伙子的思维一定不正常！亚里士多德的理论不会有错的！"实验开始了，伽利略两手各拿一个铁球，大声喊道："下面的人们，你们看清楚，铁球就要落下去了。"说完，他把两手同时张开。人们看到，两个铁球平行下落，几乎同时落到了地面上，所有的人都目瞪口呆了。伽利略的试验揭开了落体运动的秘密，推翻了亚里士多德的学说，在物理学的发展史上具有划时代的重要意义。此外，还有哥白尼提出"日心说"敢于向古典神学挑战；爱因斯坦敢于向牛顿经典力学提出挑战创立相对论；卢瑟福敢于质疑汤姆生的"原子核枣糕模型"创建"原子核核式结构模型"……这种敢于质疑，敢于向权威挑战的精神，值得今天的大学生学习。

（2）善于发现，多观察

生活中不是没有美景，而是缺少一双发现美景的眼睛，发现是一种具有创造力的行为。生活正因为发现才变得丰富多彩；艺术正因为善于发现才震慑灵魂；科技正因为善于发现才能日新月异。弗莱明善于观察，善于发现问题，才创造性地发现了拯救无数人生命的青霉素，给人类社会带来福音；牛顿善于发现，从苹果落地受启发进而发现"万有引力"；阿基米德洗澡的时候受到启发，发现了"浮力定律"。

【案例6】

青霉素的诞生

1928年9月的一天早晨，英国伦敦圣玛丽医院的细菌学家弗莱明像往常一样，来到了实验室。在实验室里一排排的架子上，整整齐齐地排列着很多玻璃培养器皿，上面分别贴着标签，写着：链状球菌、葡萄状球菌、炭疽菌、大肠杆菌等。这些都是有毒的细菌，弗莱明收集了它们，正在寻找一种能够制服它们，把它们培养成无毒细菌的方法。当他来到靠近窗户的一只培养器前的时候，他皱起了眉头，自言自语道："唉，怎么搞的，竟然变成了这个样子！"原来，这只贴有葡萄状球菌标签的培养器里，所盛放的培养基发了霉，长出一团青色的霉花。他的助手赶紧过来说："这是被杂菌污染了，别再用它了，让我倒掉它吧。"弗莱明没有马上把这培养器交给助手，而是仔细观察了一会儿。使他感到惊奇的是：在青色霉菌的周围，有一小圈空白的区城，原来生长的葡萄状球菌消失了。难道是这种青霉菌的分泌物把葡萄状球菌杀灭了吗？想到这里，弗莱明兴奋地把它放到了显微镜下进行观察。他发现，青霉菌附近的葡萄状球菌已经全部死去，只留下一点枯影。他立即决定,把青霉菌放进培养基中培养。几天后,青霉菌明显繁殖起来。于是,弗莱明进行了试验:用一根线蘸上溶了水的葡萄状球菌,放到青霉菌的培养器中,几小时后,葡萄状球菌全部死亡。为了试验青霉菌对葡萄状球菌的杀灭能力有多大,弗莱明把青霉菌培养液加水稀释,先是一倍、两倍,最后以八百倍水稀释,结果它对葡萄状球菌和肺炎菌的杀灭能力仍然存在。这是当时人类发现的最强有力的一种杀菌物质了。

1929年6月,弗莱明把他的发现写成论文发表。他把这种青霉菌分泌的杀菌物质称为青霉素。1945年,弗莱明、佛罗理和钱恩三人,因在青霉素发现和利用方面做出的杰出贡献,共同获得了诺贝尔生理学或医学奖。

自古以来,中华民族就是一个善于发现的民族,中国人是善于发现的人。当代大学生要明白,生活处处皆学问,只要善于发现,用一双善于发现的眼睛去洞察世界,随时会有不期之喜。我们应在生活中不断观察,不断思考,积累更多的知识,使自己所做的贡献有益于社会、有益于国家!

(3) 处处留心,多体会

中国的至圣先师孔子曾说,“我没有什么学问,只不过是处处留心,事事留意,默默地观察和学习,别人说的对我有用的话,我都随时记录下来,我求学问就是这样,永不厌倦”。“三人行,必有我师”,孔子的学问就是这样而来,处处留心,事事留意,处处有学问。要想有学问就必须留心生活,观察生活,从生活中汲取知识和营养。

处处留心就要求我们要做一个有心人,从而锻炼自己的创新意识和创新思维。那么该怎么做呢?首先要善于观察,观察身边的人和事,从中学到知识和学问。观察需要有一双慧眼,没有慧眼,即使有学问你也会无动于衷。其次是要有好奇心,用好奇心去发现生活的本质。最后,作为大学生,要有自己独立的思考和见解,不盲从别人。比如,18世纪英国著名的化学家兼物理学家道尔顿,在圣诞节前夕买了一件礼物一双“棕灰色”的袜子,送给妈妈。妈妈看到袜子后,感到袜子的颜色过于鲜艳,就对道尔顿说:“你买的这双樱桃红色的袜子,让我怎么穿呢?”道尔顿感到非常奇怪,袜子明明是棕灰色的,为什么妈妈说是樱桃红色的呢?疑惑不解的道尔顿又去问弟弟和周围的人,除了弟弟与自己的看法相同以外,被问的其他人都说袜子是樱桃红色的。道尔顿对这件小事没有轻易地放过,他经过认真的分析和比较,发现他和弟弟的色觉与别人不同,原来自己和弟弟都是色盲。道尔顿虽然不是生物学家和医学家,却成了第一个发现色盲症的人,也是第一个被发现的色盲症患者。为此他写了篇论文《论色盲》,成为世界上第一个提出色盲问题的人。后来,人们为了纪念他,又把色盲症称为道尔顿症。

(4) 博学广闻,多学习

生活中希望做到博学广闻的人并不是少数,但是很难实现目标。一个人,不一定去刻意地追求博学,其实我们的每一天都在为自己的博学增加分量,我们在广泛涉猎,博采众长,学习知识,增加自己的深度。作为中国人,提起博学广闻,我们不得不说一下近代的文史大家陈寅恪先生。

【案例 7】

陈寅恪——"教授之教授"

我国现代著名历史学家、学者陈寅恪,人称"教授之教授"。著名学者吴宓对他有这样的评价:"合中西新旧各种学问而统论之,吾必以寅恪为全中国最博学之人。"

他在少年时代就研习《说文解字》和训诂学,熟读经书和《二十四史》。13 岁留学日本,21 岁留学欧洲,在德国柏林大学学习。其间,他勤奋学习,积蓄各方面的知识而且具备了阅读蒙、藏、满、日、梵、英、法、德、巴利、波斯、突厥、西夏、拉丁、希腊等语言的能力,尤精梵文和巴利文。他 1925 年回国,1926 年到清华任教,与梁启超、王国维一同被聘为清华大学国学研究院的导师,并称"清华三巨头"。他先后在香港和内地多所著名高等学府任教授,新中国成立后任中央文史馆副馆长。他对魏晋南北朝史、隋朝史、蒙古史,以及梵文、突厥文、西夏文等古文字和佛教经典,均有精湛研究,为国内外学者所推崇。他对佛经翻译、校勘、解释,以及对音韵学、蒙古源流、李唐氏族渊源、府兵制源流、中印文化交流等课题的研究,均有重要发现。在《中央研究院历史研究所集刊》《清华学报》等刊物上发表了四五十篇很有分量的论文,是国内外学术界公认的博学而有见识的史学家。

处于新世纪的知识经济时代,大学生必须博学广闻,多学习,树立终身学习的意识,只有当知识积累到一定的程度,我们自身的创新意识和创新能力才能得到提升。

(5) 精通专业,多钻研

一个人只有精通自己的专业,才能在自己擅长的领域有所建树,进而才有可能标新立异,取得创造性成果。

大学生的专业知识都是未来工作必须具备的,通过对专业知识的学习和理解,能够让大学生有一技之长;再者,加强课外实践,将所学到的知识与实践结合起来,发挥自己的专业技能去解决一些实际问题,这样才会真正激发自己的创新能力。比如著名数学家华罗庚同志从小数学天赋即展现出来,聪颖过人。他主要从事解析数论、矩阵几何学、典型群、自守函数论、多复变函数论、偏微分方程、高维数值积分等领域的研究与教授工作，并取得突出成就。20 世纪 40 年代，他解决了高斯完整三角和的估计这一历史难题，得到了最佳误差阶估计(此结果在数论中有着广泛的应用)。从 20 世纪 60 年代开始，他把数学方法应用于实际，筛选出以提高工作效率为目标的优选法和统筹法，取得显著经济效益。

2015 年 10 月，我国中医科学院终身研究员兼首席研究员、青蒿素研究开发中心主任屠呦呦获得诺贝尔生理学或医学奖。她是第一位获得诺贝尔科学奖项的中国本土科学家，也是第一位获得诺贝尔生理学或医学奖的华人科学家。她的成就在于对自己专业的熟悉与精通，几十年来致力于严重危害人类健康的世界性流行病疟疾的防治研究，她成功地从中草药青蒿中提取出青蒿素，并研制出一系列青蒿素类药品。这一成就挽救了全球特别是发展中国家数百万人的生命，在世界抗疟史上具有里程碑意义。

作为大学生，我们学好自己的专业知识是必要的，也是必需的，这是未来安身立命的基础。对自己擅长的事情一定要做到最精，用专业知识武装自己，通过过硬的专业技能让自己变得更加优秀，为社会做贡献。

(6) 善于想象，多好奇

一个社会的进步，依赖于人们的创新与创造，而想象力永远都是创新与创造的原动力。我们在学习知识的过程中，要善于创新思维方式，打破陈规，冲破束缚，扩展思维空间，善于去想别人所未想、求别人所未求、做别人所未做的事情，最终不断推动创新发展。

【案例 8】

叩诊法

300 多年前，一位奥地利医生给一个胸腔有疾的人看病，由于当时还没有发明出听诊器和 X 射线光透视技术，医生无法发现病在哪里，病人不治而亡，后来经尸体解剖，才知道死者的胸腔已经发炎化脓，而且胸腔内积了不少水。这位医生非常自责，决心要研究判断胸腔积水的方法，但久思不得其解。恰巧，这位医生的父亲是个精明的酒商，他的父亲不仅能识别酒的好坏，而且不用开桶，只要用手指敲敲酒桶，就能估量出酒桶里面的酒量。医生在他父亲敲酒桶举动的启发下想到，人的胸腔不是和酒桶有相似之处吗？父亲既然通过敲酒桶发出的声响可以判断桶里有多少酒，那么，如果人的胸腔内积了水，敲起来的声音也一定和正常人不一样。此后，这个医生再给病人检查胸部时，就用手敲敲听听；他通过对许多病人和正常人的胸部的敲击比较，终于能从几个部位的敲击声中，诊断出胸腔是否有病。这种诊断方法就是现在医学上所称的"叩诊法"。

后来，这种"叩诊法"得到了进一步的发展。1861年的某一天，法国男医生雷克给一位心脏有病的贵妇人看病时，不便使用"叩诊法"。正在为难之际，他忽然想起了自己在参与孩子游戏活动中的一件事情：孩子们在一棵圆木的一头用针乱划，另一头用耳朵贴近圆木能听到搔刮声，而且还很清晰。在此事的启发下，他请人拿来一张纸，把纸紧紧卷成一个圆筒，一端放在那妇人的心脏部位，另一端贴在自己的耳朵上，果然听到病人的心率声，甚至于比直接用耳朵贴着病人胸部听的效果更好。后来他就根据这一原理，把卷纸改成小圆木，再改成现在的橡皮管，另一头改进为贴在病患者胸部能产生共鸣的小盒，发明了听诊器。

(7) 勤于实践，多探究

近代著名教育家陶行知不同意王阳明在《传习录》中所说的"知者行之始，行者知之成"。他认为"行是知之始，知是行之成"，并提出：亲之是一切知识之根本，闻之与说之必须安根于亲之里面方能发挥作用。"纸上得来终觉浅，绝知此事要躬行。"我们只有不断地去尝试实践，才能透彻地认识事物。世界上有些事情只有当自己亲自去实践过，才会发现其中的奥妙。

在这一点上，袁隆平院士值得我们学习。袁隆平是我国当代杰出的农业科学家，是享誉世界的"杂交水稻之父"。他参加工作50多年来，不畏艰辛，执着追求，大胆创新，勇攀高峰，所取得的科研成果使我国杂交水稻研究及应用领域领先世界水平，推广应用后不仅解决了中国粮食自给难题，也为世界粮食安全做出了杰出贡献。袁隆平的先进事迹在国内外产生了广泛影响，得到了党和国家领导人的充分肯定与社会各界的普遍赞誉。2013年4月28日，习近平总书记在与全国劳动模范代表座谈会上对这位"杂交水稻之父"给予了充分肯定。面对习总书记，这位年逾八旬的老人坚定表示："科技进步永无止境。在我有生之年，亩产1000公斤我也不满足，我还要向选育第五期、第六期超级杂交稻进军，直到实现禾下乘凉梦。"他同时建议制定更加开放的政策，通过允许两系法杂交水稻走出国门、扶持龙头种业企业、将长沙打造成杂交水稻"国际种都"等方式，早日让杂交水稻覆盖全球。

近代科学先驱、著名工程师詹天佑，在国内一无资本、二无技术、三无人才的艰难局面下，满怀爱国热情，受命修建京张铁路。他以忘我的吃苦精神，走遍了北京至张家口之间的山山岭岭，亲身实践，顺着山势创造性地设计出了一种"人"字形线路。北上的列车到了南口就用两个火车头，一个在前边拉，一个在后边推。过青龙桥，列车向东北前进，过了"人"字形线路的岔道口就倒过来，原先推的火车头拉，原先拉的火车头推，使列车折向西北前进。这样一来，火车上山就容易得多了。整个工程只用了500万两白银，历时4年时间，就修成了外国人计划需900万两白银、7年才能修完的京张铁路。这是中国人第一次独立修筑的铁路！当时前来参观的外国专家无不震惊和赞叹。美国有所大学为表彰詹天佑的成就，决定授予他工科博士学位，并请他参加仪式。可是，詹天佑正担负着另一条铁路的设计任务，毅然地谢绝了邀请。他这种为国家不求个人功名的精神，赢得了国内外的称赞。这种为祖国事业献身实践、坚决创新的精神值得我们后世敬仰！

大学生培养和锻炼自己的创新性思维，需要运用探究的方法进行学习，通过亲身实践，培育自己的创新精神和实践能力，促进自己提高与进步。

二、创新意识的构成要素

1. 创新兴趣

(1) 创新兴趣的概念

兴趣是人们力求探究某种事物和从事某项活动的意识倾向。它表现为人们对某件事、某项活动积极的态度和情绪反应，并且使人对感兴趣的事物给予优先的注意。创新兴趣则是对挑战陈规、创造新事物、提出新方法等感兴趣，热衷于从事创新活动。创新对象的奥秘对人有巨大的吸引力，创新的结果给人以希望和召唤，创新本身就是种强烈的引起兴趣的刺激物。拥有创新兴趣的人，更能全神贯注、积极热情地调动一切潜能进行创新实践，更易于发现问题，探索未知领域，并且感到轻松愉快，不知疲倦地钻研。德国物理学家玻恩说过："我开始就觉得研究工作是很大的乐趣，在今天，仍旧是一种享受。"

创新兴趣往往与好奇心、求知欲联系在一起，这是人的天性，有的人将这种天性抑制和闲置，而有的人将这种天性保持和发扬。爱因斯坦曾说过，他的科学发现来自对研究问题的神圣的好奇心，来自想了解自然奥秘的抑制不住的渴望。

当个体充满兴趣地从事创新活动，各项心理功能都积极地活跃起来，感觉清晰，观察准确，思维敏捷，记忆力牢固，注意力集中而持久，有助于把自己的智慧和能力充分发挥出来。达尔文回忆在学生时代的性格特点时说："我当时唯一的素质是强烈的多方面的兴趣。"对新事物所表现出来的这种积极性和热衷是不断创新的内在动力和新起点。

创新兴趣引导着创新目标的确立、创新能力的开发，人们总是优先根据自己的兴趣来选择合适的创新内容和方向，对创新的强烈兴趣是进行创新活动最重要的心理条件之一。美籍华人、诺贝尔奖获得者丁肇中说："我可以两天两夜，甚至三天三夜待在实验室里，守在仪器旁，我热切地希望发现我所要探索的东西。"

创新兴趣可以激发我们积极的情感，为创新建立良好的心境，可以增强我们克服困难的勇气，形成良好的意志品质。

【案例 9】

需要一把剪刀

据说篮球运动刚诞生的时候，篮板上钉的是真正的篮子。每当球投进的时候，就要有一个专门的人踩在梯子上把球拿出来。为此，比赛不得不断断续续地进行，缺少激烈紧张的气氛。为了让比赛更顺畅地进行，人们想了很多取球方法，都不太理想。

终于有一天，一位父亲带着他的儿子来看球赛。小男孩看到大人们一次次不辞劳苦地取球，不由大惑不解：为什么不把篮筐的底去掉呢？一语惊醒梦中人，大人们如梦初醒，于是才有了今天我们看到的篮网样式。去掉篮筐的底，就这么简单，但那么多有识之士都没有想到。听来让人费解，然而这个简单的“难题”困扰了人们多年。可见，无形的思维定式就像那个结实的篮子禁锢了我们的头脑，使得我们的思维就像篮球被“囚禁”在了篮筐里。于是，我们盲目地去搬梯子、去制造机器……

生活中许多时候，我们就需要这样一把剪刀，去剪掉那些缠绕我们的“篮筐”，生活原本并没有那么复杂。

（2）创新兴趣的品质

①创新兴趣的指向性

由于个体之间的成长环境、实践活动领域和个性有差异，创新兴趣指向的对象也不同，创新兴趣的指向性在一定程度上反映了个人的需求、知识水平、理想和世界观。不同的创新兴趣的方向都会促进创新，当然，创新兴趣的对象也存在类别和层次的差异，如科学家、艺术家及商人之间的创新兴趣指向可能就大不相同，但是对于其个人来说都是具有巨大价值的。创新兴趣在个体之间是存在差异的，培养和提高创新兴趣要因人而异，有的放矢。

②创新兴趣的广泛性

创新需要有明确、健康的兴趣，也还应有较广泛的兴趣，对周围多变的环境有更充分、全面的观察和理解，不断努力获得广泛的创新信息和各方面不同领域的知识，扩大信息来源和眼界，丰富人的心理活动内容，触类旁通。如果创新是长时间局限的领域，易造成思想闭塞，视界狭小，思路呆板。英国科学家贝弗里奇感慨道：“成功的科学家往往是兴趣广泛的人。他们的独创精神可能来自他们的博学，多样化会使人观点新鲜，而过于长时间钻研一个狭窄的领域，则易使人愚蠢。”

③创新兴趣的中心性

多变复杂的创新环境需要创新主体具有开放心态，培养广泛的创新兴趣的同时，也应该有一个中心兴趣。中心能促使个体抓住重点，将精力和热情指向某个研究领域，深入探索，有所突破，而游移的兴趣不利于产生突出的创新成果。

④创新兴趣的稳定性

某个方面稳定的创新兴趣有利于创新活动的持续进行。创新过程是一个漫长的探索过程，创新主体需要对创新领域进行持续的学习研究，获得更深入的知识，更多地尝试，以增强某一领域的创新能力，在这方面有所创新。

⑤创新兴趣的效能性

创新兴趣的关键作用是对创新产生积极的影响，带来创新效果。要善于把创新兴趣转化为创新行为的动机，驱使主体把兴趣、愿望变为实际行动。而如果创新仅仅停留在兴趣上，不能以兴趣推动行动，即使没有遇到任何困难，也仅仅是停留在期望和等待状态，那就不会产生实际效果。个体要有意识地重视发挥创新兴趣的效能，发挥创新兴趣的最大价值。

2. 创新动机

(1) 创新动机的概念

动机是激发和维持个体的活动，并使这种活动朝着一定目标努力的内部心理倾向。与其他活动一样，创新活动也是受到动机的直接驱动而产生的。创新动机，是指引起和维持个体进行创新行动的内在驱动力，是创新行为的动力基础。动机作为人的积极性的重要源泉，是激发人们进行各种活动的直接原因。创新动机是促使个人潜在创新能力向实际的创新行为转化的动力。恩格斯说过："就个人来说，他的行动的一切动力，都一定要通过他的头脑，一定要转变为他的愿望的动机，才能使他行动起来。"

创新动机在创新活动中主要有三方面的功能：一是激活功能，创新动机触发、推动个体产生创新行为；二是指向功能，创新动机总是使创新活动指向一定的目标或对象；三是维持与调节功能，创新动机引导创新实践，会使人表现出极大的积极性，维持创新过程。个体创新行为是否继续坚持或如何做调整和改变，也会受到创新动机的调整和支配。

(2) 创新动机的类型

创新动机并不是单一的，而是多元的，这既与创新主体的价值取向和个人特质有关，也与社会和企业组织的环境背景相关。总体上，创新动机可以分为内部动机和外部动机。

①内部动机

内部动机也称直接动机，是指直接促使人们去创新的内能动力，是由问题本身和个人倾向等内部需要产生的动机。内部动机主要包括兴趣、成就感、发明志向等发自内心的动机。内部动机与活动本身有关。由于创新能令人愉快，新活动本身就是行动者所追求的目的。

创新的内部动机主要包括三种：第一种是对创新本身的兴趣，受创新本身的内在美的吸引；第二种是完成创新获得的心理体验；第三种是创新任务对人的能力的挑战和锻炼。所以，要培养好奇心、创新兴趣，也要立大志、成大业，勇于挑战自我和提升自我，增强创新的内部动力。创新工作取得成功或解决了难题，从中所得到的乐趣和心理满足，超过了物质上的激励或者是物质激励无法替代的，这又会进一步加强创新的内部动机。

②外部动机

外部动机也称间接动机，指创新者在追求目标的过程中，目标本身不一定是创新，但是达到目标必须经过创新，即在实现目标的过程中含有创新。创新的外部动机包括想获取的外部的物质利益和精神需求，诸如金钱、名声、地位、服务社会等。在现实的经济社会中，个人及企业的经济收益的确是产生创新的重要的外部动机，也是值得肯定和鼓励的，但是要注意“君子爱财，取之有道”，避免消极、错误的创新动机。创新者在高尚、正确的创新动机引导下，才能既对社会有益，也有助于个人创新成功，从而实现想达到的目标。

当然也有众多仁人志士不是为追求个人的利益去创新，而是出于对外界的责任感。一是对企业的责任感，这是微观的。二是对社会的责任感，这是宏观的。对工作具备高度责任心的人会去寻找当前工作中的问题和缺陷，希望从中找到改进和提高的方法，进行创新，使自己的工作和企业的发展都更好。具有社会责任感的人以满足和服务社会需求为基础而去创新，如治愈人们的某种疾病、推动社会发展进步等，它是种高尚的社会动机。所以，大学生既要培养求知欲、挑战精神等，又要培养时代感、责任感以及正确的创新观和人生观，在为社会做贡献的同时实现个人的人生价值。

【案例 10】

氧的发现

物体为什么会燃烧？18 世纪时的权威回答是“燃素说”，认为能燃烧的物体内含有一种名叫“燃素”的特殊物质。1774 年，英国有位叫普列斯特列的科学家，他在给氧化汞加热时，发现从中分解出的纯粹气体可以促使物体燃烧。这是一种什么东西呢？普列斯特列习惯地从“燃素说”的常识出发，就将它命名名“失燃素的空气”。

同年10年，普列斯特列带着他的实验到法国游历，受到化学家拉瓦锡的接待。当拉瓦锡得知普列斯特列的实验后，他立即重做一遍得到了那种新的气体，并第一个将其命名为氧，再通过思考研究建立了燃烧的氧化理论。这是化学史上的一次革命。为此，我们除了对拉瓦锡敢于从“常识”头上迈过一步的勇敢精神表示钦佩外，也为普列斯特列被“常识”像梦魔一样拉着而叹惜。

③内外部动机的相互作用

创新的内部动机更实在、更根本，但外部动机更全面、更丰富。这两种创新动机同时存在，共同推动创新活动。外部激励可以促使人们去追求符合国家需要和社会利益的创新目标，使人们的创新责任感更强烈、更成熟。同时，创新的成果也会使人的创新热情和信心增强，从而使外部动机转化为内部动机。

当内外部的创新动机共同作用时，更加可以推动人们积极进行创新。首先，要注意金钱等物质奖励对创新任务的不利影响。对于枯燥乏味的任务，外在的奖励有较大的效果，使人把外在激励作为驱动力。但是对于创新这种具有挑战性和创造性的活动，强烈的外部动机在很多情况下反而抑制人的创造力，尤其是物质奖励。然而，精神上的激励和非期望中的不定时物质奖励往往会提高内部动机。精神上的激励会提升人们的自我决定的能力，并让人们感觉自己很有能力，提高创新的内部动机。

3. 创新情感

(1) 创新情感的概念

创新活动的主体是具有知觉、情感、意志的人，人们在认识世界和改造世界的创新实践中，不但认识了周围的事物，并且对它们做出评价，产生一定的态度，引起相应的情感体验。情感，是人对事物的态度的体验，如对创新的态度是认可的，那么相应产生热爱、崇尚的情感体验。我们常把情绪和情感视为同一种心理反应，其实二者是有一定区别的。情绪是人的态度体验中的一种低级形式，有较大的冲动性，不大稳定，并常与一定的情景相伴随；而情感是人的态度体验中的一种高级形式，是人生长到一定年龄阶段才产生的，是种比较稳定且与人的社会需要以及精神需要相联系的深刻的态度体验，如热爱、自尊心、责任感、爱国情感等。

创新情感是指创新主体对创新的主观情感体验，包括对创新及创新过程涉及的各方面内容，它是主体进行创新活动的情感力量，对创新活动的维持和调节起着很大的作用。英国著名科学家贝弗里奇指出：“情感上的敏感性也许是科学家应具有的一种可贵品质。无论如何，一个伟大的科学家应该被看作是一个有创造性的艺术家，把他看成仅仅按照逻辑规则和实验规章办事的人是非常错误的。”

（2）创新情感的作用

①智力和创新情感相互作用

在任何一种活动中，认知活动与情感活动都是互相交织的，健康积极的情感对认知活动起着促进作用，反之则带来消极影响。同样，人的创新过程不仅仅是激烈的智力活动过程，而且也是强烈的情感活动过程，在智力和创新情感双重因素的积极作用下，人们的创新才可能有持续的力量和思想火花。因此，我们不仅要注重培养创新思维和创新能力，也要培养丰富而有活力的创新情感。日本著名教育心理学家泷泽武久在谈到发展学生的智力时强调：“不能无视情感的作用。情感交织在人的思维中，或者成为刺激，或者成为障碍。”他曾用大量实验结果证实：一旦学生对学习失去情感，思维、记忆等认识功能会受到压抑和阻碍。对于创新活动，创新情感也会起到这样的正面或负面的作用。

②创新情感作用于创新活动的全过程

从创新动机的产生到创新过程的持续，再到创新结果的验证，各个环节无不蕴含着创新者的情感因素。创新过程需要以创新情感为动力，如求实精神、坚强的信念以及道德感等因素。创新情感还可以为个体提供丰富的创新暗示和创新启迪。

因此，创新活动要求创新者拥有丰富、健康的创新情感。

（3）创新情感的类型

人的情感按其性质和内容可以分为理智感、道德感和美感，这三种形式也是重要的创新情感，因为创新也正是真（理智感）、善（道德感）、美（美感）的统一体。理智感是指与智力活动相联系的体验（人对真理的追求、对科学的探索等），道德感是指对人的思想意识和行为举止（如创新行为）是否符合社会道德规范而产生的体验，美感是在自然风光、艺术欣赏或科研与创新活动中产生的和谐与美的感受。大学生高涨的创新热情、审慎的理智感、新颖的审美感，是开发大学生创新意识的催化剂。

①理智感

理智感是人在智力活动中，由对客观真理的认识、探求和评价而产生的情感体验。理智感是人们创新和学习知识的重要情感力量，可以推动主体进行创造性的思考。具有强烈理智感的人能对好奇和怀疑的事物进行探索和研究，从而实现新的发现、新的创造，如爱因斯坦所说，思维世界的发展在某种程度上来说是对惊奇的不断摆脱。缺乏理智感，就不可能有对创新和科学的执着追求与坚守，也无法全身心地投入到创新活动当中。

②道德感

道德感是人对自己和别人的思想意图、言行举止及各项活动是否符合一定的社会道德标准而产生的情感体验。创新行为符合道德标准便产生满意、肯定的体验，不符合便产生消极、否定的体验。道德感是进行创新活动必须具备的精神条件。创新主体只有具备道德感，其创新才是对国家、社会、集体和他人有益的，而且对他人和社会的道德感还会成为创新的激情和动力。

【案例 11】

安全锯的诞生

日本秋田县的长井曾在一个乡公所里任职。有一个星期天，长井想修理一下家具，就拿了一把锯子回家，路上在一个拐角处突然迎面跑来了一个小女孩。女孩的手臂被锯子碰伤，流了不少血。

长井为此心里感到不安和自责，而这种不安的心情促使他考虑能不能制造一种不会伤人的安全锯。他看见有些削铅笔的刀可以折叠起来，刀刃可以藏在里面。于是他想，锯子的锯片在不用时不也可以折叠起来吗？通过试验，这个想法还真管用。于是他为自己发明的安全锯申请了专利，后来专职经营这种产品，成了一名企业家。

③美感

美感是人对自然界事物以及社会生活中的事物做出评价时所产生的情感体验，这种愉悦的情感体验对创新有重要的推动作用和启迪作用。

创新也追求美，创新本身也包含美。居里夫人说过，科学的探讨研究，其本身就含有至美。法国数学家彭加勒把追求美作为他从事科学研究的目标，他说："科学家研究自然，并非因为它有用处。他之所以研究它，是因为他从中得到乐趣，而他之所以能从中得到乐趣，那是因为它美。如果自然界不美，就不值得去了解它，生命也就没有存在的价值了。"

美感还能启迪人们的创新思维。科学美感启发人们去发现自然界存在的简单美、对称美、和谐美。法拉第曾兴奋地写信告诉德·拉·里夫，他的兴趣被吸引到电磁转换的问题上，因为"磁力转换的法则，简单而又美丽"。哥白尼相信宇宙体系是和谐的，这坚定的信念促使他建立起了日心说体系。开普勒发现行星运动定律之后，也为行星运动的和谐之美激动万分。

4. 创新意志

（1）创新意志的概念

创新就是一种意志行为，创新的特征就是要克服困难，做前人和别人没有做的事，可以说意志就是力量，意志是创新的支柱。创新意志是有意识、有目的、有计划地调节和支配创新活动的心理现象。创新意志是在创新情感的基础上产生的，没有情感就不可能产生任何意志。创新意志又使创新情感具有了目的性，使创新情感能够按照人的价值需要进行发展。

意志过程包括决定阶段和执行阶段，创新意志也是如此。决定阶段指选择一个有意义的创新目标作为行动的目的，其中可能存在不同动机、愿望的斗争，需要作出决策，并确定达到该目的的方法。执行阶段即努力克服困难，坚定地把创新计划付诸实施的过程。创新意志的调节作用包括两方面，即发动与预定目的相符的行动和抑制与预定目标矛盾的行动，如对行为的发动、坚持、制止、改变等方面的控制调节作用。

（2）创新意志的品质

意志行动是与克服困难相联系的，克服困难的过程也就是意志行动的过程，人的意志坚强与否、坚强程度如何，可以从意志的品质中体现。创新意志品质包括意志的坚定性、独立性、果断性和自制性，具体体现为形成创新的设想、准确的判断、果断的决策、周密的计划、坚定的行为等方面。

①创新意志的坚定性

意志坚定是创新者宝贵的意志品质之一，表现为长时间坚持自己决定的合理性，并坚持不懈地努力克服困难完成创新活动。意志的坚定性对创新活动的展开有着重要意义，它能够保证主体的智力效应不断积累，使主体长期地开展某一特定方向的创新思考和研究，并不断排除障碍，直至实现创新目标。

②创新意志的独立性

意志的独立性表现为一个人能根据自己的认识与信念，独立做出决定、执行决定、有责任感，愿意对自己的行为所产生的结果负责。意志的独立性有助于创新主体自主地做出科学的思维判断，而不盲目相信和屈服于外界的各种声音、意见等，坚持自己的想法，将注意力集中在特定的目标之上，充分调动智力因素。

③创新意志的果断性

果断性表现为既能深思熟虑，又能迅速辨明是非，及时、坚决地做出合理的选择。在创新中，主体要能根据社会发展和科技发展的需求，适时地选择与确定研究目标，在激烈的竞争中获得时间和机遇的优势。在创新过程中也仍有很多情况需要果断决策，需要主体当机立断。

④创新意志的自制性

意志的自制性是指主体善于支配和约束自己行动的能力以及对情绪状态、缺点等的调节。创新意志的自制性使人在碰到挫折和失败时，可以调节自己的消极情绪，控制自己的不当言行，不灰心、不气馁、不焦躁，同时可以更好地克服惰性。

思考题：

1. 结合在校大学生的学习生活实际，归纳总结在校大学生培养自己的学习能力、记忆能力、分析能力、想象能力、实践能力分别可以采取的具体做法，并列出清单。

2. 大学生激发创新意识的途径除了敢于质疑、善于发现、处处留心、博学广闻、精通专业、异想天开、勤于实践，还有哪些方面？

第四章

创新精神与创新思维

知识结构图：

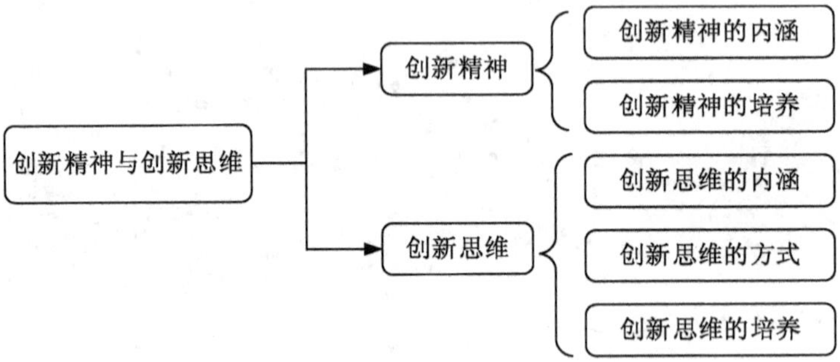

知识目标：

1. 了解创新精神、创新思维的内涵；
2. 熟悉创新精神、创新思维的培养。

能力目标：

了解创新精神、创新思维的性质，在实践中能有创新精神，能进行创新思维的训练。

第一节 创新精神

一、创新精神的内涵

1. 创新精神的定义

创新精神是指人在处理与外部世界的关系中，不甘守成与重复，不怕风险与失败，不尚空谈与陈规，勇于开拓新的世界，敢于走前人没走过的路，勤于发现、发明与创造，善于把新的思想变为新的事物，表现出永不自满、不受束缚、不断探索、奋发有为的气质。

创新精神是由多种行为方式与心理素质整合而成的精神状态，是对人在各种活动中表现出来的创新性倾向的总称。创新精神包括科学精神、批判精神、开拓精神、冒险精神、自主精神、务实精神等多种要素，这些精神要素的存在及其活动，构成了创新精神。

2. 创新精神的内涵

创新精神是人在创新活动中反映出的精神素质，是人的创新本质的精神表现。

(1) 创新精神是一种人类特有的精神

人与动物最大的区别就在于人不会满足于大自然的赐予，而是能主动去创造新环境、新事物来满足自己的需要，能主动去改造世界。可以说，人类的创新贯穿于整个人类的发展过程。创新精神就是在这种创新的历史中，内化为人的精神素质，积淀为人类的精神文化。

(2) 创新精神是一种主体精神

只有当人依靠自身主体力量，在实践和理论的意义上能把握、改变对象世界，在对客体的作用中形成主体势能时，他才能成为一个真正主体，才能显示出典型的创新精神。因此，创新是主体的功能，创新精神是主体精神的显著特征。

(3) 创新精神是一种实践精神

实践属性是创新的固有属性，思想创新通常也要转化为实践创新。创新精神来源于实践，又体现于实践，实践能真实地显示和培养创新精神。创新精神表明了主体活动的价值取向是求实务实、讲求实效，并且追求创造性的成就，创造新的价值。

(4) 创新精神是一种时代精神

创新精神是随着社会经济形态的发展而发展的，在不同历史时代，创新精神的水平、能量和性质也会有差异性。随着经济关系、政治关系、社会关系向现代化转型，创新精神才慢慢成了生产力的内在要求，成为人的普遍行为取向，并最终上升为时代的精神与历史的象征。

3. 创新精神实例

【案例 12】

屠呦呦和她的青蒿素

2015 年 10 月 5 日，中国药学家屠呦呦获得了诺贝尔生理学或医学奖，这个至高荣誉是对她在疟疾治疗方面所做贡献的肯定。屠呦呦也是中国第一位获得诺贝尔科学类奖的女科学家。

20 世纪 60 年代，疟疾在世界范围蔓延，国内对抗疟疾新药的研发并没有取得实质性进展。1969 年 1 月，国家为了实现突破，成立了“523”抗疟疾药物研究中心，屠呦呦被任命为中药抗疟疾科研组组长。屠呦呦接到任务后，开始从本草研究入手，收集整理各类相关资料，先后进行筛选实验 300 余次，并最终确定主要研究方向为中药青蒿。1971 年 10 月 4 日屠呦呦领导课题组成功获得了青蒿乙醚提取物，实现了对鼠疟原虫抑制率达 100%的控制，这是青蒿素发现最关键的一步。获取青蒿乙醚提取物后，屠呦呦课题组开始对有效单体成分进行分离。1972 年 11 月 8 日，在分离研究失败了 190 次之后，屠呦呦课题组终于从青蒿抗疟有效部位中分离提纯得到抗疟有效单体——青蒿素。

1973 年秋，屠呦呦团队在海南疟区对青蒿素进行了临床试验，结果证明了青蒿素就是青蒿抗疟的有效成分。这一发现，改写了用含 N 杂环的成分药抗疟的历史，标志着人类抗疟历史进入了一个新纪元。

1978 年，屠呦呦团队在全国科学大会上受到表彰；1979 年，抗疟新药青蒿素获得了国家发明奖二等奖；1981 年 10 月，世界卫生组织提议在中国北京召开青蒿素国际会议；1986 年，青蒿素获得自我国新药审批办法实施以来的第一个一类新药的《新药证书》[(86)卫药证字 X-01 号]。

2015 年 12 月，世界卫生组织在报告中指出，在过去十年间，青蒿素疗法得到广泛应用，对控制、治疗恶性疟原虫极为有效。青蒿素类的复方药物至今仍是世界卫生组织推荐的抗疟一线用药，用以治疗约70%的疟疾患者，使全球特别是发展中国家数百万人的生命得到挽救。

二、创新精神的培养

创新精神的培养对一个人、一个组织和一个国家的成长发展都至关重要，那么对于当代大学生来说，如何培养创新精神呢？具体来说，当代大学生可从以下几个方面来提升自己。

1. 培养强烈的好奇心和求知欲

据说，牛顿少年时期就有很强的好奇心，他在观察星星和月亮时就在思考：星星和月亮为什么挂在天上？星星和月亮都在天空运转着，它们为什么不相撞呢？这些疑问激发着他的探索欲望。后来，他经过专心研究，终于发现了万有引力定律。能提出问题，说明在思考问题。好奇心包含着强烈的求知欲和追根究底的探索精神，谁想在创新创业中获取成功，就必须要有强烈的好奇心。

2. 培养科学求证的精神，不迷信权威

不是被人验证过的事情就一定是真理，科学的发展需要对旧的知识、观念进行辩证的分析，取其精华、弃其糟粕，需要我们能够有质疑权威的精神，当然，这种质疑不是无根据的质疑，需要我们科学求证。怀疑是发自内在的创造潜能，它激发人们去钻研、去探索。对待我们所学习或研究的事物应做到：不要迷信任何权威，应大胆地怀疑。这是我们创新的出发点。

3. 激发追求创新的欲望

追求创新的欲望会引发创新的动机，最终导致创新行为的实施。有了追求创新的欲望，我们接下来就需要坚持不懈地努力，勇于面对困难。我国著名学者周海中在探究梅森素数分布规律时就遇到了不少困难，失败过多次，但他并不气馁。凭着追求创新的欲望和坚持不懈的努力，他终于找到了解决这一难题的突破口。1992年，他归纳出了梅森素数分布的精确表达式。目前这项重要成果在国际上被命名为“周氏猜测”。

4. 树立凡事皆可求异的观念

生活中有很多人太过于在意别人的看法，往往忘记了自己内心的主见，人云

亦云，这种生活和做事态度只会让我们丧失自我。要知道，创新不是简单的模仿，需要我们认真地独立思考，有自己的理解和见地。因此，我们要树立凡事皆可求异的观念，积极地思考，以积极的创新精神来追求创新成果。求异也要求我们换个角度思考，从多个角度思考，并将结果进行比较。求异者往往要比常人看问题更深刻、更全面。

5. 培养执着的冒险精神

创造实质上是有风险的，没有冒险精神的人在困难或者可能造成的后果面前会选择退缩。当然，冒险不是那些危及生命和健康安全的冒险，而是一种合理性冒险，一种不怕困难和追求成功的精神，一种对创新成果的执着。

6. 培养谦虚学习、永不自满的精神

如果把我们已知的事物用一个圈内的部分来表示的话，圈外的事物就是我们未知的事物，当我们学习得越多，知道得越多，接触的未知事物越多，我们就越敬畏知识、敬畏科学、敬畏创新。因此，我们要谦虚学习，永不自满，只有这样才能有不断学习新知识、新技能的动力。

【案例 13】

居里夫人的信念

著名科学家居里夫人在深入研究铀射线的过程中，凭直觉感到，铀射线是一种原子的特性，除铀外，还会有别的物质也具有这种特性。她决定检查所有已知的化学物质，不久就发现另外一种物质——钍也能自发发出射线，与铀射线相似。居里夫人提议把这种特性叫作放射性。这种放射性使居里夫人着了迷，她又开始测量矿物的放射性。突然她在一种不含铀和钍的矿物中测量到了新的放射性，而且这种放射性比铀和钍的放射性要强得多。凭直觉，她大胆地假定：这些矿物中一定含有一种放射性物质，它是今日人们还不知道的一种化学元素。在这种信念的驱使下，居里夫人终于和她丈夫一起发现了新的放射性元素：钋和镭。居里夫人以她出色的工作，两次荣获诺贝尔奖。

【案例 14】

“杂交水稻之父”袁隆平

袁隆平为了在滔滔稻海中寻找不育株，不怕像大海捞针那样的艰辛，在南方的酷暑天气下，每天中午趁着水稻开花时机，在水田里泡 4 个小时，用放大镜逐株逐穗观察。起初，连续寻找了13天，一无所获。他没有因此而灰心，继续寻找……经过无数次的艰苦努力，终于在4个籼稻品种中找到了6株不育株。他的研究工作曾被人蓄意破坏，那些他千辛万苦育成的秧苗被全部拔光。他又几经艰难才找回并救活5根，就靠着这几根仅存的"希望之苗"，他奔走于祖国的广大田野，南繁北育。科学的征途总是坎坷曲折的，他后来又遭到一次又一次的失败，但他还不灰心，而是认真总结经验，继续跋山涉水，风餐露宿，坚持到底，终于在1970年10月，于海南岛崖县的一片沼泽地里找到一株雄花败育的普通野生稻。又经过6年的辛勤试验，他终于获得成功，使我国成为世界上第一个把水稻杂种优势应用于生产的国家。

第二节　创新思维

一、创新思维的内涵

1. 创新思维的定义

思维可以分为传统思维和创新思维两类。传统思维是人类经常性的、以经验为主的程序化的思考。而创新思维是相对于传统思维而言的一种思维方式，是思维的一种智力品质。创新思维是指在传统思维的基础之上，通过发挥大脑的能动作用，以具有超前性和预测能力的新的认知模式来把握事物发展的内在本质及规律，对事物间的联系进行前所未有的思考，探索观察、分析和解决问题的新方法、新途径的思维过程。

从狭义的理解来讲，创新思维是一种开拓人类认识新领域、开创人类认识新成果的具有较大社会意义的高级思维活动，它往往表现为发明新技术、形成新观念、提出新方案和决策、创建新理论。从广义上讲，创新思维可以表现为做出了完整的新发现和新发明的思维过程，也可以表现为在思考的方法和技巧上、在某些结论和见解上具有新奇独到之处。它广泛存在于科学史上的重大发明之中，存在于政治、军事决策和生产、教育、艺术及科学研究活动之中。因此，每一位正常人都具有广义上的创新思维能力。

创新思维是人类从事创造性活动的基础，是一切创造原理和创造技法的源泉，人类的一切成果无一不是创新思维的结果。创新思维结果实现了知识，也就是信息的增殖。它或者是以新的知识(如观点、理论、发现)来增加知识的积累,从而增加了知识的数量(即信息量);或者是在方法上有所突破,对已有知识进行新的分解与组合,发掘知识的新功能,由此实现了知识(信息)结构量的增加。所以,从信息活动和知识增殖的角度来看,创新思维是一种实现了知识增殖,或是说信息量增殖的思维活动。

创新思维结果的实现需要人们付出艰苦的脑力劳动。一项创新思维结果的取得,往往需要经过长期的探索、刻苦的钻研,甚至多次的挫折之后才能取得,而创新思维的能力也要经过长期的知识积累、智能训练、素质磨砺才能具备。创新思维过程还离不开推理、想象、联想、直觉等思维活动,所以,从主体活动的角度来看,创新思维又是一种需要人们(包括组织者、职业经理)付出较大代价,运用高超能力的一种思维活动。

2. 创新思维的特点

创新思维区别于传统思维,它是通过发挥人脑的能动作用,对外部客观世界的信息以崭新的思考方式进行有意识或无意识、直接或间接的再加工处理的一个思维过程。创新思维具有以下几个特征:

(1) 开拓性及独特性

创新思维较传统思维有明显的开拓性。传统思维是遵循现存思路和方法进行思考,重复前人过去已经进行的思维过程。而创新思维在思路的探索、思维的方法和思维的结论上不满足于人类已有的知识和经验,往往是对现有物质形态的一种否定,程度不同地表现出与旧事物存在的某些差异,努力通过新的思维方式探索客观世界中尚未认识的事物的规律。它所要解决的是实践中不断出现的新情况和新问题,为人们的实践活动开辟新领域、新天地。

创新思维的独特性在于思路的选择、思考的技巧、思维的结论上,能提出新的观点,探寻新的发现,与其他人有明显不同,并且前无古人、独具一格。

(2) 灵活敏捷性

创新思维始终追随前进的历史车轮,跟踪着不断发展变化的动态社会。它有着敏捷的思维能力,从变化的实际情况出发,做到因人、因时、因事而异,短时间内迅速地调动思维,具备积极思维、周密考虑、准确判断的能力,能当机立断、迅速正确地解决新问题。同时,创新思维并无现成的思维方法和程序可循。它的方式、方法、程序、途径等都没有固定的框架,且是多方向发散和立体型的。在思维活动中,表现为可以灵活地从一个思路转向另一个思路,从一种意境进入另一种意境,多方位地试探解决问题的办法。

（3）探险性和风险性

创新思维的显著特点，一是“创”，二是“新”，以“创”促“新”，以“新”带“创”。创新思维活动是一种探索未知的活动，这决定了创新思维并不是每次都能取得成功，甚至有可能毫无成效或者做出错误的结论。创新思维的风险性还表现在它会对传统势力、偏见产生冲击。而传统势力、现有权威都会竭力维护自己的存在，对创新思维活动的成果抱有抵触心理。但是，它无论取得什么样的结果，在认识论和方法论范畴内都具有重要意义。常规性思维不越常规，表面看来“稳妥”，风险小，但它的根本缺陷是“从来没有改变，原来咋样还咋样”，不能为人们提供新的启示。

（4）突变性

在创新思维的过程中，新思路、新设想的产生通常带有突变性。有时候，人们的思考到达一个瓶颈，或者说思路达到了极限的时候，常常会在突然之间，思绪突然豁然开朗，思如泉涌，突发奇想，使得久思不得其解的问题在瞬间就能找到答案。对这样的现象，我们也称之为“灵感降临”“灵光一现”。创新思维的机理是突变论，它表现出一种非逻辑的特征，是对原有极限的突破，促使新生事物的产生。当然，突变性是创新者长期观察、研究、思考的结果，是创新思维活动过程的产物。这种思想火花的爆发没有固定的时间，带有极大的随机性。

（5）客观现实性

创新思维是以客观存在为主体的现实思维结构。它强调一切从实际情况出发，从解决现实矛盾和问题入手，尊重客观，尊重事实，在实践中不断认识真理。从本质意义上讲，创新思维始于客观存在的必然需要，创新方法源于解决现实问题，离开现实谈创新没有任何意义，脱离现实搞创新更是违背规律的。传统思维往往流连过去，习惯用老眼光看待新事物，穿新鞋走老路，很难引领人们进入一个新的境界。

（6）科学性和有益性

任何创新活动都必须遵循客观事物的发展规律，符合客观实际，经得起实践检验，具有令人信服的科学性。创新的目的在于造福人类，创新的成果也唯有有益于人类，才能被人们承认、接受。在从事创新的全过程中，始终使良好的创新动机和有益的创新成果取得和谐统一，是确保创新获得成功的先决条件，也是衡量一切创新是否具有存在价值的一条重要依据。

（7）综合性

创新思维是由许多因素、多种思维形式参与结合在一起的综合性思维活动，包括知识信息因素、智力因素、实际能力因素、个性因素以及身体因素、想象、联想、比较和概括等。把事物的各个侧面、部分和属性等有机地综合成一个新的整体来进行观察和思考，常常容易发现事物之间的内在联系，发现事物之间在某些方面存在某些重要的关系。

人的思维结构可以分为思维形式、思维内容和思维过程 3 个部分。如图4-1

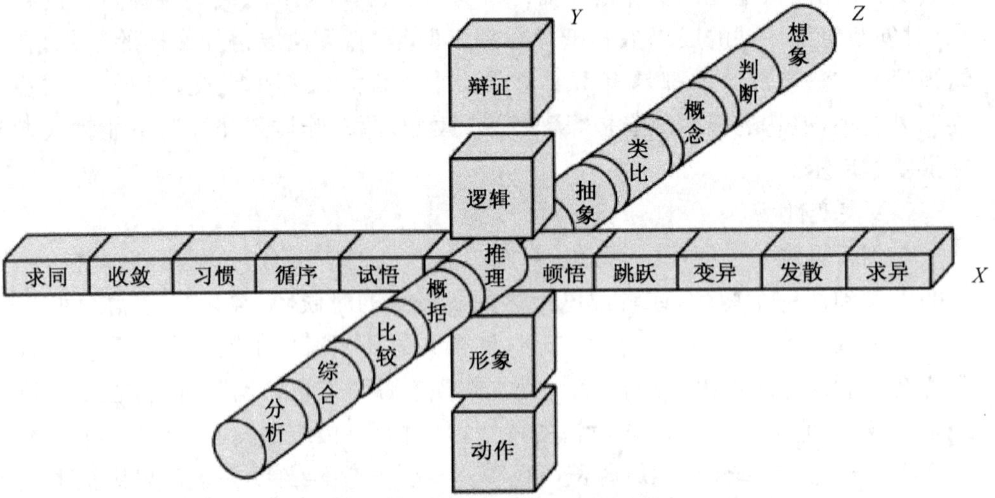

图 4-1　人的全方位思维模式结构图

（资料来源：朱国富，《创新理论与技能》，高等教育出版社 2013 年版）

所示，X 轴代表思维形式，Y 轴代表思维方法，Z 轴代表思维过程。由于坐标系统中 X 轴上有 10 个因子，可分为 1，2，3，4，…，10 个因素的排列组合；Y 轴上有 4 个因子排列组合；Z 轴上有 10 个因子排列组合。用数字的排列组合方法解析，所得到的思维模式种类可有天文数字那么多。

创新思维是人类最高级、最复杂的思维过程，它是多种思维方法、思维形式和思维过程有机结合的产物。在创新思维方法上，既要有逻辑思维，也要有形象思维；在思维形式上，既要有发散思维，也要有收敛思维，既要有求异思维，也要有求同思维；在思维的过程中要不断地综合、分析、比较、概括和推理。只有这样，才能正确地认识事物的关系，认识事物的本质和规律，才可能卓有成效地产生创造性的成果。

【案例 15】

代替钢笔的书写工具

1936 年，匈牙利的拉滋洛·比罗在新闻印刷厂承担文字校对工作。在用钢笔改清样时，常常发生浸润模糊现象。一天，他看到一群孩子在地上滚皮球，沾了泥的皮球在地上滚动时留下一道泥印，他受到了启发。经过一段时间的试验，他用一根钢圆管灌满速干油墨，在一端装上钢珠作为笔尖。然后，他在各种能书写的材质上进行书写试验，发现均可留下抹不掉的痕迹，而且笔管内的油墨也不易溢出。试验成功了。1940 年，他又对其发明进行了改进，于 1943 年 7 月 10 日申请了专利，1945 年开始将产品投入市场。

【案例 16】

伽利略发现摆的规律

伽利略 1564 年生于意大利的比萨城，就在著名的比萨斜塔旁边。有一次，他站在比萨的天主教堂里，眼睛盯着天花板，一动也不动。他在干什么呢？原来，他用右手按左手的脉搏，看着天花板上来回摇摆的灯。他发现，这灯的摆动虽然是越来越弱，以至每一次摆动的距离渐渐缩短，但是，每一次摇摆需要的时间却是一样的。于是，伽利略做了一个适当长度的摆锤，测量了脉搏的速度和均匀度。从这里，他找到了摆的规律。钟就是根据他发现的这个规律制造出来的。

（资料来源：奥数网）

二、创新思维的方式

创新思维有很多种，以下是几种常见的、主要的创新思维形式或种类。

1. 换位思维

很多创新思维都源于思维角度的改变。对任何事情，都应该尝试从不同角度、不同位置、不同群体等方面去看一看，想一想，这样往往会有一些意想不到的发现。例如，开发产品时最好把自己当成终端客户，想想客户具体的要求，对每一个环节都考察一遍，看看是不是可以做得跟别人不一样。也可以把自己当成竞争对手，想想他们的情况，多问问为什么这样，反过来问问为什么不这样。这样思考的时候，就可能发现问题并能够对产品加以革新和完善。

2. 逆向思维

逆向思维也叫求异思维，它是对司空见惯的似乎已成定论的事物或观点反过来思考的一种思维方式。例如，有人落水，常规的思维模式是“救人离水”，而司马光面对紧急险情，运用了逆向思维，果断地用石头把缸砸破，“让水离人”，从而救了小伙伴性命。

【案例 17】

放掉点气

从前，有一辆货车在通过一座天桥时，因为司机没有看清天桥的高度标记，结果正好被卡在了天桥下面。因为当时车上装的货物很重，所以一下子很难把货车开出来。为了弄出这辆货车，司机和当地交管部门的工作人员想了很多办法，都无济于事。这时，旁边围观的一个小孩子走了上来，笑着说："你们为什么不把车胎的气放点出来呢？"大家一想，都觉得这确实是一个办法。于是，司机便放了一点车胎气，使货车的高度降了下来，最终汽车顺利地通过了天桥。

这就是逆向思维的奇妙之处，小孩子运用逆向思维，想到了他人没有想到的方法，巧妙地使汽车降低了高度，顺利通过了天桥。

3. 发散思维

发散思维又称辐射思维、放射思维、扩散思维或求异思维，是指在对事物或对问题的研究中，保持思想活跃和开放状态的思维。发散思维没有一定的方向，也没有一定的范围，它不墨守成规，也不拘于传统，它使得思维由单向思考转为多向思考或者立体思考。一定程度上说，人与人的创新能力的差别就体现在发散思维能力上。

发散思维方式要求同学们勤于实践，注意有意识地训练自己的思维，使自己的思维处于异常活跃的状态。每当遇到问题时，应当尽可能赋予所涉及的人、物及事情整体以新的性质，摆脱旧有方法的束缚，运用新观点、新方法、新结论，反映出独创性。按照这个思路进行思维方法训练，往往能收到推陈出新的结果，使自己逐渐具有多方位、多角度、多方法思维的良好品质。

【案例 18】

南极输油冰管

美国的一个南极探险队首次准备在南极过冬时，遇到了这样一个难题：队员们打算把船上的汽油输送到基地上，但由于输油管的长度不够，当时又没有备用的管子，无法完成输送。正当队员们一筹莫展时，队长布雷克突发奇想：南极到处都是冰，为什么不用冰来做成管子呢？由于南极气温低，"点水成冰"必然不是空想。可以用冰做输油管，但怎样才能使冰成为管状又不会破裂呢？此时，布雷克看到了队友缠着绷带的手，这使他想到了医用绷带。于是他让队友拿出出发前准备的所有绷带，试着把绷带缠在已有的管子上，再向绷带上浇水，待水结成冰后，再抽出管子，如此重复，就能做出长度不限的冰管了。这种特殊的冰管，很快就解决了探险队输油管长度不够的问题。

4. 联想思维

联想思维是在原先并不相关的事物之间搭起一座认识的桥梁，将表面看来互不相关的事物联系起来的一种创新思维方式。联想思维可以使我们扩展思路、升华认识、把握规律，它又可细分为如下几种。

(1) 接近联想

接近联想是指由一个事物联想到在时间或空间上相接近的另一个事物。例如，由"阳春三月"联想到"桃花"，由"天安门"联想到"人民大会堂"，等等。

(2) 对比联想

对比联想是指由一个事物联想到和它具有相反特点的另一个事物。例如，由朋友想到敌人，由水想到火，由战争想到和平，等等。

(3) 相似联想

相似联想是指由一个事物想到另一个与它性质上接近或相似的事物。例如，由大海想到海浪，想到鱼群，想到轮船，想到海底电缆，想到资源的开发和利用，等等。

【案例 19】

神奇的"隐身衣"

苏联卫国战争期间，列宁格勒遭到德军的包围，经常受到敌机的轰炸。在这紧急关头，苏军伊万诺夫将军一次视察战地时，看见有几只蝴蝶飞在花丛中时隐时现，令人眼花缭乱。这位将军随即请昆虫学家设计出一套蝴蝶式防空迷彩伪装方案，结合防护、变形和仿照三种伪装方法，将活动的军事目标涂抹成与地形相似的巨大多色斑点，并且在遮障上印染了与背景相似的彩色图案。就这样，苏军数百个军事目标披上了神奇的"隐身衣"，有效地防止了德军飞机的轰炸。

5. 纵向思维

纵向思维又称纵深思维或纵深思考，通俗地讲，就是按照既定目标、方向，在现有基础上，向纵深领域深化、挖掘的一种创新思维方式。

老子曰："挖井七仞而不及泉，废井也。"（仞是计量单位，7 仞约等于 2 丈多一点）挖井 7 仞没有出水，是废井，但如果 7.1 仞出水了，甘泉涌流，就是好井。可见，成功往往只差那么一点。

纵深思考的创新思维方法不仅对我们搞好重大发明有帮助，而且对我们加强品德修养、塑好人格形象的影响和作用也是不可低估的。

6. 灵感思维

灵感思维，是指在事物的接触及思考中，因受到某种启发而产生的创新思维方式。它同顿感思维一样，是在科学研究和文学艺术创作中经常出现和运用的一种创新思维方式。

由于这种创新思维方式具有转瞬即逝的偶发性，所以，要善于抓住这种稍纵即逝的灵感思维，对此进行深入思考和研究，以促成新生事物的应运而生或疑难问题的解决。

【案例 20】

鲁班发明锯子

春秋时期，我国有一位创造发明家叫作鲁班。鲁班是怎样发明锯子的呢？传说，有一年鲁班接受了一项任务：建筑一座宫殿。这个工程需要很多木料，但施工期很紧张。他的徒弟每天都上山砍木材，但是当时没有锯子，只有用斧子砍，效率很低。他心里非常着急，就亲自上山查看。上山的时候，他偶尔拉了一把长在山上的一种野草，一下子手被叶子划破了。他摘下叶片轻轻一摸，原来叶子两边长着锋利的齿，他的手就是被这些小齿划破的。他还看到在一棵野草上有条大蝗虫，两个大板牙上也排列着许多小齿，所以能很快地磨碎叶片。鲁班就是从这两件事上得到了启发。他想：要有这样齿状的工具，不是也能很快地锯断树木了吗！于是，他经过多次试验，终于发明了锋利的锯子，大大提高了工效。

三、创新思维的培养

创新是一个民族进步的灵魂，是一个国家兴旺发达的不竭动力。创新思维是人类最高层次的思维，它是创新教育的核心。培养学生的创新精神必须着力于培养学生的创新思维能力。21 世纪是知识经济时代，知识经济的本质就是创新，培养创新思维是时代对大学生提出的基本要求，创新思维能力是大学生必备的素质。大学生创新思维的培养应着重从以下三个方面做起。

1. 思维定式的障碍

影响大学生进行创新思维的枷锁大致有如下五种。

(1) 从众型思维枷锁

大多数人都有从众心理，即人云亦云。比如你骑着自行车来到一个十字路口，看见红灯亮着，尽管你清楚地知道闯红灯违反交通规则，但是你发现周围的骑车人都不停车而是直着往前闯，于是你也会跟着大家闯红灯。这种跟在别人后面消极的思维水远是滞后的，没有新意的。

（2）权威型思维枷锁

权威枷锁是指思维中的权威定式。思维是教育的产物，来自教育的权式定式使人们逐渐习惯以权威的是非为是非，对权威的言论不加思考地盲信盲从，唯独缺少“自我思索、冲破权威、勇于创新”的意识。一味盲从权威，大学生的思维就失去了积极主动性。

（3）经验型思维枷锁

经验是相对稳定性的东西，然而正是这些经验的稳定性又可能导致人们对经验的过分依赖乃至崇拜，从而形成固定的思维模式，结果就会削弱头脑的想象力，造成创新思维能力的下降。从思维的角度来说，经验具有很大的狭隘性，它束缚了人的思维广度。而创新思维要求大学生必须拓展思路，海阔天空，束缚越少越好。

【案例 21】

清洁工引发的创造灵感

多年前，有一家酒店的电梯不够用，打算增加一部。专家们一致认为，最好的办法是每层楼打个大洞，直接安装电梯。方案定下来之后，两位专家坐在酒店前厅商谈工程计划。他们的谈话被一位正在扫地的清洁工听到了。

清洁工对他们说：“每层楼都打个大洞，肯定会尘土飞扬，弄得乱七八糟。”工程师瞥了清洁工一眼说：“那是难免的。”“我要是你们，”清洁工不经意地说，“我就会把电梯装在楼的外面。”工程师和建筑师听了这话，相视片刻，不约而同地为清洁工的这一想法叫绝。于是，便有了近代建筑史上的伟大变革——把电梯装在楼外。

（资料来源：搜狐网）

（4）书本型思维枷锁

书本是一种系统化理论化的知识，是千百年来人类经验和体悟的结晶，它可以带给我们无穷多的好处，但如果我们一味地死读书，也不会有好的效果。大学生不应该成为书本的奴隶，而应该活学活用，读书不为书所累，“睹一事于句中，反三隅于字外”，做书本的主人，善于驾驭知识，理论联系实际。否则，死抠书本将严重影响一个人创新思维的发挥。

（5）自我贬低型思维枷锁

做事没有信心，总认为“我不行，我做不到”，而从来不敢去尝试一下。及时打破这种思维枷锁，从内心深处树立起信心，大学生才会发现自己的潜力。因此，对于大学生来说，思维的枷锁就像一座监狱，只有将守旧观念丢掉，勇于冲破思维藩篱，才能走进创新的世界。

【案例 22】

一副象棋

拿破仑在历史上赫赫有名，他从一个普通的贵族子弟成为几乎统一了欧洲的法兰西帝国皇帝。他非常勤奋而且聪明，戎马一生，打了很多次胜仗。但是，他也有个非常致命的缺点，那就是自信甚至是自负。

当年，拿破仑在滑铁卢战役失败以后，被流放到圣赫勒拿岛上。后来，他的一个朋友赠送了他一副象棋。拿破仑在岛上无所事事，每天一个人默默地下棋打发时间，直至死去。因为他的名气，这副象棋被当作遗物多次转手拍卖。有一天，这副象棋的购买者在把玩象棋的时候突然发现，这副象棋中的一个棋子底部竟然是可以打开的。他打开底部一看，里面竟然藏了一张纸，纸上画着如何从岛上逃生的路线图。可是，拿破仑却没有意识到朋友的良苦用心，直到死都没有发现象棋里的这个秘密。拿破仑大概做梦也不会想到，自己最后竟然死在常规思维的陷阱里。如果他能用南征北战时兵不厌诈的思维方法来思考一下这副象棋可能蕴含的其他功能，也许他这一生的命运就会被改写了。

2. 思维偏见的影响

偏见是一种很普遍的心理现象，不是人们主观故意而为，往往是为了迎合人的愿望和情绪。人们不经意间就对事物的认识产生了偏离，从而偏偏看见自己想要看见的。

(1) 思维偏见的含义

思维偏见指以不客观或不全面的信息为根据，形成对人或事物的一种片面甚至错误的看法。人们观察事物时，不一定能客观地看清事物的本来面貌，大脑会不自觉地“戴上有色眼镜”。人的判断打上了自身经验、地位、利益、知识、文化及阶层等印记，这些干扰使你所感知到的事物不自觉地偏离了事实。在生活中以及创新活动中，思维偏见会影响对事物进行客观观察和判断，要留心各种思维偏见，从而减少思维上的错误。

(2) 思维偏见的类型

①经验偏见

经验偏见指人们在自己的经验里生活和思考，不愿接受经验以外的事实或超出经验的想象而形成偏颇。德波诺在《实用思维》节中描述了一种常见的社会现象:“在僻静的乡村,村里最漂亮的姑娘会被村民当作世界上最美的人,在看到村外更漂亮的姑娘之前,村里的人难以想象出还有比她更美的人。”在村里,它是真理;在全世界,它就是偏见。

经验固然教会我们很多,但是一个人所能掌握的知识经验是有限的,如果我们固守已有的经验,不愿接受、研究新事物,不敢想象超出经验的事物,那么将难以发挥想象和创新。

②沉锚效应

沉锚效应指的是人们在对某人某事做出判断时,易受第一印象或第一信息支配,就像船锚把人的思想固定在某处,第一印象和先入为主是沉锚效应在社会生活中的常见表现形式。这种第一信息会产生优先效应,人们在进行判断时常常过分看重那些显著的、难忘的证据,甚至从中产生歪曲的认识。

人际交往中,人们常说第一印象很重要。如在面试、交友中,对一个人的看法和评价受到第一印象影响很大;对某个事物的喜好,也会受其第一印象的影响。还有,人们对一个事物、一个企业、一个地方的感受也有这种第一印象的效应。先入为主是指先接受一种说法、思想或知识,认为是正确的,后来就不容易接受别的说法和思想。

鉴于第一信息在人的脑海里是比较鲜明的,有优先效应,要避免受沉锚效应的影响而扭曲事实或是不愿接受后来的信息,这样会限制创新思维的开放性。

③位置偏见

位置偏见指处在不同位置上的人因看问题的角度不同而产生偏颇。正如苏轼在《题西林壁》里所描绘的“横看成岭侧成峰,远近高低各不同。不识庐山真面目,只缘身在此山中”,每个人都生活在一定的社会坐标体系中,自己的社会角色、工作岗位及所处年龄段等都会影响如何看待事物,这与站在什么样的物理位置就看到什么样的庐山是一样的。

同一件事物,不同位置的人看法不同,甚至会产生相反的看法,这就是存在位置偏见,各方都没有客观地进行评价。在一些企业里,老板总抱怨员工不敬业、懒散,员工总抱怨老板发的钱太少,心太黑;行人觉得开车的司机很霸道,有敌对情绪,当行人也成了司机,则觉得行人很讨厌。

④利益偏见

利益偏见是指由于存在利益关系,无意识地做出有利于自己的认识,产生对公正的微妙的偏离。这是一种超越理性的、不知不觉的观点偏移。例如,“疑人窃斧,越看越像”,一人怀疑邻居偷了他的斧头,看邻居的行为举止,越看越觉得像是他偷的;所谓"王婆卖瓜,自卖自夸",也是一种利益偏见。利益偏见也可能影响创新,因为既然是一种偏见,也就是不够客观、全面,就可能会对创新活动造成消极影响。

【案例23】

偏见影响创新

尼古拉·特斯拉是塞尔维亚裔美籍发明家,与爱迪生同时代,他因为仰慕爱迪生而加入爱迪生的公司。但特斯拉和爱迪生之间存在严重的分歧,爱迪生注重实践,特斯拉是很注重理论的人,同时他也很有才能。由于特斯拉的才能突出,与爱迪生的意见也有冲突,常受爱迪生的排挤,特斯拉从爱迪生的公司辞职了。

1880年,特斯拉发明了世界上第一台交流发电机,他坚信交流电终有一天会使供电范围更广,成本更低。爱迪生却对这种设想不屑一顾,不愿做认真考虑,更没有将创新的眼光投向交流电。

思考题:

1. 创新人才必须具有创新思维,那么请你结合自身,谈谈你将来怎么培训锻炼自己的创新思维,成为一名创新人才。列举一下你的锻炼方法并阐述原因。

2. 作为大学生,如何从日常生活中的创新性思考、专业学习中的创新思维运用、实习实践中的创新工作方法等途径训练自身的创新思维?

第五章

创新方法与创新能力

知识结构图：

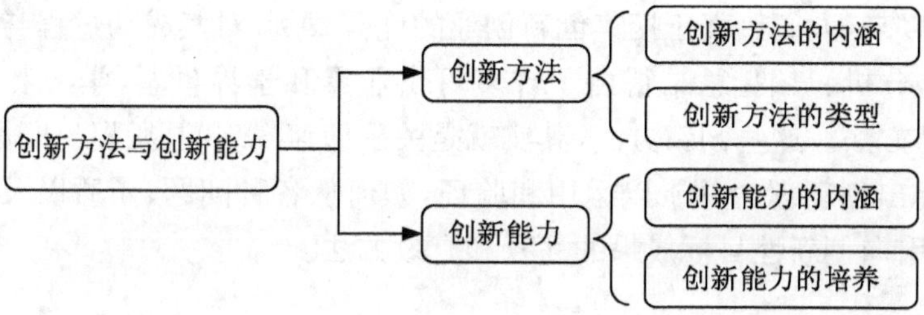

知识目标：

1. 了解创新方法、创新能力的内涵；
2. 熟悉创新能力的培养。

能力目标：

了解创新方法、创新能力的性质，在实践中能运用创新方法，能进行创新能力的培养。

第一节 创新方法

一、创新方法的内涵

1. 创新方法的概念

创新方法，即创新创业活动的方法与技巧，是人们在创新创业活动过程中，进行系列思维活动与实践活动所采用的具体方式方法或有效技巧，是利用和反映创新创业客观规律而总结形成的有利于达成创新性目标的途径、手段和方式的总和。

长久以来，人们热衷于搜集创新创业的优秀案例，对其成功过程与思路进行深入研究，分析、归纳、总结得出了许多可供业界和学界借鉴、学习和效仿的原理、规律与方法。这些创新方法，其实就是关乎如何发现问题、提出问题、解决问题，怎样提出创新理念并予以运用和验证，如何从各种问题、矛盾以及混沌的思维中找到引向创新性目标成果的途径和有效方法。

2. 创新方法的作用

贝尔纳曾言："良好的方法能使我们更好地发挥运用天赋的能力，笨拙的方法则可能阻碍才能的发挥。"

黑格尔说："方法是任何事物所不能抗拒的、最高的、无限的力量。"

笛卡尔认为："最有用的知识是关于方法的知识。"

我国民间有"授人以鱼不如授人以渔"的谚语。

从理论上讲，创新方法是创新创业活动方法论研究的重要内容，更是创造学理论的核心组成部分。从实践上看，创新方法为有意识地培养和发展人的创新思维与创新能力提供了方法教育的途径、手段和方式，成为创新创业教育的重要内容。

总的来说，方法就是力量。如果把创新创业活动比喻成过河，那么创新方法就是过河的桥或船。创新方法的应用，既可促进创新创业成果的产出，同时可启发人们的创新思维，提高人们的创新能力及其创新创业成果的实现率与品质。

3. 创新方法的特点

(1) 实践性

创新方法是在创新创业活动实践中总结而来,并经创新创业实践的检验而行之有效。它区别于哲学思辨的产物,不仅依赖对方法和技巧的理论学习和理解,更侧重实践的锻炼和体悟,因而具有很强的实践性和生命力。

(2) 目的性

从创新方法的研究历史和现状看,它的使命直指"是什么""怎么做"等问题,指向的是问题的有效解决、创新发展,并往往以激发创新思维、缩短创新探索过程、提高创新效能等为目的。

(3) 非逻辑性

创新方法的运用是没有固定模式的,其实质在于调动创新创业主体的非逻辑思维,激发创性思维与创新能力的产生。非逻辑思维是十分复杂多变的,不存在着固化的逻辑程序,所以在实践中运用推广,需要对创新方法进行形式要素的分析、归纳和总结。

(4) 多样性

创新方法的体系、品类庞杂。至今为止,已有上百种创新方法为人所知所用。这些方法有的着力于思维方法,有的着力于组织形式,有的着力于非智力因素的调动;有的关乎提出问题,有的关乎解决问题,有的聚焦程式化技巧;有的侧重宏观,有的侧重微观;有的立足发散技法,有的立足收敛技法,有的立足统合技法;有的抽象,有的具体,其表现及运用形式多种多样,层出不穷。

(5) 可操作性

创新方法得以广泛推崇、普及和推广,得益于它的可操作性。创新方法是创新创业活动的行动指南和制胜法宝,人们往往按照创新方法去探索、实施,努力推动创新发展。

二、创新方法的类型

在国内外创造学界,学者们研究总结出来的创新方法多达上百种。虽然具体的创新方法体系、种类繁多,但是多数的创新方法都是在基础型创新方法中衍生或分化出来的。下面将简要介绍几种有普遍代表性的、适用性较强的常见创新方法,如设问检查法、列举分析法、类比法、组合型技法、头脑风暴法等。

1. 设问检查法

爱因斯坦有言,“提出一个问题往往比解决一个问题更重要”。实践证明,发现问题并提出问题,就相当于成功了一半。

设问检查法,就是指导人们在创新创业活动中以提问的方式从多个不同角度提出假设性解题方案,并通过实践验证以寻求最优解的技法。其实质就是列举系列关于提问的清单,如“如果”“是否”“还能不能”等指引,并针对问题的特性逐项对照核查,以启发想象、开阔思维、拓展空间,引领人们较快进入多维度设想,寻求解决问题的途径。以下介绍三种典型的设问检查技法。

(1) 6W2H 法

5W1H 法,亦称六问分析法,由美国陆军部队首创。该法重在引导人们立足何时(When)、何地(Where)、何人(Who)、何事(What)、何因(Why)、何法(How)六个方面,对创新对象进行针对性提问,通过讨论分析合理性的同时发现难点疑点,构成设想方案,并设法不断改进、满足相关条件,以获得最优创新方案。目前该法广泛应用于改善管理、改进工作、技术开发、价值分析等方面。

我国著名教育家陶行知先生对 5W1H 法进行了改进,发展为 6W2H 法,即增加了多少(How Much)、选哪个(Which)两个维度。其示意图如图 5-1 所示。他把这种提问模式称为使人聪明的“八大贤人”。该法一般要视具体问题性质的不同,设置不同的内容进行拓展设问检查。

下面以“创新”话题为例,该法具体表现为:

Why:为何需要创新?为何是这种现状?为何会如此发生?为何会受到束缚?为何要有这样的举措?等等。

What:创新的对象是什么?创新的目的是什么?创新的条件有哪些?创新的重点难点是什么?创新的要素是什么?等等。

Where:何地着手?何地有资源?何处改进?何地适宜?何处最经济?何部门采用?等等。

Who:何人承担创新任务?团队成员如何组建?面向何人?谁赞成?谁反对?谁被忽略了?等等。

When:何时完成?何时实施?研究的期限是多久?研究的顺序是什么?何时最适宜?何时效果最好?等等。

How:怎样实施?怎样改进?怎样能最快?怎样能效果最好?怎样能最方便?怎样能避免失败?怎样能更受喜爱?等等。

How Much:达到怎样的水平?有什么功能?效果利弊如何?安全性如何?

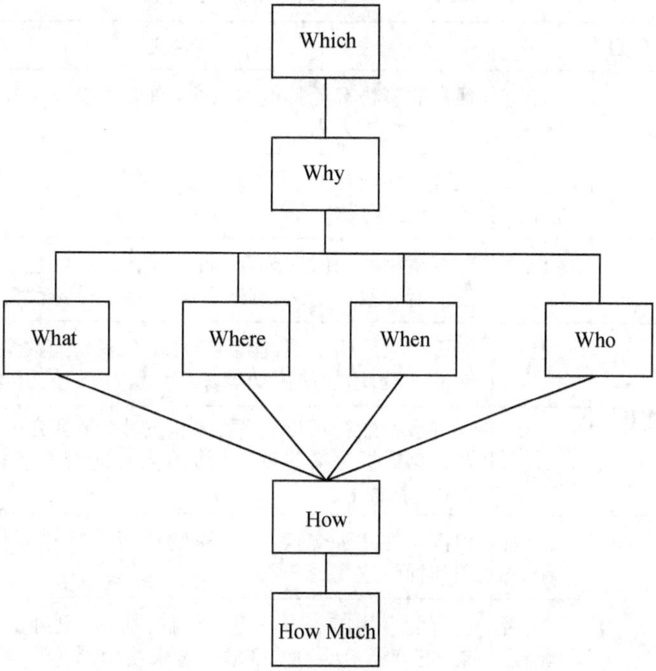

图 5-1　6W2H 分析法示意图

成本多少？盈利如何？等等。

Which：选择哪个方案？可否融合？哪个适宜市场初期？投放哪个市场合适？哪个团队执行？等等。

(2) 奥斯本检核表法

奥斯本检核表法，又称分项检查法、对照表法，是由美国创新方法之父亚历克斯·奥斯本于 1941 年提出的一种创新方法。该法针对需要解决的问题或需要创新设计的对象，从多个方面列出一系列相关问题，并逐个加以核对、分析和讨论，产生大量的思路，在筛选、完善有用思路的基础上，进一步思考、促进最佳解题方案的产出。该法的核心是改进，通过改进来促成创新；列表对照核查简单易行，常适用于产品的研制与创新开发，有“创新方法之母”之美誉。

奥斯本检核表法原有 75 个问题，可以归为 6 个大类 9 个方面的问题进行系统思考，以便启发思路、开拓思维想象空间，促使人们产生新设想、新方案。具体归纳为表 5-1。

表 5-1　奥斯本检核表简介

检核项目		含义
一、由现状到目的	1. 能否他用	现有的事物有无其他的用途，稍加改变有无其他用途，保持不变能否扩大用途
二、由目的到现状	2. 能否替代	现有事物能否用其他元件、材料、力、结构、符号、方法、设备、声音等代替
三、质量的变化	3. 能否改变	现有事物能否做些改变，如声音、音响、颜色、花色、式样、味道。能否改变意义、制造方法、品种，改变后效果如何
四、数量的变化	4. 能否扩大	能否扩大适用范围，能否扩大现有事物的数量，能否添加零部件，能否增加使用功能，能否延长它的使用寿命
	5. 能否缩小	现有事物能否长度变短、体积变小、厚度变薄、重量变轻以及省略或拆分某些部分(简单化)，能否方便化、省力化、短路化、浓缩化
五、组合排列	6. 能否调整	内部元件能否交换，现有事物能否变换排列位置、顺序、计划、时间、速度、型号
	7. 能否颠倒	现有的事物能否从上下、左右、前后、里外、主次、横竖、因果、正负等相反的角度颠倒过来使用
	8. 能否组合	能否进行材料组合、原理组合、目的组合、形状组合、功能组合、部件组合
六、借助其他模型	9. 能否借用	能否模仿别的东西，能否引入其他的创新性设想，能否从其他产品、方案、领域中引入新的元素、材料、造型、工艺、原理、思路

通过表单逐一提问，边检核边思考，尽可能围绕问题发散性想象与拓展思维，突破旧有框架，大胆切换重组，这样就容易快速产生较多的创新设想。一般而言，根据任务情况，会安排 3～8 名检核人员共同参与检核、分析工作，这样有利于独立展开多角度创新思维，相互智力激励，产生更多的新思路、新设想，通过汇总筛选、思考与完善，提高最终解题方案的可行性和实用性。

(3) 和田十二法

和田十二法，也称和田创新法则、聪明十二法、思路提示法、动词提示检核表法，是我国创新学者许立言、张福奎在奥斯本检核表的基础上，结合上海和田小学创新教学的实际，与和田小学共同提出的思维技法。目前，该法已被译成日文、英文在世界各国流传和使用。下面，以电视机设计生产为例，简要介绍和田十二法的检核条目应用(表 5-2)。

表 5-2 电视机设计生产的检核应用表

序号	方法	含义	以电视机为例
1	加一加	加高、加厚、加多、组合等	加一个机顶盒,成为数字电视
2	减一减	减轻、减少、省略等	减去底座,悬挂起来,成为教室教学电视
3	扩一扩	放大、扩大、提高功效等	屏幕扩大,成为大屏幕彩电(或增加屏幕成为多画面电视)
4	缩一缩	压缩、缩小,使之微型化	体积变小,成为微型掌上电视
5	变一变	改变形状、颜色、气味、音响、次序等	改变放置方式,成为壁挂式彩电
6	改一改	改缺点、改不便等不足之处	改变屏幕形状,专为儿童设计卡通电视
7	联一联	把原因和结果联系起来	电视与音响、麦克风、网络设备等组合成为卡拉 OK 唱吧
8	学一学	模仿形状、结构、方法,学习先进	与网络结合成为网络电视(与新技术合作)、手机电视
9	代一代	用别的材料代替,用别的方法代替	投影电视、家庭影院
10	搬一搬	移作他用	连接手柄游戏机,用于智能电视游戏
11	反一反	能否颠倒一下	平面电视改为曲面电视
12	定一定	定个界限、标准,能提高工作效率	网络电视定时更新,定时录制节目

“学起于思,思源于疑。”不论是创新还是创业,其关键是能够提出问题。设问检查法就是指引人们对目标事物进行系统的分析,多问几个为什么。从上面的设问技法可见,它有两个明显的共性特征:一是以提问的方式去发现问题的症结与原因所在,进而寻找创新的途径;二是从不同角度多方面进行设问、核查以及思维拓展转换,有助于突破思维定式。

2. 列举分析法

列举分析法由美国内布拉斯加大学罗伯特·克劳福德教授所创,是运用分解和分析的方法,全面列举研究对象的特点、缺点、希望点等特性,并就其本质加以逻辑分析,运用发展性思维来克服思维定式、启发创新设想、找到创新主题、提出改进方向的一种创新方法。

运用列举分析法的关键在于,对特定对象的本质内容列举得越是全面越好,尽量要避免因思考不周全而错失良好创新主题与方向的现象。因其分析问题要求全面、精细，该法比较适用于小的、简单的问题，常用于简单设想的形成与创新目标的确定。需要注意的是，该法一般不直接作用于问题的解决，它往往助力推导多元有益的思路，进一步的实施还需要借助其他技法与手段来进行。

列举分析法因事物特定对象的不同而有多种。按所列举对象的不同，列举分析法可以分为特性列举法、缺点列举法、希望点列举法等。

(1) 特性列举法

特性列举法，也称属性列举法，是列举分析法的基础方法。其解决问题的主要思路是逐一罗列研究对象的特征，进行关联想象，并提出解决方案。具体分为两个步骤：

第一步：选择目标较明确、宜小不宜大的创新课题，按其特征从逻辑上分为名词特性、形容词特性和动词特性三大类，并把相关特性详尽描述出来。

第二步：立足各个特性，进行发散性提问或自问，启发广泛联想，产生各种设想，再经收敛性评价分析，综合优选出经济效益高、美观实用的方案。

(2) 缺点列举法

缺点列举法，通过发散思维，挖掘并逐一罗列研究对象的缺点，通过分析找出其主要问题，并以此提出克服缺点的课题或方案。该法的核心在于敢于质疑，所谓“金无足赤，人无完人”，每一个缺点都有突破、完善的可能，找准了问题所在就找到了创新发展的方向。例如，瓶装煤气比柴火煮食要方便，却存在运输不便、使用不当容易出现危险的风险。针对这些缺点，天然气管道输送成为优选方案，更具安全性、便利性及性价比。

运用缺点列举法，一般采用发散思维方法，围绕明确的对象或研究课题，通过会议、用户调查、同类事物对照比较等渠道开展广泛前期调研，征集有关缺点的意见。所谓缺点，即事物本身的原理、材料、实用性、安全性、坚固度、方便性、美观度、可操作性、体积体重以及成本、销售、性价比、利润等方面存在的问题，无法一一赘述，不过但凡是缺点均可详尽列出，越全面越好。只有这样，才能全面认知事物现状，继而系统性地整理归类缺点，并按轻重缓急排序，有针对性地分析其形成原因，从中分析亟待解决、最具价值或意义的症结，作为创新发展的主题与方向，予以深入破题攻关，有的放矢地探索研究解决方案。

(3) 希望点列举法

立足人们的使用习惯与体验感知，从需要和愿望出发多角度地提出创新构想，称之为希望点列举法。例如，电影技术的发展，从无声电影到有声电影、黑白电影到彩色电影、平面电影到立体电影及环幕电影等，就是一个不断满足人们对美好观影体验需求的过程，也是技术设备不断更新换代的过程。其实，希望点列举法就是源自“如果能这样该多好”的消费期待。

希望点列举法不同于缺点列举法。后者依据现有缺点提出改进设想，不会离开事物原型，是一种被动型创新方法。希望点列举法则完全可以不受事物原型的约束，只以人们的希望为创新构思的基点，往往需要多方假设、大胆想象，是一种积极主动的创新方法。

3. 类比法

事物之间普遍存在着联系。类比法，就是不同事物、对象之间因存在着某些方面的相似或相同属性，通过比较可以推断它们在其他方面也可能有相似或相同属性，以此启发思路，获得创新线索。例如，将A事物与B事物进行比较，A事物有 a_1、a_2、a_3、a_4 等特性，而B事物有 b_1、b_2、b_3 等特性，其中 a_i 和 b_i 是相类似的特性。那么，B事物应该也有 b_4 特性，且 b_4 与 a_4 也相类似(注:这个类比推理结论在实际上是否成立，需通过实验验证)。

类比法不是主观想象的产物，而是有客观依据的。类比是以比较为基础，其客观根据是对象之间的同一性，是建立在类比推理基础上的同中求异或异中求同式的创新方法。类比法的创新过程如图 5-2 所示。

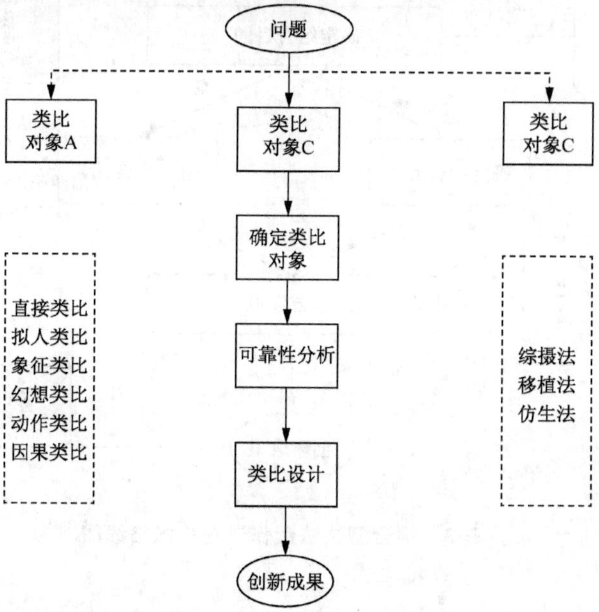

图 5-2 类比法的创新过程

4. 组合型技法

组合型技法,是以综合分析为基础,按照一定的原理、功能、目的或规则,将两种或两种以上的原理、方法、现象、技术、物品进行适当的组合或重新安排,从而获得具有统一整体功能的新形象、新创意、新技术、新产品的创新方法。所谓"综合就是创新,越综合越创新",在创新创业活动中,组合是十分普遍的主流创新方法。它可以是简单的,也可以是综合的,更可以说是任意的、无限可能的,每个人在各个领域都可以根据自己的实际情况进行不同层次和范畴的组合创新,因此具有范围广、易普及、形式多、方法灵活等特点,其组合运作过程如图5-3所示。据不完全统计,现代科学技术新成果中有70%都是由组合型技法实现的。

组合的类型多种多样。根据组合的目的、规则、方式、内容、角度、层面等不同配方,会产生不同的组合类型与组合效果。以下简要归纳介绍五种基本类型(表5-3)。

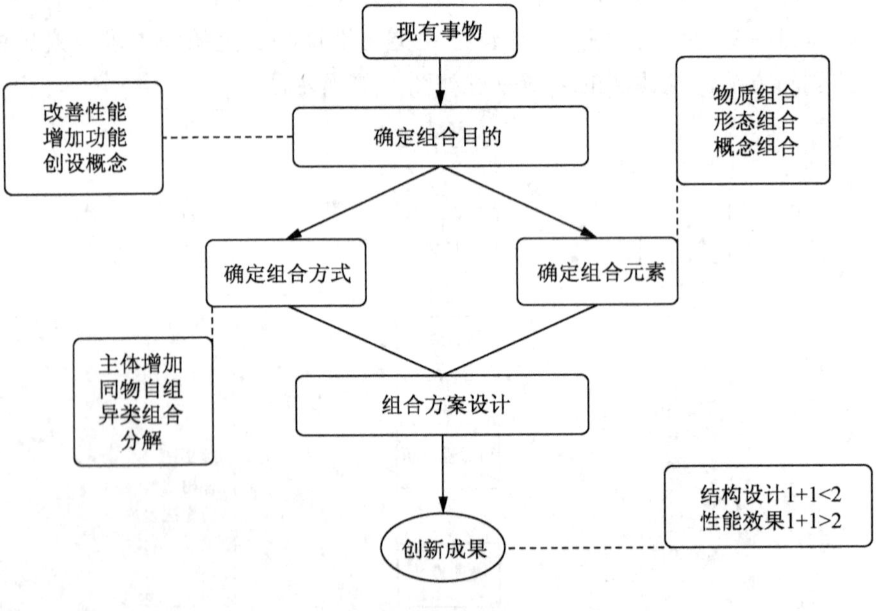

图5-3　组合型技法运作过程技术路线图

表 5-3 组合型技法基本类型

序号	类型	含义	案例
1	主体附加型	以某一特定对象为主体，通过置换或插入其他技术或增加新的附件，使得新事物的性能更好、功能更强大的创新方法	电风扇添加摇头、定时、加湿等功能；记事本上附加日历、通讯录、换算表、计划总结表等附件
2	同类组合型	两种或两种以上相同或相近事物进行组合的创新方法，旨在保持事物原有功能、价值、意义的前提下，通过数量的增加来弥补功能的不足或获取新的功能、产生新的意义	组合刀具、组合插座、子母灯、子母电话、情侣对表等
3	异类组合型	两个或两个以上领域的技术思想或物质产品组合在一起，组合的结果带来不同的技术特点和功能风格的创新方法	元件组合：电子表笔、香味橡皮、音乐贺卡等 功能组合：多功能军刀卡、多功能电热锅 材料组合：软硬毛双层新型牙刷 方法组合：激光＋超声波对水灭菌处理法 技术原理与技术手段组合：行射原理＋电子显微镜＝晶体电子显微镜 现象与现象的组合：雨后光学现象彩虹
4	重组组合型	在事物的不同层次上分解原有组合，再按新的目标重新组合安装的创新方法	分体组合家具、真空吸尘器、乐高玩具等
5	辐射组合型	以某一事物为中心，与多种其他元素相结合，形成发散式或集中式技术辐射，从而产生新产品和新技术的创新方法	以太阳能技术为辐射中心的热水器、自行车、汽车等 以磁材料为辐射中心的磁疗服、磁疗枕、磁化杯、磁性纽扣等

运用组合型技法创新时值得注意的是，参与组合的各要素越是不相关，因“远缘杂交”而形成的新产品就越具创新性。组合要素的量要把控适度，要素越多，组合的可能情况就越多越全面，但相应地会耗费越多的精力、时间。组合虽可以增加产品的功能，成为多功能、通用型产品，但同时会出现增加产品成本、提高生产制造难度、导致功能闲置、加速老化损坏等不利情况。

5. 头脑风暴法

头脑风暴法（Brain Storming），又称智力激励法、自由思考法、畅谈法，是奥斯本于 1938 年首次提出、1953 年正式发表的，深受世界各国欢迎、付诸实践的激励创新思维的方法。一组人员通过召开特殊的专题会议,针对某一特定问题,在自由愉快、畅所欲言的氛围下,与会成员之间互相激励、互相交流、互相启迪、互相补充、互相修正、集思广益,从而产生大量新设想。它是个人发散思维的开放性、集体收敛思维的精准性相结合的体现。

为何头脑风暴法能够在有限时间内产生很多优质创意?奥斯本是这样认为的:联合的力量可以成为复数。一个成员得到了一个创意,就会立马自动地运用想象力再思考其他创意,同时他的创意分享也会刺激、带动、启发他人的想象力,产生所谓的思想的碰撞。这种现象正如弗列特·夏普所说的:“如果确实融入意见发表会中,个人灵感可在别人卓越的创意上点火,引发更多创意的火花。”这种群体效应有人称之为连锁反应。

为此,要想发挥头脑风暴会议的最佳效应,参会者必须遵循自由畅谈、延迟评价、以量求质、综合改善这四项基本原则。此外,头脑风暴会议的可行性和有效性是通过一定的讨论程序和规则来保证的,因此,会议组织者和参与者必须共同充分做好准备阶段、会议阶段的各项任务。头脑风暴会议组织过程如下所示。

(1) 准备阶段

①确定会议负责人,拟定所要研究的议题;

②敲定参会人员,5～10 人最好(以跨部门的专家组最佳),选择会议时间、场所,准备会议资料,通知参会人员;

③头脑风暴不宜上来就讨论议题,所以要准备暖场话题;

④主持人明确本次议题。

(2) 自由发言阶段

①主持人引导开始讨论,注意不允许私下交流和评论别人发言,避免影响积极性;

②头脑风暴讨论往往是发散性思维,主持人需重新明确讨论议题;

③会议记录,简化每一个想法,用专业术语标出关键点,对类似想法进行归类综合。

(3) 专家质疑阶段

①将所有想法逐条进行质疑;

②为每个设想编制一个评论意见一览表;

③对意见进行删选、分析、决策。

第二节 创新能力

一、创新能力的内涵

所谓能力，是人们完成某种活动的具体方式，以及顺利地、成功地完成某种活动所必需的个性心理特征。创新能力是在前人发现或发明的基础上通过自身的努力，创造性地提出新的发现、发明或改进革新方案的能力。创新是一种变革，包括从产生新思想到产生新事物再到将新事物推向社会受益的系列变革活动。这些新思想、新事物可以是对某些发明产生商业化应用的新思想及其新事物，也可以是根据社会实践产生的发明创造设想及其发明创造以及进一步施行的商业化运作的活动。创新能力主要包括动手能力或操作能力以及熟练掌握和运用创新方法的能力、创新成果的表达能力等。

【案例 24】

吴多辉的“环球创新学校”

在江苏大学的大学生创业孵化园内，一块“环球创新学校”的门楣招牌显得格外“耀眼”。它的创办人吴多辉看上去似乎与“创新”和“环球”这些张扬的词语没有任何关联，然而，他却是 39 项国家专利的获得者。

对日常见到的事物，吴多辉总是能从多个角度进行观察和分析、思考改进和提高的方法。就这样，他的发明创意就像泉水一样源源不断地涌现出来了。有时候，他一节自习课就能搞出几个小发明。三年多的时间，吴多辉就申请了磁性防滑卫生勺、双面透明胶带、可控茶汤浓度茶杯等共 39 项国家专利，其中 29 项已获得授权，获得的学校奖金也高达 14500 元，成了校园内小有名气的“发明大王”。随着发明专利的增多，吴多辉身边的“粉丝”也越来越多，不少同学向他“取经”发明创新的技巧。到底有多少学生对发明创新感兴趣呢？他壮着胆子开始了一系列创新教育免费公益培训的宣传推广。参加培训的同学数量之多大出吴多辉意料，同学们的浓厚兴趣让他心中暗喜：看来开展创新教育“有戏”。后来，学校的大学生创业孵化基地开放，这让吴多辉的创业梦想得以变成现实。

二、创新能力的培养

创新是一个国家和民族永葆生机与活力的核心要素。创新的主体在于人，只有发挥人的能动性，才能真正实现创新推动发展。大学生作为国家的人才储备，未来的国家社会建设者，拥有创新能力至关重要。庞大的大学生群体是创新型人才的重要来源，是创新的中坚力量。

大学生群体创新有其他群体进行创新活动无法比拟的优势。大学生年富力强，正处于朝气蓬勃的年龄，思维活跃前卫，敢于尝试，喜欢新鲜事物，没有其他的负担，这都是创新不可或缺的。大学生的创新环境良好。在学校中，大学生可以徜徉在知识的海洋里，可以随心所欲地学习自己想要学习的知识，同时还有专业的老师指导，周围同学也都是很好的资源，很多创意团队都是大学同学之间组成的。他们在学习生活中可以充分接触各种各样的新事物、新想法。理论加实践的教育模式也为大学生创新思维的实际转化创造了可能，他们从而可以在实践中验证、完善、衡量自己的创新点。创新火花的产生需要知识能力储备作为支撑，一定的知识储备是良好创新的土壤，否则创新之种便不会发芽。

想要对各类专业人才进行创新思维和创新意识的训练和强化，需要从以下几点出发。

1. 合作意识是前提

在现代社会，任何一项工程都是系统化的，要想取得一定的成功和效果，是离不开团队合作的，因此创新人才首先就是要具有合作意识。其实，合作意识不仅是创新人才所要必备的，也是时代要求任何类型、任何领域的常规人才都要秉持的。在现代社会中，几乎所有的创造社会价值的社会事件都需要合作才能共同完成，例如，一位学生申请了学校的创新创业的项目，无论这个项目有多大，都需要与其他人进行合作才能完成，因为在项目进行的过程中，需要不同的人才结合自身的能力进行不同的分工合作。有的学生擅长于项目的情报搜集和资料整理工作，有的学生就擅长于后勤工作或者是项目资金的管理等，还有的学生可能对项目的专业方向有自己深入的研究等。即使是一个小小的学生创新创业项目就需要多种人才的合作，何况是更为庞大和复杂的社会系统工程。

如何让学生形成合作意识？首先，可以在学生进行任何一项学生活动时，将任务进行条块化分割，确保每个学生都能够为这个活动或者组织贡献一份自己的力量，不仅让学生自己感受到他是这个集体的一部分，还要让其他学生看到别人和自己一样，都是同时为这个集体或者事件贡献自己的力量，这就避免了个人英雄主义的出现，无形之中就塑造了学生对合作意识的认可度。其次，向学生强调合作意识的重要性。要想达成这样的目的，就需要通过一些具体而细微的实践步骤来进行，比如在对学生进行职业生涯规划的时候，将合作精神的重要性作为一项考核或者教学内容。最后，就是需要培养学生良好的合作习惯。一个习惯的养成大概需要 7 天，而实际上这只是生活的习惯，像合作意识这类的思维习惯则需要更长的时间。

【案例 25】

分工明确、精诚合作的项目团队

某高校的大学生创新创业训练计划项目，其中一个国家级项目是关于“LZ 市区街头艺人生存现状的调查”。该项目在人员组成方面，就充分体现了创新人才培养的前提——合作意识、人尽其才等因素。该项目成员共 4 名，其中 2 名女生分别来自会计专业和管理专业，2 名男生分别来自数学专业和社会学专业。会计专业的女生主要负责项目的后勤以及报账问题，管理专业的女生兼顾整个团队的运行和管理，社会学专业的男生负责本次调查的问卷、访谈提纲等的设计，而数学专业的男生则和社会学专业的男生共同负责最后的数据处理和分析。这其实就是互相合作和严格分工的案例，集思广益，最终达到了完成创新项目的目标。

2. 培养创新人才的创新能力

具备合作意识只是培养创新人才的前提条件，但不是充分条件。创新人才还需要具备创新能力，这是创新人才的核心要件。因此，创新人才的培养需要提升人才的创新能力，这可以通过以下几个方面来进行。

（1）在具体教学中，鼓励学生用多种方法解决问题

从不同的角度看待事物，就会得到不同的观点、方法和效果。拘泥于一种方法固然可以解决问题，但是我们永远不会知道还会有更有效率的方法来解决问题。因此，在具体的实践教学岗位中，针对某一个问题，尤其是开放性问题，可以鼓励学生积极参与，利用多种方法，从多种角度对问题进行剖析，提供多种可以解决问题的办法。

（2）鼓励学生多钻研

要培养科学的学习习惯和思考习惯，这要求我们要抵制社会中的不良风气迷惑，切实发现自己的真正兴趣，并把自己的兴趣推而广之，坚持不懈地沉醉在发现问题和解决问题的思考当中。另外，要善于用逆向思维考虑问题的

症结，不断地培养自己的直觉，并把思维的灵感火花及时保存，使之成为研究的新发现。同时，科学的态度也很重要，这需要我们在思考问题的时候要聚精会神，真正深入到一个问题的每个层次中，否则效率的下调只会使瞬间的灵感顷刻溜走。

(3) 多进行总结

人的精力和时间是有限的，要在有限的时间内获得更多的经验和教训，不妨借鉴前人的人生经验。前人的经验和教训是创新工作的一个坚实的基础。牛顿曾说过“我只不过是站在前人的肩膀上”，因此，我们需要经常对前人的历史经验进行总结和回顾，为自己的创新工作提供框架。其实，这也就是和我们在写论文时要进行文献回顾是一个道理，要想知道自己的论文的创新点在哪里，首先要知道前人都进行了哪些研究，只有这样才能知道自己所研究领域的空白和不足之处，才能形成创新点，弥补相关研究的不足。当然，也要学会借鉴和组合，借用别人的经验再加上自己的创新，将其予以完美结合，充分利用并使之成为自己的东西，在实践中提高创新能力和创新意识。

3. 建立健全相关制度，鼓励创新

(1) 健全自主创新的保障措施

创新是一个民族发展的灵魂，创新也是第一生产力。我国历史悠久，向来不缺少创新精神和创造性思维的能力，但令人难过的是，在现代世界级的发明家队伍中很少能看见中国人的身影。因此，每当中国出现了自主研发的产品的时候，社会便会广泛关注。真正实现企业、社会的高速发展，依靠的不仅仅是人力，还有人才尤其是创新人才，因为创新人才带来的是跨越式的发展。在这样的条件下，如果没有一个能够促进自主创新的法律制度作为自主创新的保障措施，肯定会阻碍创新人才的发展。大学应该充分保证大学生自主创新的原动力，使得大学生的创新能力得到极大的发挥。

(2) 全民参与

全民参与指的是全体大学生。凡涉及社会生活的机制创新乃至体制改革，只有广泛听取民意、吸纳民智，才能真正代表民利，才能汇集全体人民的智慧和力量推动社会的进步与发展。对于大学生创新人才培养来说，就是鼓励每个人都对身边的学习、生活或者从网络中获取的新闻事件进行自己的思考，提出自己的想法。虽然不可能每个人的想法都是具有创新性的，但是从宏观角度来说，可以确保得到一些具有创新意义的想法，最重要的是营造了每个人都参与到这种思考之中的氛围，让每个人为创新事业贡献自己的一份力量。

(3) 加大保护知识产权的执法力度

保护知识产权实际上是整个自主创新制度运行中的一个最关键的环节，如果保护力度不够，对于创造者来说是信心的打击，其很难再把自己的创新激情、创新积极性保持下去。尤其是对大学生而言，他们付出很多精力和时间来进行创新，得到的结果却被他人剽窃，使得自己的成果价值一落千丈，这就极大地打击了创新者的热情。因此，保护知识产权，特别是尊重他人的知识产权，是极其重要的。

思考题：

1. 结合不同的创新方法各自的特点，列举每种方法在现实生活案例中的具体应用。

2. 从创新能力的构成要素出发，大学生创新能力培养除了培养学习能力、记忆能力、分析能力、想象能力以及实践能力，还有哪些方面？

第六章

创新成果实训

知识结构图：

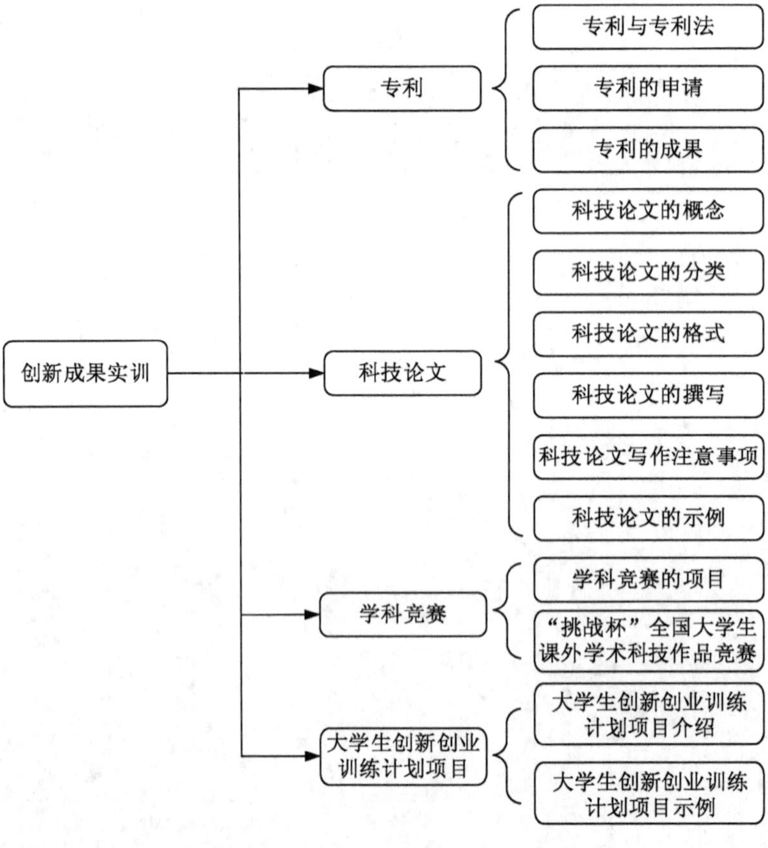

知识目标：

了解专利、科技论文、学科竞赛、大学生创新创业训练项目的内容。

能力目标：

能在学习和实践中完成创新成果——专利、科技论文、学科竞赛、大学生创新创业训练项目。

创新教育中，创新思维、创新能力的培养是关键。大学教育阶段，学生的思维方式已基本形成，并直接影响着创新能力发展，因此，大学不是培养创新思维的最佳时期，其最大优势是技术创新能力的培养。创新思维教育要从小学甚至幼儿时期开始，让学生从“学会提问”开始，逐渐形成逻辑性、批判性、创新性的思维品质。创新应作为贯穿各级各类教育的基础理念和通识教育，纳入各级各类人才培养方案，形成依次递进、有机衔接、科学合理的创新教育体系。科技论文、作品、专利等创新成果，是创新能力的直接体现和检验创新教育成效的重要指标，因此，创新教育是实践性较强的通识教育，鼓励和指导学生多出创新成果，应该是学生创新能力培养的重要内容。

第一节　专利

一、专利与专利法

1. 专利的概述

专利(Patent)，是受法律规范保护的发明创造，专利权是指一项发明创造向国家审批机关提出专利申请，经依法审查合格后向专利申请人授予的在规定的时间内对该项发明创造享有的专有权。

专利权是一种专有权，这种权利具有独占的排他性。非专利权人要想使用他人的专利技术，必须依法征得专利权人的同意或许可。

2. 专利的种类

依照《中华人民共和国专利法》，专利分为发明专利、实用新型专利和外观设计专利三种。

（1）发明专利。发明是指对产品、方法或其改进所提出的新的技术方案，主要体现为新颖性、创造性和实用性。取得专利的发明又分为产品发明（如机器、仪器设备、用具）和方法发明（制造方法）两大类。产品是指工业上能够制造的各种新制品，包括有一定形状和结构的固体、液体、气体之类的物品。方法是指对原料进行加工，制成各种产品的方法。

发明专利并不要求是经过实践证明可以直接应用于工业生产的技术成果，可以是一项解决技术问题的方案或是一种构思，具有在工业上应用的可能性。但如果仅仅是一种不具备工业上应用的可能性的想法，是不能授予专利权的。

（2）实用新型专利。实用新型是指对产品的形状、构造或其结合所提出的适于实用的新的技术方案。

同发明一样，实用新型专利保护的也是一个技术方案。但实用新型专利保护的范围较窄，它只保护有一定形状或结构的新产品，不保护方法以及没有固定形状的物质。实用新型专利技术方案更注重实用性，其技术水平较发明而言要低一些。

（3）外观设计专利。外观设计是指对产品的形状、图案或其结合以及色彩与形状、图案的结合所做出的富有美感并适于工业应用的新设计。

外观设计与发明、实用新型有着明显的区别。外观设计注重的是设计人对一项产品的外观所做出的富于艺术性、具有美感的创造，但这种具有艺术性的创造，不是单纯的工艺品，它必须具有能够为产业上所应用的实用性。外观设计专利实质上是保护美术创新，而发明专利和实用新型专利保护的是技术创新。虽然外观设计和实用新型与产品的形状有关，但两者的目的不相同。前者的目的在于使产品形状产生美感，而后者的目的在于使具有形态的产品能够解决某一技术问题。例如，一把雨伞，若它的形状、图案、色彩相当美观，那么应申请外观设计专利；如果雨伞的伞柄、伞骨、伞头结构设计精简合理，可以节省材料又有耐用的功能，那么应申请实用新型专利。

外观设计专利的保护对象，是产品的装饰性或艺术性外表设计，这种设计可以是平面图案，也可以是立体造型，更常见的是这两者的结合，授予外观设计专利的主要条件是新颖性。

3. 专利的基本特征

专利有两个最基本特征："独占"与"公开"。以"公开"换取"独占"是专利制度最基本的核心，这分别代表了权利与义务的两面。“独占”是指法律授予技术发明人在一段时间内享有排他性的独占权利。“公开”是指技术发明人作为对法律授予其独占权的回报而将其技术公之于众，使社会公众可以通过正常的渠道获得有关专利技术的信息。

4. 专利的价值与作用

(1) 专利作为一种无形资产，具有巨大的商业价值，是提升企业竞争力的重要手段。

(2) 个人将创新成果申请专利，是对自己知识产权的保护。在专利转化后可以获得一定的经济利益。

(3) 专利的质量与数量是企业创新能力和核心竞争能力的体现，是企业在该行业身份及地位的象征。

(4) 企业通过应用专利制度可以获得长期的利益回报。

(5) 企业拥有一定数量的专利是申报高新技术企业、创新基金等各类科技计划项目的必要前提条件。

5. 专利法

1984 年 3 月 12 日，《中华人民共和国专利法》经第六届全国人大常务委员会第四次会议审议通过，并于 1985 年 4 月 1 日正式施行。专利法的诞生，标志着我国专利制度的开始。在我国专利法的不断实践和发展完善过程中，至今已经进行了四次重大修改，分别是 1992 年、2000 年、2008 年、2020 年。

2020 年 10 月，第十三届全国人民代表大会常务委员会第二十二次会议通过修改《中华人民共和国专利法》的决定，自 2021 年 6 月 1 日起施行，涉及专利权的授予条件，专利的申请、审查和批准，专利权的期限、终止和无效，专利实施的强制许可，专利权的保护，专利登记和专利公报，国际申请的特别规定等内容。该法律是专利局和专利复审委员会依法行政的依据和标准，也是有关当事人在专利申请各个阶段应当遵守的规章制度，具体可以登录国家知识产权局官网 https://www.cnipa.gov.cn/查阅。

二、专利的申请

1. 专利申请的提交形式

申请人应当以电子形式或者书面形式提交专利申请。

(1) 申请人以电子文件形式申请专利的，应当事先办理电子申请用户注册手续，通过专利局专利电子申请系统向专利局提交申请文件及其他文件。

(2) 申请人以书面形式申请专利的，可以将申请文件及其他文件当面交到专利局的受理窗口或寄交至“国家知识产权局专利局受理处”(以下简称专利局受理处)，也可以当面交到设在地方的专利局代办处的受理窗口或寄交至“国家知识产权局专利局×××代办处”。

目前专利局在北京、沈阳、济南、长沙、成都、南京、上海、广州、西安、武汉、郑州、天津、石家庄、哈尔滨、长春、昆明、贵阳、杭州、重庆、深圳、福州、南宁、乌鲁木齐、南昌、银川、合肥、苏州、海口、兰州、太原等城市设立代办处。查询专利局代办处信息可登录 http://www.cnipa.gov.cn/。

国防知识产权局专门受理国防专利申请。

2. 申请专利应当提交哪些申请文件

(1) 申请发明专利的，申请文件应当包括：发明专利请求书、说明书摘要(必要时应当提交摘要附图)、权利要求书、说明书(必要时应当提交说明书附图)。

(2) 申请实用新型专利的，申请文件应当包括：实用新型专利请求书、说明书摘要及其摘要附图、权利要求书、说明书、说明书附图。

(3) 申请外观设计专利的，申请文件应当包括：外观设计专利请求书、图片或者照片(要求保护色彩的，应当提交彩色图片或者照片)以及对该外观设计的简要说明。

3. 申请文件使用统一制定的表格

申请文件应当使用专利局统一制定的表格。这些表格可以从国家知识产权局网站下载，如图 6-1 所示，下载地址：https://www.cnipa.gov.cn/col/col192/index.html。或者在专利局受理大厅的咨询处索取或以信函方式索取(信函寄至：国家知识产权局专利局初审及流程管理部发文处)，也可以向各地的国家知识产权局专利局代办处(以下简称专利局代办处)索取。一张表格只能用于一件专利申请。

4. 提交申请时如何排列申请文件

发明或者实用新型专利申请文件应当按照下列顺序排列：请求书、说明书摘要、摘要附图、权利要求书、说明书、说明书附图。

图 6-1 专利申请表格

外观设计专利申请文件应当按照下列顺序排列：请求书、图片或照片、简要说明。申请文件各部分都应当分别用阿拉伯数字顺序编写页码。

5. 申请文件的文字和书写要求

申请文件各部分一律使用中文。外国人名、地名和科技术语如没有统一中文译文，应当在中文译文后的括号内注明原文。申请文件都应当用宋体、仿宋体或楷体打字或印刷，字迹呈黑色，字高应当在 3.5 到 4.5 毫米之间，行距应当在 2.5 到 3.5 毫米之间。申请文件中有附图的，线条应当均匀清晰，不得涂改。不得使用工程蓝图作为附图。

6. 证明文件

办理专利申请相关手续要附具证明文件的，各种证明文件应当由有关主管部门出具或者由当事人签署。各种证明文件应当是原件；证明文件是复印件的，应当经公证或者由出具证明文件的主管部门加盖公章予以确认（原件在专利局备案确认的除外）。申请人提供的证明文件是外文的，应当附有中文题录译文。

7. 签字或者盖章

向专利局提交的专利申请文件或者其他文件，应当按照规定签字或者盖章。其中未委托专利代理机构的申请，应当由申请人（或专利权人）、其他利害关系人或者其代表人签字或者盖章，办理直接涉及共有权利的手续，应当由全体权利人签字或者盖章；委托了专利代理机构的，应当由专利代理机构盖章，必要时还应当由申请人（或专利权人）、其他利害关系人或者其代表人签字或者盖章。

8. 同日申请说明

同一申请人同日对同样的发明创造既申请实用新型专利又申请发明专利的，应当在申请时分别说明。

9. 专利申请内容的单一性要求

一件发明或者实用新型专利申请应当限于一项发明或者实用新型。属于一个总的发明构思的两项以上的发明或者实用新型，可以作为一件申请提出。一件外观设计专利申请应当限于一项外观设计。同一产品两项以上的相似外观设计，或者用于同一类别并且成套出售或者使用的产品的两项以上的外观设计，可以作为一件申请提出。

10. 委托专利代理机构

中国内地的单位或者个人可以委托依法设立的专利代理机构办理专利申请手续，也可以自行办理相关手续。依法设立的专利代理机构是依照专利代理条例的规定经国家知识产权局批准成立的，具体名录及专利代理机构的相关信息可从网上查阅（https://www.cnipa.gov.cn/col/col1378/index.html）。

11. 专利申请的受理

专利局受理处或专利局代办处收到专利申请后，对符合受理条件的申请，将确定申请日，给予申请号，发出受理通知书。不符合受理条件的，将发出文件不受理通知书。

申请人收到受理通知书和缴费通知书后，应当认真核对通知书上的信息，对通知书信息有异议的，应当及时向专利局提出。

向专利局受理处寄交申请文件的，一般在一个月左右可以收到专利局的受理通知书，超过一个月尚未收到专利局通知的，申请人应当及时向专利局受理处查询。

申请人或专利权人的地址有变动的，应当及时向专利局提出著录项目变更；如果申请人与专利代理机构解除代理关系，应当向专利局办理变更手续。

12. 申请日的确定

采用电子文件形式向专利局提交的专利申请及各种文件，以专利局专利电子申请系统收到电子文件之日为递交日。

13. 申请日的更正

申请人收到专利申请受理通知书之后，认为该通知书上记载的申请日与邮寄该申请文件日期不一致的，可以在递交专利申请文件之日起两个月内或者申请人收到专利申请受理通知书一个月内提出申请日更正请求，并附收寄专利申请文件的邮局出具的寄出日期的有效证明，该证明中注明的寄出挂号号码应与请求书中记录的挂号号码一致。挂号信的存根可以作为上述有效证明。

14. 申请费的缴纳时间

申请人应当自申请日起两个月内或在收到受理通知书之日起 15 日内缴纳申请费。缴纳申请费需写明相应的申请号及必要的缴费信息。

15. 如何缴纳费用

（1）电子申请用户可以登录电子申请网（http://cponline.cnipa.gov.cn/），使用网上缴费方式缴纳专利费用。

（2）直接向专利局或专利局代办处缴纳专利费用。

（3）通过银行或邮局汇付专利费用。通过银行或邮局汇付专利费用时，应当在汇款单附言栏中写明正确的申请号（或专利号）及费用名称（或简称）。

16. 向外国申请专利前的保密审查

任何单位或者个人将在中国完成的发明或者实用新型向外国申请专利或者向有关国外机构提交专利国际申请前，应当向专利局提出向外国申请专利保密审查请求。经保密审查确定涉及国家安全或者重大利益需要保密的，任何单位或者个人不得就该发明或者实用新型的内容向外国申请专利。

17. 提交申请文件注意事项

(1) 向专利局提交的各种文件申请人都应当留存底稿，以保证申请审批过程中文件填写的一致性，并可以此作为答复审查意见时的参照。

(2) 申请文件是邮寄的，应当用挂号信函。无法用挂号信邮寄的，可以用特快专递邮寄，不得用包裹邮寄申请文件。挂号信函上除写明专利局或者专利局代办处的详细地址(包括邮政编码)外，还应当标有“申请文件”及“国家知识产权局专利局受理处收”或“国家知识产权局专利局××代办处收”的字样。申请文件通过快递公司递交的，以专利局受理处以及各专利局代办处实际收到日为申请日。一封挂号信内应当只装同一件申请的文件。邮寄后，申请人应当妥善保管好挂号收据存根。

(3) 专利局在受理专利申请时不接收样品、样本或模型。在审查程序中，申请人应审查员要求提交样品或模型时，若在专利局受理窗口当面提交的，应当出示审查意见通知书；邮寄的应当在邮件上写明“应审查员×××(姓名)要求提交模型”的字样。

18. PCT 国际申请简介

专利合作条约(Patent Cooperation Treaty)，简称 PCT。按照 PCT 提出的申请称为 PCT 国际申请。关于 PCT 的更多介绍，参见 http://www.cnipa.gov.cn/col/col45/index.html。

依据专利法，发明专利申请的审批程序包括受理、初审、公布、实审以及授权五个阶段。实用新型或者外观设计专利申请在审批中不进行早期公布和实质审查，只有受理、初审和授权三个阶段。

发明、实用新型和外观设计专利的申请、审查流程图如图 6-2 所示。

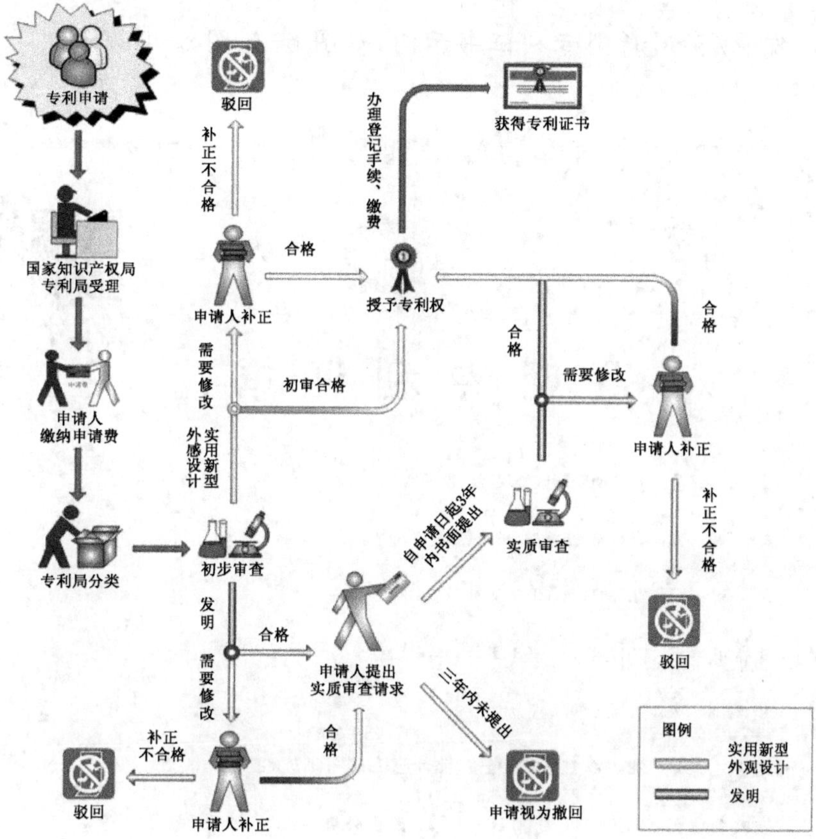

图 6-2 专利的审批流程图

三、专利的成果

1. 实用新型专利申请说明书撰写示例

说明书撰写示例（对流式玻璃加热炉）.pdf

2. 发明专利受理及实审书示例

发明名称：电子照射管以及 VOC 废气处理装置
申请号：201710063658.0
申请日：2017.02.03
发明人：杨百忍、张红梅、王浩然、许琦、丁成

电子映射管以及VOC废气处理装置.pdf

3．发明/实用新型专利证书示例，如图6-3、图6-4所示。

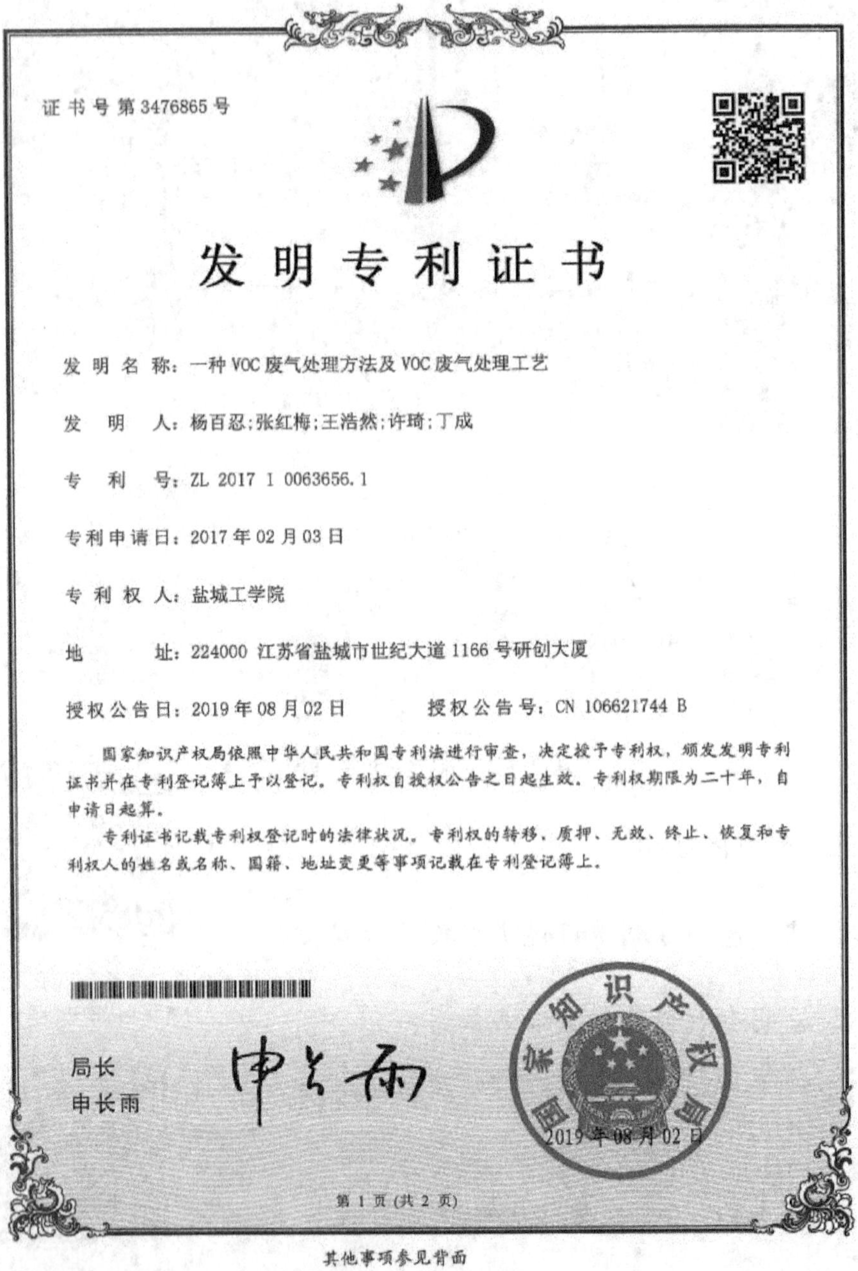

证书号第3476865号

发明专利证书

发　明　名　称：一种VOC废气处理方法及VOC废气处理工艺

发　　明　　人：杨百忍;张红梅;王浩然;许琦;丁成

专　　利　　号：ZL 2017 1 0063656.1

专利申请日：2017年02月03日

专　利　权　人：盐城工学院

地　　　　　址：224000 江苏省盐城市世纪大道1166号研创大厦

授权公告日：2019年08月02日　　　　授权公告号：CN 106621744 B

国家知识产权局依照中华人民共和国专利法进行审查，决定授予专利权，颁发发明专利证书并在专利登记簿上予以登记。专利权自授权公告之日起生效。专利权期限为二十年，自申请日起算。

专利证书记载专利权登记时的法律状况。专利权的转移、质押、无效、终止、恢复和专利权人的姓名或名称、国籍、地址变更等事项记载在专利登记簿上。

局长
申长雨

国家知识产权局
2019年08月02日

第1页(共2页)

其他事项参见背面

图6-3　发明专利证书图

证书号第6396175号

实用新型专利证书

实用新型名称：催化转化器以及催化转化系统

发　明　人：王浩然；张红梅；杨百忍

专　利　号：ZL 2017 2 0106478.1

专利申请日：2017年02月03日

专 利 权 人：盐城工学院

授权公告日：2017年08月18日

本实用新型经过本局依照中华人民共和国专利法进行初步审查，决定授予专利权，颁发本证书并在专利登记簿上予以登记。专利权自授权公告之日起生效。

本专利的专利权期限为十年，自申请日起算。专利权人应当依照专利法及其实施细则规定缴纳年费。本专利的年费应当在每年02月03日前缴纳。未按照规定缴纳年费的，专利权自应当缴纳年费期满之日起终止。

专利证书记载专利权登记时的法律状况。专利权的转移、质押、无效、终止、恢复和专利权人的姓名或名称、国籍、地址变更等事项记载在专利登记簿上。

局长
申长雨

中华人民共和国国家知识产权局
2017年08月18日

第1页（共1页）

图 6-4　实用新型专利证书图

第二节　科技论文

一、科技论文的概念

科技论文是在科学研究、科学实验的基础上，对自然科学和专业技术领域里的某些现象或问题进行专题研究，运用概念、判断、推理、证明或反驳等逻辑思维手段，分析和阐述，揭示出这些现象和问题的本质及其规律性而撰写的论文。科技论文区别于其他文体的特点，在于创新性科学技术研究工作成果的科学论述，是某些理论性、实验性或观测性新知识的科学记录，是某些已知原理应用于实际中取得新进展、新成果的科学总结。因此，完备的科技论文应该具有科学性、首创性、逻辑性和有效性，这也就构成了科技论文的基本特征。

科学性——这是科技论文在方法论上的特征。它要求文章不仅仅描述的是涉及科学和技术领域的命题，而且更重要的是论述的内容具有科学可信性，是可以复现的成熟理论、技巧或物件，或者是经过多次使用已成熟能够推广应用的技术。

首创性——这是科技论文的灵魂，是有别于其他文献的特征所在。它要求文章所揭示的事物现象、属性、特点及事物运动时所遵循的规律，或者这些规律的运用必须是前所未见的、首创的或部分首创的，必须有所发现，有所发明，有所创造，有所前进，而不是对前人工作的复述、模仿或解释。

逻辑性——这是文章的结构特点。它要求科技论文脉络清晰、结构严谨、前提完备、演算正确、符号规范、文字通顺、图表精制、推断合理、前呼后应、自成系统。

有效性——指文章的发表方式。当今只有经过相关专业的同行专家的审阅，并在一定规格的学术评议会上答辩通过、存档归案，或在正式的科技刊物上发表的科技论文，才被承认为是完备和有效的。这时，不管科技论文采用何种文字发表，它表明科技论文所揭示的事实及其真谛已能方便地为他人所应用，成为人类知识宝库中的一个组成部分。

二、科技论文的分类

从不同的角度对科技论文进行分类会有不同的结果。从目前期刊所刊登的科技论文来看，主要涉及以下 5 类：

第一类是论证型——对基础性科学命题的论述与证明，或对提出的新的设想原理、模型、材料、工艺等进行理论分析，使其完善、补充或修正。如维持河流健康生命具体指标的确定、流域初始水权的分配等都属于这一类型。从事专题研究的人员写这方面的科技论文多些。

第二类是科技报告型——科技报告是描述一项科学技术研究的结果或进展，或一项技术研究试验和评价的结果，或论述某项科学技术问题的现状和发展的文件。记述型文章是它的一种特例。从事工程设计、规划的人员写这方面的科技论文多些。

第三类是发现、发明型——记述被发现事物或事件的背景、现象、本质、特性及其运动变化规律和人类使用这种发现前景的文章，阐述被发明的装备、系统、工具、材料、工艺、配方形式或方法的功效、性能、特点、原理及使用条件等的文章。从事工程施工方面的人员写这方面的稿件多些。

第四类是设计、计算型——为解决某些工程问题、技术问题和管理问题而进行的计算机程序设计，某些系统、工程方案、产品的计算机辅助设计和优化设计以及某些过程的计算机模拟，某些产品或材料的设计或调制和配制，等等。从事计算机软件开发的人员写这方面的科技论文多些。

第五类是综述型——这是一种比较特殊的科技论文(如文献综述)，与一般科技论文的主要区别在于它不要求在研究内容上具有首创性，尽管一篇好的综述文章也常常包括某些先前未曾发表过的新资料和新思想，但是它要求撰稿人在综合分析和评价已有资料基础上，提出在特定时期内有关专业课题的发展演变规律和趋势。它的写法通常有两类：一类以汇集文献资料为主，辅以注释，客观而少评述。另一类则着重评述。通过回顾、观察和展望，提出合乎逻辑的、具有启迪性的看法和建议。从事管理工作的人员写这方面的科技论文较多。

三、科技论文的格式

一篇完整的科技论文应包括题目、文摘、关键词、论文的内容、参考文献。

1. 题目

题目是科技论文的必要组成部分。它要求用简洁、恰当的词组反映文章的特定内容，将论文的主题明白无误地告诉读者，并且使之具有画龙点睛、启迪读者兴趣的功能。一般情况下，题目中应包括文章的主要关键词。题目像一条标签，切忌用较长的主、谓、宾语结构的完整语句逐点描述论文的内容，以保证达到"简洁"的要求；而"恰当"的要求应反映在用词的中肯、醒目、好读好记上。当然，也要避免过分笼统或哗众取宠的所谓简洁，缺乏可检索性，以至于名实不符或无法反映出每篇文章应有的特色。题目应简短，不应很长，一般不宜超过20个汉字。

2. 署名

著者署名是科技论文的必要组成部分。著者系指在论文主题内容的构思、具体研究工作的执行及撰稿执笔等方面的全部或局部上做出主要贡献的人员，能够对论文的主要内容负责答辩的人员，是论文的法定权人和责任者。署名人数不该太多，对论文涉及的部分内容作过咨询、给过某种帮助或参与常规劳务的人员不宜按著者身份署名，但可以注明他们曾参与了哪一部分具体工作，或通过文末致谢的方式对他们的贡献和劳动表示谢意。合写论文的著者应按论文工作贡献的多少顺序排列。著者的姓名应给全名，一般用真实姓名。同时还应给出著者完成研究工作的单位或著者所在的工作单位或通信地址。

3. 文摘

文摘是现代科技论文的必要附加部分，只有极短的文章才能省略。文摘是以提供文献内容梗概为目的，不加评论和补充解释，简明确切地记述文献重要内容的短文，应包括目的、方法、结果、结论。文摘有两种写法：报道性文摘——指明一次文献的主题范围及内容梗概的简明文摘，也称简介；指示性文摘——指示一次文献的陈述主题及取得的成果性质和水平的简明文摘。介乎其间的是报道、指示性文摘——以报道性文摘形式表述一次文献中信息价值较高的部分，而以指示性文摘形式表述其余部分的文摘。一般的科技论文都应尽量写成报道性文摘，而综述性、资料性或评论性的文章可写成指示性或报道、指示性文摘。文摘可作者自己写，也可由编者写。编写时要客观、如实地反映一次文献；要着重反映文稿中的新观点；不要重复本学科领域已成常识的内容；不要简单地重复题名中已有的信息；书写要合乎语法，尽量同文稿的文体保持一致；结构要严谨，表达要简明，语义要确切；要用第三人称的写法。文摘字数一般在300字左右。

4. 关键词

为了便于读者从浩如烟海的书刊中寻找文献，特别是适应计算机自动检索的需要，应在文摘后给出 3～8 个关键词。选能反映文献特征内容、通用性比较强的关键词。首先要选列入《汉语主题词表》等词表中的规范性词。

5. 引言

引言（前言、序言、概述）经常作为科技论文的开端，主要回答“为什么”（Why）这个问题。它简明介绍科技论文的背景、相关领域的前人研究历史与现状（有时亦称这部分为文献综述），以及著者的意图与分析依据，包括科技论文的追求目标、研究范围和理论、技术方案的选取等。引言应言简意赅，不要等同于文摘，或成为文摘的注释。

6. 正文

正文是科技论文的核心组成部分，主要回答“怎么研究”（How）这个问题。正文应充分阐明科技论文的观点、原理、方法及具体达到预期目标的整个过程，并且突出一个“新”字，以反映科技论文具有的首创性。根据需要，论文可以分层深入，逐层剖析，按层设分层标题。科技论文写作不要求文字华丽，但要求思路清晰，合乎逻辑，用语简洁准确、明快流畅；内容务求客观、科学、完备，要尽量让事实和数据说话；凡用简要的文字能够说清楚的，应用文字陈述，用文字不容易说明白或说起来比较烦琐的，应由表或图来陈述。物理量和单位应采用法定计量单位。

7. 结论

结论是整篇文章的最后总结。结论不是科技论文的必要组成部分。主要是回答“研究出什么”（What）。它应该以正文中的试验或考察中得到的现象、数据和阐述分析作为依据，由此完整、准确、简洁地指出：一是由研究对象进行考察或实验得到的结果所揭示的原理及其普遍性；二是研究中有无发现例外或本论文尚难以解释和解决的问题；三是与先前已经发表过的（包括他人或著者自己）研究工作的异同；四是本论文在理论上与实用上的意义与价值；五是对进一步深入研究本课题的建议。

8. 参考文献

它是反映文稿的科学依据和著者尊重他人研究成果而向读者提供文中引用有关资料的出处，或为了节约篇幅和叙述方便，提供在论文中提及而没有展开的有关内容的详尽文本。被列入的论文参考文献应该只限于那些著者亲自阅读过和论文中引用过，而且正式发表的出版物，或其他有关档案资料，包括专利等文献。

四、科技论文的撰写

1. 科技论文的选题

科技论文的选题一方面要选择本学科亟待解决的课题，另一方面要选择本学科处于前沿位置的课题。选题确定后，就要定题目了。确定科技论文的具体题目和论证角度，应该量力而行，实事求是，不要好高骛远，贪大贪深，勉强去做一个自己无力胜任的题，自己毫无基础和准备的题。如抓住一个重要的小题，学科中的关键问题，能够深入其本质，抓住要害，从各个方面把它说深说透，有独到的新见解，把这个问题的难点和症结找准了，科学地给予解决，那论文就很有分量。

2. 科技论文的准备

确定科技论文的题目和论证角度后，就要做搜集材料的工作，尽可能了解前人对这个问题已经发表过的意见和他们已经取得的成果，正确的可以汲取和继承，走过的弯路、犯过的错误，可以避免和防止。应该汲取前人已有的经验，去解决前人没有解决的新问题。在博览广搜有关材料的过程中，应该时刻以自己论题为中心去思考这些材料，区别其正确、错误，找出其论证不足与需要增补、发挥之处，在此过程中逐渐形成自己论文的观点。搜集材料的过程，就是调查研究、思考钻研、形成论点的过程。在材料的搜集、研究过程完成时，论文提纲也就自然而然地完成了。

制定提纲可以帮助我们树立全局观念，从整体出发，去检验每一个部分所占的地位、所起的作用，相互间是否有逻辑联系，每部分所占的篇幅与其在全局中的地位和作用是否相称，各个部分之间的比例是否恰当和谐，每一个字、每一句、每一段、每一部分是否都为全局所需要，是否丝丝入扣、相互配合，是否都能为主题服务。因此写提纲的好处是帮助自己从全局着眼，树立全篇论文的基本骨架，明确层次和重点，简明具体，一目了然。

对搜集的材料，要进行分析、提炼，保留那些能说明论点的例证材料。小道理要服从大道理，局部要服从整体。单从某一局部看，有些论点和例子可能是精彩的，但从全局确定的基本发展线中看，它插不进去，用不上，只能割爱。

科技论文应有说服力，为了有说服力，就必须有虚有实，有论点有例证，理论和实际相结合，论证过程有严密的逻辑性，并且论文要有层次。

3. 科技论文的撰写

科技论文的提纲确定了，就要撰写初稿。原则上要简明扼要，指出问题，说明问题，分析问题。提纲只是预拟一个轮廓，不可能对每一细部都考虑得周密完善。在写作时，顺着写作思路而作，对论点、例证和论证步骤等细部，很可能发现原来提纲中某些设想计划是不恰当的，就应该加以修改和调整；临时发现某些论点、例证和论证理由不确切，还应该重新查书、思考、斟酌和推敲，给予增补，使之完善。当然，文气的通畅，文字的华美，还是必要的。该用排比、重复强调等修辞手法，以突出重点、倾注感情的地方，需要妙笔生花、使读者产生特殊感应，不能吝惜笔墨。总之，该长则长，该短则短，量体裁衣，从内容出发，为内容服务，句无虚发，字无浪费，这是基本原则。

初稿写成以后，应再三修改，审查是否符合要求。事实上，人的认识不是一次完成的，很难一次就达到完善恰当的程度。仔细检查，反复修改，总会发现还有不恰当、不完善之处，大至问题是否提得鲜明中肯，论点和事例有无说服力，结构层次是否严谨，小至文字的修饰加工，如有无废话，语言是否准确、鲜明、生动……总会发现尚需修改之处，发现很多在提纲中看不出的毛病，原先估计不到的问题。写成初稿后反复审查和修改，是十分必要的。

“持之有故，言之成理”是科技论文的起码要求。持之有故即事实的根据；言之成理是条理清楚，观点明确。真理的标准在于实践，仅仅“持之有故，言之成理”还不一定正确，必须能够经受实践的检验，即付诸实践，取得预期的效果。简略地说，可以说是“行之有成”，即成功的实践效果。

一篇好的科技论文不光主题突出，论点鲜明，还应结构严谨，层次分明。要安排好结构，一般应遵循以下 5 个原则。

一是围绕主题，选择有代表性的典型材料，根据需要，加以适当安排，使主题思想得到鲜明突出的表现。

二是疏通思路，正确反映客观事物的规律，就是说，必须反映客观事物的实际情况和内部联系，符合人们的认识规律。

三是结构要完整而统一，符合客观事物的实际情况。客观事物的发展必然经过开始、中间、结尾 3 个阶段，同样，每篇文章也必然经过 3 个阶段。

四是要层次分明，有条不紊。文章结构中最重要的是层次。层次就是文章中材料的次序。写文章时把所选材料分成若干部分，按照主题思想的需要，适当安排，分出轻重缓急，依次表达，前后连贯，充分而鲜明地把主题思想表达出来。

五是要适合文章体裁。体裁不同，结构也不会完全相同。各种文体都有自己的结构特点。一般说来，论说文是以事物的内部逻辑关系来安排结构层次，因此论说文以说理论证为主，同记叙文以“事”为主不同。

五、科技论文写作注意事项

对于初写科技论文的人来说，论文题目不宜太大，篇幅不宜太长，涉及问题的面不宜过宽，论述的问题也不求过深。应尽可能在前人已有知识的基础上提出一点新的看法。

论文的题目可大一点、深一点。论文题目可以是着重谈某一点，如某个重要问题的某一个重要侧面或某一当前疑难的焦点，解决了这一点，有推动全局的重要意义。

对某专业的基本问题和重要疑难问题有独到的见解，对这个专业的学术水平的提高有推动作用。

对某一学科有关的领域有深邃广博的知识，并能运用这些知识对某学科提供创造性见解，对此学科的发展有重要的推动作用，或对此学科水平的提高有重要的突破。

注意不必要去追求写全面论述性的大问题，所写的主题，可以很小，却又是重要的。其实选题很多，选自己熟悉和所从事的工作，并对今后工作有益的选题，既能总结工作的得失又能促进工作。

六、科技论文的示例

1. 中文期刊

孙祝秋，杨百忍，丁成，等. 某工业园污水处理站改造工程实例[J]. 水处理技术，2017，43(07)：128-130+136.

某工业园污水处理站改造工程实例.pdf

2. 外文期刊

Zhuqiu Sun，Bairen Yang，Cheng Ding，et al. Enhanced removal of gaseous 1，3-dichlorobenzene in biotrickling filters by rhamnolipid and Mg (II)，Journal of Hazardous Materials：Volume 360，15 October 2018，Pages 571-577.

Enhanced removal of gaseous 1，3-dichloro benzene in biotrickl

第三节 学科竞赛

一、学科竞赛的项目

自 2017 年 12 月 14 日在杭州首次发布 2012—2016 年我国普通高校学科竞赛结果以来，中国高等教育学会《高校竞赛评估与管理体系研究》专家工作组陆续发布榜单。2020 年 1 月 3 日，全国高校竞赛排行榜专家委员会审议并通过了《高校竞赛排行榜评估项目遴选办法(2019 年修订)》，并对竞赛排行榜内的竞赛项目进行了动态调整，新增 12 项竞赛纳入排行榜，退出 2 项。排行榜内竞赛项目详见表 6-1。

全国共有 1172 所本科院校进入 2015—2019 年全国普通高校学科竞赛排行榜(本科)。在排行榜中，哈尔滨工业大学位列榜首，浙江大学和武汉大学分列第二名和第三名，第四到第十名分别是电子科技大学、山东大学、西安交通大学、华中科技大学、上海交通大学、东南大学和东北大学。

在学校类型分布上，理工类高校表现最抢眼，有 64 所理工类高校进入前 100,149 所理工类高校进入前 300；其次是综合类高校，有 26 所进入前 100,78 所进入前 300；师范类、农林类居中，师范类有 7 所进入前 100,35 所进入前 300，农林类有 3 所进入前 100,18 所进入前 300；人文社科类和医药类最后，没有高校进入前 100,仅有 18 所人文社科类院校和 2 所医药类院校进入前 300。结果还显示，“双一流”建设高校在榜单中名列前茅，41 所列入排行榜的世界一流大学建设高校(国防科技大学未在榜单中)全部进入前 300，其中有 35 所高校进入前 100；96 所列入排行榜的世界一流学科建设高校中有 68 所进入前 300，其中 31 所进入前 100。1059 所地方院校中 220 所进入前 300，其中 48 所院校进入前 100。

全国共有1039所高职院校进入2015—2019年全国普通高校学科竞赛排行榜(高职)。金华职业技术学院位列榜首,山东商业职业技术学院和北京工业职业技术学院分别位居第二名和第三名,第四到第十名分别是北京电子科技职业学院、长沙民政职业技术学院、芜湖职业技术学院、南京工业职业技术学院、重庆电子工程职业学院、广东轻工职业技术学院和福建船政交通职业学院。

榜单结果同步在中国高等教育学会官网(http://www.cahe.edu.cn/)及微信公众号、中国高等教育学会工程教育专业委员会官网(http://csee.zju.edu.cn/)发布。

表6-1　2015—2019年全国普通高校学科竞赛排行榜内竞赛项目名单

序号	竞赛名称	备注
1	中国"互联网+"大学生创新创业大赛	
2	"挑战杯"全国大学生课外学术科技作品竞赛	
3	"挑战杯"中国大学生创业计划大赛	
4	ACM-ICPC国际大学生程序设计竞赛	
5	全国大学生数学建模竞赛	
6	全国大学生电子设计竞赛	
7	全国大学生化学实验邀请赛	
8	全国高等医学院校大学生临床技能竞赛	
9	全国大学生机械创新设计大赛	
10	全国大学生结构设计竞赛	
11	全国大学生广告艺术大赛	
12	全国大学生智能汽车竞赛	
13	全国大学生交通科技大赛	
14	全国大学生电子商务"创新、创意及创业"挑战赛	
15	全国大学生节能减排社会实践与科技竞赛	
16	全国大学生工程训练综合能力竞赛	
17	全国大学生物流设计大赛	
18	外研社全国大学生英语系列赛-英语演讲、英语辩论、英语写作、英语阅读	
19	全国职业院校技能大赛	只纳入高职排行

续表

序号	竞赛名称	备注
20	全国大学生创新创业训练计划年会展示	
21	全国大学生机器人大赛- RoboMaster、RoboCon、RoboTac	其中,RoboTac只纳入高职排行
22	“西门子杯”中国智能制造挑战赛	
23	全国大学生化工设计竞赛	
24	全国大学生先进成图技术与产品信息建模创新大赛	
25	中国大学生计算机设计大赛	
26	全国大学生市场调查与分析大赛	
27	中国大学生服务外包创新创业大赛	
28	两岸新锐设计竞赛“华灿奖”	
29	中国高校计算机大赛-大数据挑战赛、团体程序设计天梯赛、移动应用创新赛、网络技术挑战赛	
30	世界技能大赛	只纳入高职排行
31	世界技能大赛中国选拔赛	只纳入高职排行
32	中国机器人大赛暨 RoboCup 机器人世界杯中国赛	
33	全国大学生信息安全竞赛	
34	全国周培源大学生力学竞赛	
35	中国大学生机械工程创新创意大赛过程装备实践与创新赛、铸造工艺设计赛、材料热处理创新创业赛、起重机创意赛	
36	蓝桥杯全国软件和信息技术专业人才大赛	
37	全国大学生金相技能大赛	
38	“中国软件杯”大学生软件设计大赛	
39	全国大学生光电设计竞赛	
40	全国高校数字艺术设计大赛	
41	中美青年创客大赛	
42	全国大学生地质技能竞赛	
43	米兰设计周—中国高校设计学科师生优秀作品展	
44	全国大学生集成电路创新创业大赛	

二、"挑战杯"全国大学生课外学术科技作品竞赛

"挑战杯"是"挑战杯"全国大学生系列科技学术竞赛的简称，是由共青团中央、中国科协、教育部和全国学联共同主办的全国性的大学生课外学术实践竞赛，竞赛官方网站为 www. tiaozhanbei. net。"挑战杯"竞赛在中国共有两个并列项目，一个是"挑战杯"中国大学生创业计划竞赛，另一个则是"挑战杯"全国大学生课外学术科技作品竞赛。这两个项目的全国竞赛交叉轮流开展，每个项目每两年举办一届。

1."挑战杯"全国大学生课外学术科技作品竞赛

"挑战杯"全国大学生课外学术科技作品竞赛是由共青团中央、中国科协、教育部、全国学联和地方政府共同主办，国内著名大学、新闻媒体联合发起的一项具有导向性、示范性和群众性的全国竞赛活动。自 1989 年首届竞赛举办以来，"挑战杯"竞赛始终坚持"崇尚科学、追求真知、勤奋学习、锐意创新、迎接挑战"的宗旨，在促进青年创新人才成长、深化高校素质教育、推动经济社会发展等方面发挥了积极作用，在广大高校乃至社会上产生了广泛而良好的影响，被誉为当代大学生科技创新的"奥林匹克"盛会。"挑战杯"竞赛已经成为：

——吸引广大高校学生共同参与的科技盛会。从最初的 19 所高校发起发展到 1000 多所高校参与，从 300 多人的小擂台发展到 200 多万大学生的竞技场，"挑战杯"竞赛在广大青年学生中的影响力和号召力显著增强。

——促进优秀青年人才脱颖而出的创新摇篮。竞赛获奖者中有长江学者，有多位教授和博士生导师，70%的学生获奖后继续攻读更高层次的学历，近30%的学生出国深造。他们中的代表人物有：第二届"挑战杯"竞赛获奖者、国家科技进步一等奖获得者、中国十大杰出青年、北京中星微电子有限公司董事长邓中翰，第五届"挑战杯"竞赛获奖者、"中国杰出青年科技创新奖"获得者、安徽中科大讯飞信息科技有限公司总裁刘庆峰，第八届、第九届"挑战杯"竞赛获奖者、"中国青年五四奖章"标兵、南京航空航天大学 2007 级博士研究生胡铃心等。

——引导高校学生推动现代化建设的重要渠道。成果展示、技术转让、科技创业，让"挑战杯"竞赛从象牙塔走向社会，推动了高校科技成果向现实生产力的转化，为经济社会发展做出了积极贡献。

——深化高校素质教育的实践课堂。"挑战杯"已经形成了国家、省、高校三级赛制，广大高校以"挑战杯"竞赛为龙头，不断丰富活动内容，拓展工作载体，把创新教育纳入教育规划，使"挑战杯"竞赛成为大学生参与科技创新活动的重要

平台。

——展示全体中华学子创新风采的亮丽舞台。香港、澳门、台湾众多高校积极参与竞赛，派出代表团参加观摩和展示。竞赛成为全体中华青年学子展示创新风采的舞台，增进彼此了解、加深相互感情的重要途径。

2. “挑战杯”中国大学生创业计划竞赛

创业计划竞赛起源于美国，又称商业计划竞赛，是风靡全球高校的重要赛事。它借用风险投资的运作模式，要求参赛者组成优势互补的竞赛小组，提出一项具有市场前景的技术、产品或者服务，并围绕这一技术、产品或服务，以获得风险投资为目的，完成一份完整、具体、深入的创业计划。

竞赛采取学校、省(自治区、直辖市)和全国三级赛制，分预赛、复赛、决赛三个赛段进行。

大力实施“科教兴国”战略，努力培养广大青年的创新、创业意识，造就一代符合未来挑战要求的高素质人才，已经成为实现中华民族伟大复兴的时代要求。作为学生科技活动的新载体，创业计划竞赛在培养复合型、创新型人才，促进高校产学研结合，推动国内风险投资体系建立方面发挥出越来越积极的作用。

3. 申报作品类型

“挑战杯”全国大学生课外学术科技作品竞赛申报参赛的作品分为自然科学类学术论文、哲学社会科学类社会调查报告和学术论文、科技发明制作三类。自然科学类学术论文作者限本专科生。哲学社会科学类社会调查报告和学术论文限定在哲学、经济、社会、法律、教育、管理6个学科内。科技发明制作类分为A、B两类：A类指科技含量较高、制作投入较大的作品；B类指投入较少，且为生产技术或社会生活带来便利的小发明、小制作等。

“挑战杯”中国大学生创业计划竞赛参赛作品分为已创业(甲类)与未创业(乙类)两类；分为农林、畜牧、食品及相关产业，生物医药，化工技术、环境科学，电子信息，材料，机械能源，服务咨询等七组。实行分类、分组申报。

4. “挑战杯”全国大学生课外学术科技作品竞赛参赛示例

参赛示例作品均来自于“挑战杯”全国大学生课外学术科技作品竞赛官方网站 http://www.tiaozhanbei.net/。

（1）学术论文类，如图 6-5、图 6-6 所示。

基本信息

喜欢 0

项目名称：	磁性铜离子印迹聚合物的合成与性能研究
来源：	第十二届"挑战杯"作品
小类：	能源化工
大类：	自然科学类学术论文
简介：	随着废水污染日益严重和资源日益短缺，目前治理废水从要求"尽量去除各种污染物"逐渐转变为"尽量从废水中回收各种有用之物"。针对上述技术需求，采用表面离子印迹技术、溶胶凝胶与磁性分离技术耦合，合成了核壳结构磁性铜离子印迹聚合物。并通过IR、XRD等方式对其结构进行表征，采用静态吸附法研究了吸附容量、选择性因子等吸附性能。研究结果发表在二区期刊Ind. Eng. Chem. Res.杂志上。
详细介绍：	针对目前处理重金属废水主要是尽量去除各种重金属污染物，而不是尽量回收各种重金属的缺陷，本研究拟设计一种具有选择性去除和回收功能的新型材料，为废水中重金属处理提供一种新手段。为了实现上述目的，我们通过溶胶凝胶和表面印迹技术把离子印迹材料的高选择性和 Fe_3O_4 的磁分离性能有机结合，成功合成了新型磁性铜离子印迹聚合物（Cu (II)-MIIP）。红外、热重分析和XRD数据表明离子印迹聚合物成功地接枝到 Fe_3O_4 表面。激光粒度仪分析结果表明Cu (II)-MIIP尺寸主要分布在1.0 μm到10.0 μm。Cu (II)-MIIP饱和磁强度值为55.00 emu/g，该饱和磁强度值已经足够用于磁性聚合物的磁性分离。通过静态吸附实验得出吸附容量为58.20 mg/g，并且符合Langmuir吸附模型；Cu (II)-MIIP对于Zn (II)和Ni (II)的选择性系数分别是49.44和50.38，表现了高的选择性和印迹效果。重复五次后仍然保持较高的吸附容量，表明该磁性离子印迹聚合物具有较好的再生能力和稳定性。该磁性离子印迹聚合物与电解技术耦联，有望为重金属废水选择性去除和资源化提供新途径。上述研究成果发表在中科院SCI期刊工程技术二区期刊的Industrial and Engineering Chemistry Research杂志上，并且申请中国发明专利1项，现已通过实审。(收起)

作品图片

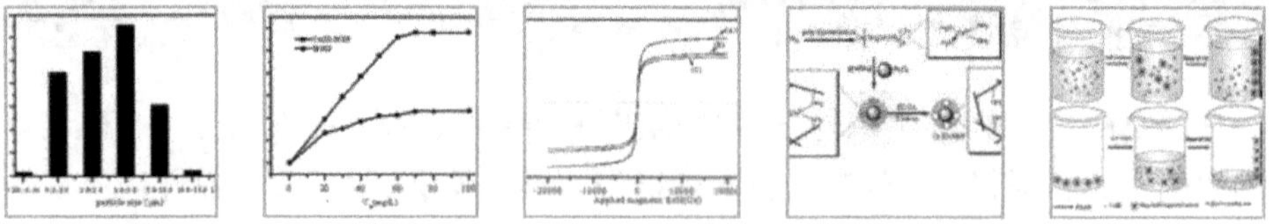

图 6-5　学术论文类作品示例 1

作品专业信息

撰写目的和基本思路	针对目前处理重金属废水主要是尽量去除各种重金属污染物，而不是尽量回收各种重金属的缺陷，本研究拟设计一种具有选择性去除和回收功能的新型材料，为废水中重金属处理提供一种新手段。为了实现上述目的，我们通过溶胶凝胶和表面印迹技术把离子印迹材料的高选择性和 Fe_3O_4 的磁分离性能完美结合，成功合成了新型磁性铜离子印迹聚合物，并初步设计基于磁性铜离子印迹聚合物的废水处理新工艺。
科学性、先进性及独特之处	1．采用的表面离子印迹技术，解决了本体印迹技术离子包埋深、传质阻力大、模板离子洗脱不完全的问题。2．赋予离子印迹聚合物磁学性能，能够让这种吸附剂在溶液中迅速分离，克服了传统吸附剂离心和过滤烦琐的操作过程。 3．在处理重金属废水的同时能够选择性回收重金属，并将其与电解技术耦联，为重金属废水资源化提供了新途径。 据知，至今还没有关于在 Fe_3O_4 表面合成金属离子印迹聚合物的报道。
应用价值和现实意义	将磁性铜离子印迹聚合物与电解技术耦合，能够使铜离子转化为铜单质，实现废水中贵重金属离子的资源化。磁性印迹技术不但提供了一种处理废水中重金属的新方法，而且还具有一定的广义性，不仅能运用于铜离子，也能运用于其他重金属，如 Pb^{2+}、Ca^{2+}、Fe^{3+}、Co^{2+} 等的分离。既能实现环境生态效益，又具有非常好的应用前景和一定的经济意义。
学术论文摘要	A novel Cu (II) magnetic ion imprinted polymer (MIIP) was prepared via sol-gel method. The maximum sorptions calculated from the Langmuir isotherm are 58.20 and 23.10 mg/g for Cu (II)-MIIP and magnetic non-imprinted polymer (MNIP), respectively. The kinetics studies showed that the adsorption process obeyed pseudo-second-order kinetic model. The selectivity coefficients of the Cu (II)-MIIP for Cu (II) in the presence of Zn (II) and Ni (II) are 49.44 and 50.38, respectively.(收起)
获奖情况	1．论文《Selective separation of Cu (II) from aqueous solution with a novel Cu (II) surface magnetic ion-imprinted polymer》已发表在美国化学会《Industrial and Engineering Chemistry Research 》（Ind. Eng. Chem. Res. 2011, 50, 6355–6361）. 2．《磁性金属离子表面印迹聚合物的制备方法和应用》，申请中国发明专利,已通过实审，公开号,201010252060.4。 3. 于2011年5月第十二届"挑战杯"全国大学生课外学术科技作品竞赛某省赛区获一等奖 。(收起)
鉴定结果	无
参考文献	[1] Andac M, Ozyapı E, Senel S, et al. Ind. Eng. Chem. Res, 2006,45(5):1780-1786. [2] Otero Romaní J, Moreda Piñeiro A, Bermejo-Barrera P, et al. Anal. Chim. Acta, 2008,630(1):1-9. [3] Hoai N T, Yoo D K, Kim D. J. Hazard. Mater, 2010,173(1-3):462-467. [4] Bi X Y, Lau R J, Yang K L. Langmuir, 2007,23(15):8079-8086. [5] Gao B J, An F Q, Zhu Y. Polymer, 2007,48(8):2288-2297. [6] Fang G Z, Tan J, Yan X P. Anal. Chem, 2005,77(6):1734-1739. [7] Wang X B, Ding X B, Zheng Z H. Macromol. Rapid. Comm, 2006,27(14):1180-1184. [8] Birlik E, Ersoz A, Acıkkalp E, et al. J. Hazard. Mater. 2007,140(1-2):110-116. (收起)
同类课题研究水平概述	重金属是水和土地中最重要的污染之一，主要是通过一些工业废水排放到水环境中。目前，去除废水中重金属离子的吸附剂主要有壳聚糖、天然无机矿物、功能化的聚合物和碳纳米管等。这些吸附剂具有一些共同的缺点例如选择性差、重复使用性低。因此，急需发展一种具有较高选择性和重复使用能力的新型吸附剂。 分子印迹聚合物是一种对目标分子具有特殊识别能力的高分子材料，已经广泛应用于许多领域如固相萃取、色谱分离、薄膜分离、传感器等。离子印迹聚合物与分子印迹聚合物具有相似的原理，它的选择作用是基于配位基的特异性，如离子的配位结构、配位数、价态等。近年来，离子印迹聚合物已经被广泛报道。Andac等用羟乙基甲基丙烯酸酯-N-甲基丙烯酰氯-L-谷氨基酸作为配位单体成功地制备了铝离子印迹聚合物。Otero-Romani等用2-(二乙基氨基)甲基丙烯酸乙酯作为功能单体制备了镍离子印迹聚合物，并且成功地应用于固相萃取技术检测海水中的镍离子。Hoai等用甲基丙烯酸和乙烯基吡啶为功能单体制备了多孔型铜离子印迹聚合物微粒。离子印迹聚合物的传统合成方法是通过本体聚合、沉淀聚合和悬浮聚合来实现的，虽然具有较好的选择性，但由于离子被深深包埋在聚合物内部，存在吸附容量低、传质阻力大等缺点。 为了克服这些缺点，表面离子印迹技术是一种比较好的选择。近来，表面离子印迹技术引起了人们的广泛关注，由于其模板离子能够比较彻底地去除并具有较快的吸附速率。Bi等成功合成了铜离子表面印迹聚合物，用甘氨酸、甘氨酰替基氨酸和三甘氨酸作为配位基使之功能化，在不同pH值下该铜离子表面印迹聚合物对铜离子表现了高的吸附容量和选择能力。Gao等在硅胶球微粒上制备的离子印迹材料，对模板离子表现了突出的吸附和选择能力。Fang等利用表面印迹技术偶联溶胶-凝胶的方法制备了一种具有离子印迹功能的硅胶吸附剂，这种印迹吸附剂对铅离子的吸附表现出了优良的特性，如较强的耐酸性，以及较高的选择性，在铅离子痕量检测中获得满意的效果。 然而，大部分表面离子印迹聚合物都是在二氧化硅球体粒子的表面合成。如果以 Fe_3O_4 为载体将离子印迹聚合物修饰在其表面，这种材料不仅具有高的吸附能力、低的传质阻力和磁性分离的特点，而且将以一种既方便又经济的应用方式取代离心和过滤的过程。而据我们所知，至今还没有关于在 Fe_3O_4 表面合成金属离子印迹聚合物的报道。 (收起)

图 6-6　学术论文类作品示例 2

(2) 科技发明类,如图 6-7、图 6-8 所示。

基本信息

喜欢 0

项目名称：	家用太阳能自动跟踪光伏发电系统
来源：	第十二届"挑战杯"作品
小类：	能源化工
大类：	科技发明制作B类
简介：	本作品开发了一套高效家用太阳能发电装置；该装置通过对太阳能吸收和存储环节的改进和创新，实现太阳能的高效吸收和快速存储，从而为各类家庭电器提供稳定电源。将单片机控制技术、传感器技术、机械传动原理、DA/AD技术、模拟放大及逆变升压技术等综合运用，较理想地实现了太阳能电池板对太阳光的自动跟踪和电池板的最大功率自动跟踪，并有完善的外部输出接口。
详细介绍：	太阳能作为一种清洁无污染的能源，发展前景非常广阔。然而它存在着间歇性、光照方向和强度随时间和季节不停变化的问题，这就对太阳能的收集和利用提出了更高的要求。目前大多数的太阳能发电板阵列都是固定不动的，不能充分地利用太阳能资源。根据理论推导和实验验证，在太阳能光伏发电中，采用自动跟踪发电设备要比固定发电设备提高发电量35%以上。因此在太阳能光伏发电系统中，进行太阳方位的跟踪十分必要。本作品通过对传统的太阳能吸收和存储两个环节的创新和改进，实现对太阳能的高效吸收和快速存储，从而为家庭各种小型电器提供稳定工作能源。由于太阳的位置时刻都在变化，要想在太阳光能电池板上得到最大输出功率，就必须要太阳能电池板随时跟随太阳的运动轨迹运动，才能保证太阳光始终垂直照射到太阳电池板上。利用太阳光自动跟踪控制系统，就可实现太阳光始终垂直照射到太阳能电池上这一目的。本项目研制开发的家用太阳能自动跟踪光伏发电系统，利用太阳能电池板对太阳能的有效收集，必须实现太阳方位的自动跟踪以及太阳能电池板的最大功率自动跟踪。储电模块采用蓄电池和法拉电容结合的方式，根据当地阳光辐射情况、家庭电器负载总功率的大小以及每天工作时间选择相应输出功率的太阳能电池板、储电模块，并设计相应的充电电路。(收起)

作品图片

图 6-7　科技发明类作品示例 1

作品专业信息

设计、发明的目的和基本思路、创新点、技术关键和主要技术指标	本作品的设计目的是为了开发一家用、高效太阳能发电装置，主要通过对太阳能吸收和存储环节的改进，实现太阳能的高效吸收和快速存储 为各类家庭电器提供稳定电源。 创新点：1．研制了管式八点半球形光电方位传感器。加不透明挡板以提高光吸收准确度；四个方向各有两个不同方向、高低错开的光敏电阻，以提高传感灵敏度。2．储电模块采用蓄电池和法拉电容结合的方式，根据家庭用电量需求采取不同的储电模块。 3 本作品成品体积小，安装方便，易与现代房屋结构相融合。 技术关键：1．自动跟踪系统传感器组件的制作，大幅度提高光接收准确度及灵敏度，有效避免外界杂光干扰。 2．自动跟踪器控制系统，包括DC/DC变换和电源管理、系统电源转换、光电传感器信号处理电路、步进电机控制以及驱动、单片机控制系统软件程序的编写。 3．采用模糊参数自校正PID算法的光伏发电系统最大功率点跟踪控制，将MPPT技术应用于太阳能电池板对蓄电池/法拉电容的充电。 主要技术指标： 1．水平跟踪范围：-85°～+85°;水平跟踪灵敏度：0.1°;跟踪范围：-90°～+90°;竖直跟踪灵敏度 0.9°;内部DC-DC变换效率：≥85％;跟踪器功耗：调整时≤5W;待机时≤1W 2．法拉电容：电容：20.0F;额定电压：2.7V;额定放电容量：20.0F;最大直流电阻：60 mΩ 0.1A;尺寸：16×27 mm ΦD×L (收起)
科学性、先进性	1．管式八点半球形光电方位传感器，相比现有传感器抗干扰能力和跟踪精度更高。 2．芯片组：用LM324N四运放构成比较器，将0/1信号送入控制系统，简化程序设计。用LM2575-5开关型稳压芯片，使电源转换效率达到88%[1]。用专用步进电机控制芯片L297[2]和驱动芯片L298[3]，大幅度提高运动精度。用AT89S52单片机、ISP编程，使程序调试简单便捷，内置看门狗电路增强系统稳定性[4]。 3．储电模块：当家庭用电量小时，使用法拉电容（使用寿命长、无污染）[5]；当用电量大时，采用蓄电池（成本低）。 [1]National Semiconductor. LM2575芯片手册. www.national.com [2]ST Microelectronics.L297芯片手册. [3]ST Microelectronics.L298芯片手册. [4]ATMEL.AT89S52芯片手册.www.atmel.com [5]广州溢洋电子科技有限公司,法拉电容.2006 (收起)
获奖情况及鉴定结果	1．“全自动太阳能电池跟踪系统”部分于2010年11月获由江苏省物理学会颁发的“江苏省高校第七届大学生物理及实验科技作品创新竞赛二等奖”；2．“法拉电容”对太阳能电池储能部分于2009年11月获由江苏省物理学会颁发的“江苏省高校第六届大学生物理及实验科技作品创新竞赛二等奖”。
作品所处阶段	中试阶段
技术转让方式	专利转让或技术入股
作品可展示的形式	实物、产品；模型；图纸；现场演示；图片
使用说明,技术特点和优势,适应范围,推广前景的技术性说明,市场分析,经济效益预测	本作品可以安放在家中任意采光位置，完成初始化后便可自动跟踪太阳方位。充电结束后，可通过其220V交流插口供电。 技术特点和优势：1．研制基于管式八点半球形光电方位传感器的光源自动跟踪装置，通过对内部DC/DC、电源管理、步进电机以及单片机控制系统的设计、制作和优化，实现装置对太阳方位的精确确定。 2．使用专业步进电机驱动，节能、稳定、可靠；采用最优化运动控制，有效节能；增加智能模糊跟踪，在阴雨天气能够进行有效跟踪。 3．传统太阳能吸收装置，每天正常发电时间约3小时。而本装置正常发电时间为8～12小时，发电量是固定式太阳能的1.4～1.7倍；本装置只需要一半功率的太阳能电池板，便可达到相同储能效果。 适应范围和推广前景：可广泛应用于家庭、企业、公共事业等领域作为辅助能源，亦可应用于太阳能电站用于并网发电。太阳能的推广与应用已成为一种趋势，本作品具有个性化、易商品化的特点，可根据家庭日常用电量实行个性化定制，易与现代房屋结构相结合。(收起)
同类课题研究水平概述	本项目研制开发的家用太阳能自动跟踪光伏发电系统，利用太阳能电池板太阳方位的自动跟踪实现了电池板对太阳能的有效收集以及太阳能电池板的最大功率输出。本系统将单片机控制技术、传感器技术、机械传动原理、DA/AD技术、模拟放大及逆变升压技术等综合运用，较理想地实现了太阳能电池板对太阳光的自动跟踪和电池板的最大功率输出，并有完善的外部输出接口。 经检索国内相关文献:王岩针提出了一种基于模糊参数自校正PID控制实现最大功率点跟踪的方法，仿真表明该方法能够很好地处理好控制精度和速度这一矛盾，使光伏系统始终输出最大功率;刘健将模糊控制和传统PID结合应用到光伏发电系统最大功率点跟踪的控制当中，并采用Cuk变换器实现MPPT功能;乔兴宏提出了一种基于模糊控制，具有在线参数调整的自适应占空比扰动法;朱腾采用改进的步进式扰动观察最大功率点算法，来寻找太阳电池阵列的最大功率点，使系统在任何温度和日照条件下都能跟踪太阳电池的最大功率，最后提出了较为先进的模糊控制算法及其具体的设计步骤，设计中采用了双环控制系统，电压环采用了DC/DC的升降压变换电路用来保持电力系统的恒电压输出，其中使用了离散型增量式PID算法来对电压进行控制；中国专利200910117269.7设计一种太阳能应用领域太阳能追日系统的位置传感器，产品壳体上设置防护玻璃，内部安装锥形反光罩，下端安装扇形光电器件和电路板；中国专利201010553981.4涉及一种适用于太阳能自动跟踪系统的追光传感器，座体具有一个上平面（水平）和三个侧平面（倾斜角一致），分别安装相同的传感元件。 本项目综合运用D/A芯片级逆变技术、模糊参数自校正（PID）算法以及光伏发电系统最大功率点跟踪（MPPT）控制技术对蓄电池或法拉电容进行充电储能，太阳能自动跟踪光伏发电系统采用管式结构的八点半球形光电方位传感器，在国内文献中未述及。 法拉电容作为能量存储元件，具有充电速度快、体积小，可大电流充放电、使用周期长、功率密度高、充放电线路简单、安全性好、超低温性好、检测方便以及环保等特点。当家庭用电量大时，出于价格的考虑，可以选择蓄电池作为储能模块以达到节约成本的目的。(收起)

相关作品

图 6-8 科技发明类作品示例 2

(3) 社会调研类，如图 6-9、图 6-10 所示。

基本信息

喜欢 0

项目名称：	拿什么拯救你"癌症村"——一份来自淮河沿岸六个癌症高发村水污染治理现实紧迫性的调研报告
来源：	第十二届"挑战杯"作品
小类：	社会
大类：	哲学社会科学类社会调查报告和学术论文
简介：	本作品依托两次大学生社会实践，调研历时近5年，针对淮河沿岸六个典型癌症高发村进行了详尽深入的调查，探寻淮河沿岸癌症高发与淮河水质状况的相关性，由此反映淮河水污染的现状及治理过程中的困境，揭示沿岸癌症村村民的生活现状，并提出可行性的治理建议与改善方法。
详细介绍：	1998年的"零点行动"让人们看到了淮河的污染状况，同时新闻媒体频繁报道了淮河沿岸居民癌症高发问题，这两种现象的并存引发了我们的思考。水质与癌症病发这两者之间是否有着必然的联系？减少村民患病率应当从何处入手？究竟采用何种方式才能最大限度地治理淮河水质？带着这些问题，"今日淮河"学生调研团，以大学生的独特视角和实践行动，对淮河流域癌症高发地区开展调研并撰写调查报告。此份调查报告主要关注淮河流域水污染与沿岸癌症高发病率之间的相关性问题，探究癌症村形成的原因，并由此反映淮河流域水污染现状，寻求治理措施。近5年的调查时间里，基本上证实了癌症高发病率与淮河水污染之间有较强的正相关性，从新的视角重新审视水污染问题。同时，在调研过程中，开展对淮河流域水质现状、淮河治理措施等方面的宣传活动，发起"情系淮河，关注民生"的万人签名活动，并与淮河卫士共建5个净水器，呼吁全社会共同关注民生、治理淮河。在综合分析调研资料的基础上，撰写调研报告，采用多种形式向社会民众宣传淮河水质及沿岸民生状况，力求引起人们的关注，使更多的人参与到治淮队伍中来，尽快使沿岸居民摆脱癌症苦海。(收起)

作品图片

图 6-9 社会调研类作品示例 1

作品专业信息

撰写目的和基本思路	借助社会实践的平台，亲赴淮河流域对河南沈丘县为主的癌症高发村进行调研，寻求沿岸癌症高发与淮河水质状况的相关性，由此反映淮河水污染的现状和沿岸人民生存现状。由癌症问题入手关注沿岸民生，进而倡导社会关注水污染，积极采取措施，改善患病村民的生活。
科学性、先进性及独特之处	2011年2月中央一号文件再次将淮河水利问题搬上日程。该作品与时俱进，由理论数据分析和实地考察结果两部分组成。其中理论数据均由淮河流域相关政府及相关环保组织提供，具有权威性和真实性；而实地调查结果则是暑期实践团历经四年，在取得大量真实可信的资料的基础上分析得出的，案例具备真实性。以往的调查只是宏观上考察了淮河水质近几年的变化，但该作品的研究视角则侧重于水质与癌症死亡之间的关联，更具新颖性。
应用价值和现实意义	淮河沿岸癌症高发近年来吸引了越来越多的目光，已经成为社会热点话题。大学生结合理论数据与实地调查研究结果，用敏锐的视角研究淮河沿岸癌症高发与淮河水污染的相关性，为“环境与疾病”的课题提供了大量真实可靠地例证。并由此反映出淮河流域水质现状以及居民的生活状态，提出合理性建议。号召将“可持续”的观念运用到经济发展中。
作品摘要	作为中华民族的母亲河之一，淮河创造了丰富的物质和精神财富。然而近年，淮河沿岸居民的生活状况却令人担忧：村民常年饮用受污染的水，各种消化系统疾病频发且死亡率逐年攀升，这些疾病高发的村落分布在淮河沿岸，俨然形成了大大小小的“癌症村”。2011年颁布的中央一号文件指明要继续实施大江大河治理，进一步治理淮河，搞好黄河下游治理和长江中下游河势控制。在文件精神的指导下，我们对淮河的保护和治理工作提出了新的想法。为探究淮河沿岸居民病发问题的根本原因，找出行之有效的解决途径，2007年，我们组织社会实践团队奔赴淮河沿岸开展调研活动。调研团对淮河沿岸多个癌症村进行实地勘察、走访，逐渐将目光聚焦到了淮河水质问题上来。2009年8月“今日淮河”调研团再次出发，以河南省沈丘县为重点调研对象，对沿淮水质污染现状、社会经济功能 以及政府政策和相关措施等进行了深入调查。综合四年多时间的资料积累、统计分析，我们发现沿岸癌症病发率与淮河水质确实存在较强的正相关性。要解决癌症村的病发问题，重点是要做好淮河水域污染的预防和治理工作，这要求政府、企业、民众从物质、技术、人力等各方面给予治淮工作全力支持。(收起)
获奖情况及评定结果	2007年调研团荣获全国“千乡万村科普环保行动”优秀小分队,2007年调研团获“省级大学生社会实践优秀团队”称号,2009年“淮河污染区地表饮用水的生物净化与村民救助”项目获康师傅水创意公益提案竞赛金奖,2010年12月获学校“摇篮杯”大学生课外学术科技作品竞赛特等奖,2011年6月获挑战杯大学生课外学术科技作品竞赛省级特等奖
参考文献	[1]丁宗凯，等.淮河/太湖流域水污染防治监管机制的公众调查研究：环境保护科学.（J）2007.33（6）：97-99. [2]国务委员宋健谈淮河水污染防治：还淮河碧水清风. [3]国务院办公厅关于加强淮河流域水污染防治工作的通知:国务院公报.（J）2005（7）：26-30. [4]胡巍巍.近年来淮河干流区水质变化及原因分析:安庆师范学院学报(自然科学版).（J）1（1）：74-77. [5]李云生，王东，张晶.淮河流域“十一五”水污染防治规划研究报告:中国环境科学出版社.2007.（M） [6]刘军.淮河水污染治理政策执行评估:环境研究与监测.（J）2008.21（2）：40-43. [7] 李冬燕.淮河水资源污染的原因及保护措施:科技信息.（J）2007（35）：520. [8]王官勇，戴仕宝.近50年来淮河流 域水资源与水环境变化:安徽师范大学学报（自然科学版）.（J）2008（1）：75-78 [9]王科，苟克宁.淮河流域水污染治理的思考：宝鸡文理学院学报（自然科学版）.（J）2006.26（2）：165-168. 向东，凌江，黄小增.淮河流域水污染防治工作的现状和几点建议：环境保护.（J）2005（6）：55-56. [10]闫云侠，李柏年.淮河流域水污染及其治理：水利发展研究.（J）2005（3）：17-19.(收起)
调查方式	调研团在前期依托文献调查法，之后进行实地考察。将访谈法与问卷调查相结合，与县政府、环保局开展座谈会。有选择地进行个案分析，采用抽样调查的方法进行水质监测。
同类课题研究水平概述	20世纪80年代后，随着淮河流域经济快速发展和城市化进程加快，流域水体污染日益严重。因此，“十一五”期间，淮河流域水污染防治工作面临着新的机遇和巨大的挑战。近年来，国内诸多学者开始关注淮河流域污染问题,但是将淮河污染与癌症村形成联系在一起分析的却比较少见。《淮河流域水污染及其治理》一文从淮河流域污染现状及其治理情况、淮河流域水污染的主要原因、淮河流域水污染的治理对策三个方面进行了分析；《生态下的淮河水污染治理探究》从污染源的探寻、淮河污染的恶果、责无旁贷的应对措施、前景展望等四个角度进行了阐述；《淮河污染治理》分为淮河污染治理历史、淮河水污染治理难点、污染治理意见三个问题进行介绍。 2011年颁布的中央一号文件对加快水利改革发展做出了新的规定。文件明确指出，要继续推进农村饮水安全建设，实施大江大河特别是淮河、长江和黄河中下游河水治理，以文件形式加大了对以淮河为主要对象的河流污染的关注问题。 但是，目前国内关于淮河流域水污染治理的研究基本还局限于对淮河流域相关数据的分析，对淮河流域居民生活状况的研究明显不够。而不同单位或者学者所掌握的研究数据因为检测断面和统计方法的差异又有所不同，因此不同单位或者学者提出的治理方案都具有明显的局限性。 淮河污染问题与民生亟待我们去发现和探索。2005年7月，由中国疾病预防控制中心牵头的淮河流域水污染与癌症的相关性研究正式启动。除此之外，很少有人着眼于研究淮河沿岸癌症高病发率和淮河污染的相关性而且亲自走访癌症村获取一手资料的情况。 (收起)

图 6-10　社会调研类作品示例 2

第四节　大学生创新创业训练计划项目

一、大学生创新创业训练计划项目介绍

1. 大学生创新创业训练计划项目背景

根据《教育部　财政部关于"十二五"期间实施"高等学校本科教学质量与教学改革工程"的意见》(教高〔2011〕6 号)和《教育部关于批准实施"十二五"期间"高等学校本科教学质量与教学改革工程"2012 年建设项目的通知》(教高函〔2012〕2 号),教育部从"十二五"开始实施国家级大学生创新创业训练计划。

大学生创新创业训练计划项目以提高人才培养质量为核心,以创新人才培养机制为重点,将持续开展创新创业培训计划作为深化高校创新创业教育改革的切入点和重要抓手,提升学生的创新精神、创业意识和创新创业能力。分为国家级、省级、校级、院(系)级四级创新创业训练计划实施体系,将创新创业培训计划延展到创新创业培训计划项目之外的创业项目选育、孵化和初创替代,完善"创新创业教学—创新创业培训—创新创业项目选育—创业项目孵化—实现初步创业"全链条创新创业教育模式。推进校企协同和产学对接,以创新引领创业,形成大量内容有创新、技术有突破、模式较新颖、商业可持续的创新创业种子项目。

2. 大学生创新创业训练计划项目分类

大学生创新创业训练计划内容包括创新训练项目、创业训练项目和创业实践项目三类。

创新训练项目是本科生个人或团队,在导师指导下,自主完成创新性研究项目设计、研究条件准备和项目实施、研究报告撰写、成果(学术)交流等工作。

创业训练项目是本科生团队,在导师指导下,由团队中每个学生在项目实施过程中扮演一个或多个具体的角色,完成编制商业计划书、开展可行性研究、模拟企业运行、参加企业实践、撰写创业报告等工作。

创业实践项目是学生团队,在学校导师和企业导师共同指导下,采用前期创新训练项目(或创新性实验)的成果,提出一项具有市场前景的创新性产品或者服务,以此为基础开展创业实践活动。

二、大学生创新创业训练计划项目示例

大学生创新创业训练计划项目示例作品均来自国家级大学生创新创业训练计划平台官网 http://gjcxcy.bjtu.edu.cn。

1. 创新训练项目

2020 | 第十三届全国大学生创新创业年会
The 13th National Conference on Undergraduate Innovation and Entrepreneurship

同濟大學
TONGJI UNIVERSITY

家居全能安防助手 —— 小济同学

一、项目类型：创新训练项目
二、项目编号：202010247197
三、立项年份：2020年
四、项目成员：
王涵　2018级自动化　　李厦　2018级电子科学与技术
五、指导教师：
姓名：余有灵　职称：副教授　　研究方向：人工智能
姓名：周　伟　职称：高级工程师　研究方向：嵌入式系统、物联网
六、项目简介：
系统由“小济同学”机器人本体、机器人融合云、百度云、远控执行机构、智能辅助节点、可穿戴设备与人机交互平台等组成。设计具有自我建图、老弱群体关怀、居家看护、智能交互等功能的智能安防助手。
机器人主体由嵌入式深度学习主机、ROS系统控制主机、传感中心和运动驱动控制器组成，具备前所未有的视、听、嗅、触和智慧，全面满足日常安全监测、协助照顾老人小孩、家庭健康管家、对突发事件及时响应等需求，同时进行应急动作，减少损失。项目以智能移动机器人为核心，结合物联网、AI、云平台，多传感器融合，微信、语音与APP构成整个安防体系。
七、项目图片：

小济系统图　　小济系统实现过程效果图　　机器人组成与结构图　　原始与升级版实物和软件

八、项目创新点：
1. ROS智能巡航机器人，IMU精确姿态解算，设备免安装，监控零死角。
2. 大数据与AI融合处理云平台，深度贴心关怀，强力保障安全。
3. 独创伸缩机构与多维度传感器配备，传感灵敏全面。
4. 独创Zigbee远控执行机构与多边辅助节点，可穿戴APP监测，时延低，减损快。
5. 强效数据锁软硬件，确保隐私不泄密。
6. 多方式智控，APP、微信、语音与可穿戴交互，更多乐趣。
九、获奖情况：
1. 2019年第二届中国高校智能机器人创意大赛，全国一等奖；2. 2020年全国大学生物联网设计竞赛，全国一等奖、ZigBee创新奖；3. 2020年全国大学生电子设计竞赛信息科技前沿专题邀请赛，全国三等奖；4. 2020年第六届中国国际“互联网+”大学生创新创业大赛，省级铜奖；5. 2019年第六届上海大学生创新创业训练计划成果展，省级优秀创新项目。
获奖作品形式：机器人作品实物、分布式智能同步执行装置、APP软件

重庆大学
CHONGQING UNIVERSITY

图 6-11　创新训练项目示例

2. 创业训练项目

图 6-12　创业训练项目示例

3. 创业实践项目

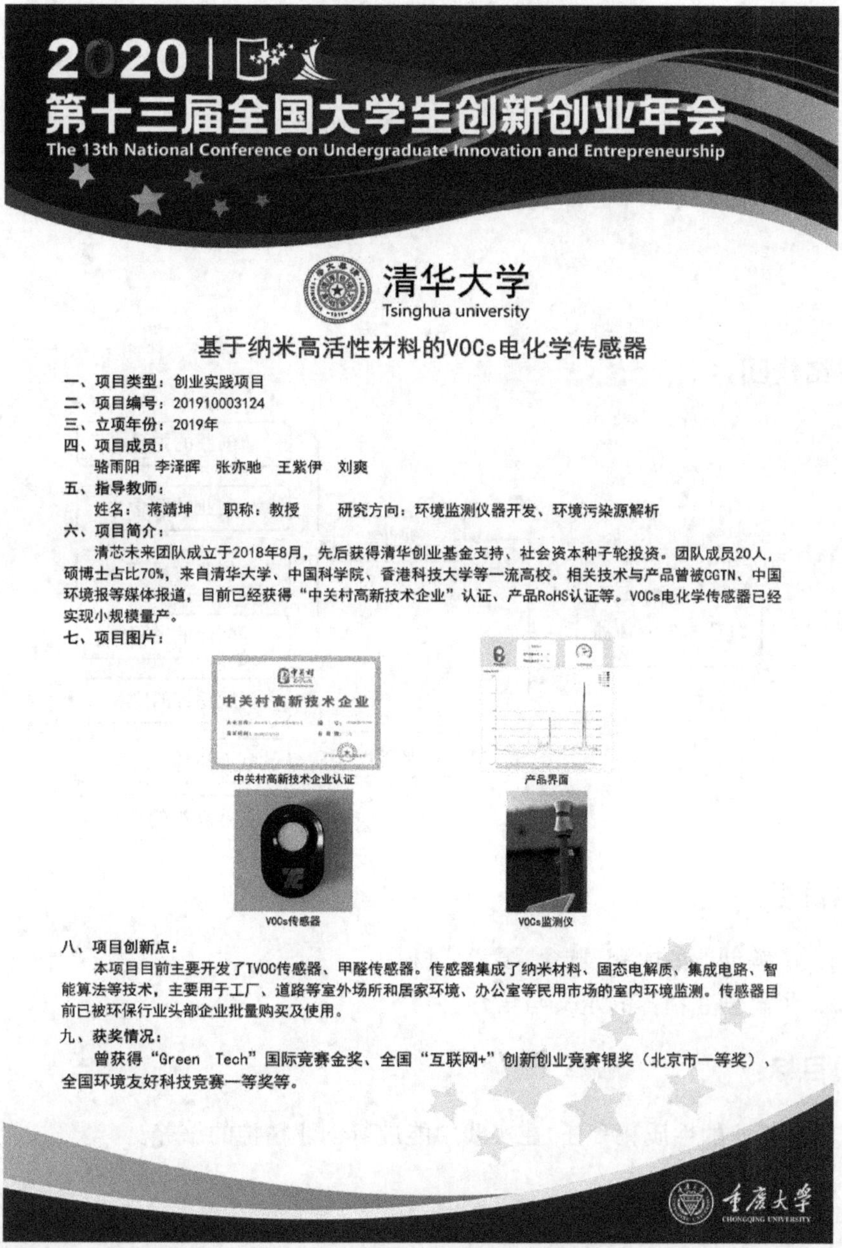

图 6-13 创业实践项目示例

第七章

创业与创业精神

知识结构图：

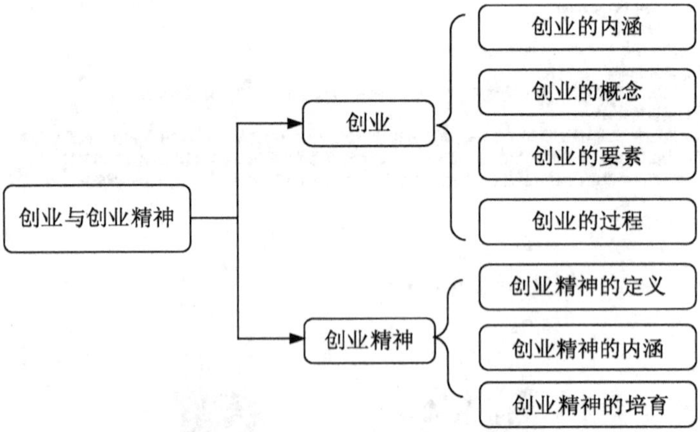

知识目标：

1. 了解创业的内涵、概念、要素、过程；
2. 了解创业精神的定义与培育。

能力目标：

了解创业的性质和责任，在实践中能进行创业精神的培养。

第一节 创业

一、创业的内涵

“创业”一词由“创”和“业”组成。所谓“创”，一般指创建、创新、创立、创造、创意;《现代汉语词典》对“业”有如下解释:学业、行业、职业、事业、产业、从事(某种行业)等。可见“业”的内涵也极为丰富。从词义上看，“创业”为“开创事业”或“创立企业”之意，《辞海》的解释是“创立基业”。中国古代典籍对创业的表述有:“君子创业垂统，为可继也”(《孟子·梁惠王下》);“先帝创业未半而中途崩殂”(诸葛亮《出师表》)。这里的“业”是指“事业的基础、根基”，既可以是古代的“帝王之业”“霸王之业”，也可以是百姓家业、家产和个人事业。

“创业”一词在英文中通常有三种表达方式:一是“Venture”，二是“Entrepreneurship”，三是“Startup”。“Venture”一词最初的意思是“冒险”，在创业领域，主要指冒险创建企业;“Entrepreneurship”则主要用于表示静态的创业状态或创业活动，是从企业家、创业家的角度来理解的;“Startup”是创建新企业，国内一般将“Startup”译为创业或创业活动。

二、创业的概念

创业是指承担风险的创业者通过寻找和把握创业机会，投入已有的技能知识，配置相关资源，创建新企业，为消费者提供产品和服务、为个人和社会创造价值和财富的过程。这个概念包括以下几层含义:

创业是一个创造的过程，即创业者要付出努力和代价。

创业的本质在于对机会的商业价值的发掘与利用，即要创造或认识到事物的一个商业用途。

创业的潜在价值需要通过市场来体现，即市场是实现财富的渠道。

创业以追求回报为目的，包括个人价值的满足与实现、知识与财富的积累等。

三、创业的要素

1. 创业的关键要素

创业的关键要素包括创业机会、创业团队和创业资源。创业机会就是创业者可以利用的商业机会。从创业过程的角度来说，创业机会是创业的起点，创业过程就是围绕着创业机会进行识别、开发、利用的过程。创业团队是指在创业初期（包括企业成立前和成立早期），由一群才能互补、责任共担、愿为共同的创业目标奋斗的人所组成的特殊群体。

创业资源是指创业企业在创造价值的过程中需要的特定资产，包括有形资产与无形资产。它是企业创立和运营的必要条件，主要表现为创业人才、创业资本、创业技术和创业管理等。

2. 创业各要素之间的关系

第一，创业机会是创业过程的重要驱动力，创业团队是创业过程的主导者，创业资源是创业成功的必要保证。创业过程始于创业机会，开始创业时，创业机会比资金、团队的才干和能力及合适的资源更重要。在创业过程中，创业机会与创业资源之间经历着一个适应—差距—适应的动态过程。

第二，创业过程是创业机会、创业团队与创业资源三个要素匹配和平衡的结果。创业团队要善于配置和平衡，借此推进创业过程，包括对创业机会的理性分析和把握，对创业风险的认识和应对，对创业资源的合理配置和利用，对工作团队适应性的认识和分析，等等。但创业过程要保持发展，必须追求一个动态的平衡。

四、创业的过程

创业过程包括从产生创业想法到创建新企业并获取回报的整个过程，通常可分为以下六个主要环节。

1. 产生创业动机

创业动机是创业的原动力，它推动创业者去发现和识别市场机会。创业活动的主体是创业者，创业活动首先取决于个人是否希望成为创业者。创业动机不仅是打算创业的一时冲动，更是对创业目标与预期收益的深思熟虑。

2. 识别创业机会

识别创业机会是对可能成为创业机会的诸事件的分析和对创业预期结果的判断。创业机会一般分为两种:一种是意外发现的,一种是经过深思熟虑才发现的。国家产业政策的调整、新技术的出现、人口和家庭结构的变化、人们的物质和精神需求的变化、流行时尚等都可能形成创业机会。创业者应该具有敏感的嗅觉,能够及时、准确地识别创业机会,识别之后,还要对创业机会进行评价和提炼。这里需要创业者将知识、经验、技能和其他市场所需的资源进行整合。

3. 整合有效资源

资源是创业的基础性条件,整合资源是创业者开发机会的重要手段。强调整合资源,是因为创业者可以直接控制的可用资源往往很少,许多成功的创业者都有白手起家的经历。创业者需要整合的资源包括基本信息(有关市场、环境和法律问题))、人力资源(合作者、最初的雇员)、财务资源等。

4. 创建新企业

创建新企业需要进行大量的准备工作,其中创业计划、创业融资和注册登记尤为关键。创意能否变成行动,关键看其能否形成一个周密的创业计划。资金往往成为创业企业的"瓶颈",创业融资在企业的创建过程中至关重要。当创业者完成创业计划并获得融资之后,就可以按照法定程序进行注册登记,包括确定企业的组织形式、设计企业名称、向工商行政管理机关提出企业登记注册申请、领取营业执照等。

5. 实现机会价值

创业者整合资源、创建新企业的目的是实现机会价值,并通过实现机会价值来实现自己的创业目标。这是创业过程中的重要环节。确保新创建的企业生存是创业者必须面对的挑战,但创业者不能仅仅考虑生存,同时还要考虑成长,不成长就无法生存得更好,在激烈竞争的环境中尤其如此。创业者需要了解企业成长的一般规律,预见企业不同成长阶段可能面临的问题,采取有效的措施予以防范和解决,使机会价值等到充分的实现,同时不断地开发新的机会,把企业做活、做大、做强、做长。

【案例 26】

华为公司的内部创业

2000 年下半年，华为出台了《关于内部创业的管理规定》，规定凡是在公司工作两年以上的员工，都可以申请离职创业，成为华为的代理商，公司为创业员工提供优惠扶持政策。除了给予相当于员工所持股票价值 70%的华为设备外，还有半年的保护扶持期，员工在半年内创业失败，可以回公司重新安排工作。当时，数以千计的华为员工自发组织起来，开始了自己的创业历程，其中包括李一男、聂国良两位公司副总裁。广州市鼎兴通信技术有限公司就是一家华为内部创业的公司，他们承担了华为公司在湖南、江西及广东市场近三分之一的工程安装调试工作。这种公司的存在为华为解决了很多后顾之忧，减少了市场运作成本，双方都能够从中获利。

6. 收获创业回报

对回报的正当追求是创业活动的目的，有助于强化创业者对事业的执着程度。对创业者来说，创业是获取回报的手段和途径，是一种载体。回报可能是多种多样的，对回报的满意程度在很大程度上取决于创业者的创业动机。有调查发现，多数创业者的创业动机首先是自己当老板，然后才是追求利润和财富，对这些人来说，当老板的感受就是回报。

【案例 27】

李维斯的成功

大家都知道牛仔裤的发明人是美国的李维·斯特劳斯。当初他跟着一大批人去西部淘金，途中一条大河拦住了去路，许多人感到愤怒，但李维·斯特劳斯却说“棒极了”。他租了一条船给想过河的人摆渡，结果赚了不少钱。不久摆渡的生意被人抢走了，他又说“棒极了”，因为采矿出汗很多，饮用水很紧张。于是别人采矿，他卖水，又赚了不少钱。后来卖水的生意又被抢走了，他又说“棒极了”，因为采矿时工人跪在地上，裤子的膝盖部分特别容易磨破，而矿区里却有许多被人抛弃的帆布帐篷。李维·斯特劳斯就把这些旧帐篷收集起来洗干净，做成裤子，销量很好。牛仔裤就是这样诞生的。李维·斯特劳斯将问题当作机会，最终实现了致富梦想，这得益于他有一种乐观、开朗的积极心态。

第二节 创业精神

一、创业精神的定义

创业精神是创业者的本质，是对创业者主观世界中的那些具有开创性的思想、观念、个性、意志、作风、品质等的高度凝结。它包含了敢于承担风险、诚信守法、开拓进取、坚韧实干、主动调适等内容。

创业精神既是一种抽象的品质，也是推动创业者创业实践的重要力量。这表现在三个方面：第一，创业精神可以让创业者发现别人没有注意到的变化和趋势，看到别人没有看到的市场前景；第二，创业精神可以让创业者在新事物、新技术、新环境、新动向、新需求面前有更强的吸纳力和转化力；第三，创业精神可以让创业者不断地寻找机遇，不断地追求创新，不断地推出新的经营方式和新的产品。

二、创业精神的内涵

1. 创业精神是创业者各种素质的综合体现

创业精神是多种精神特质综合作用的成果，诸如创新精神、进取精神、拼搏精神、合作精神等都是形成创业精神的特质精神。

2. 创业精神是一个整体

创业精神的产生、形成和内化，以及创业精神的外显、展现和外化，都是由哲学、心理学、行为学三个层面所构成的整体，即哲学层次的创业观念和创业思想，心理学层次的创业意志和创业个性，行为学层次的创业品质和创业作风。缺少其中任何一个层面，都无法构成创业精神。

3. 超越历史的先进性

创业实践是开创前无古人的事业，想前人不敢想的，做前人不敢做的，创业精神本身必然具有超越历史的先进性。

4. 鲜明的时代特征

不同的时代，人们有着不同的物质生活和精神生活条件，创业精神的物质基础和精神营养也不同，创业精神的内涵也就会发生变化。

三、创业精神的培育

培育创业精神，通常从培育创业人格、培养创新能力和强化创业实践等方面进行。

1. 培育创业人格

个性特征对创业者个人来说非常重要，尤其是独立性、坚持性、冒险性等，所以，人格塑造与创业精神培育相辅相成。大学生要树立心理健康意识，提高心理素质，增强适应能力，自觉培养坚韧不拔的意志品质和艰苦奋斗的精神。此外，还可以通过创业案例剖析创业者的人格特征等，掌握形成良好的心理素质与人格特征的途径和方法。

2. 培养创新能力

创新是创业精神的核心。大学生要通过保持个性发展和好奇心、求知欲，勇于突破前人、突破书本、突破难题，自觉培养科学精神，训练创新思维，提高创新能力。

3. 强化创业实践

“纸上得来终觉浅，绝知此事要躬行。”大学生应该利用课余时间多参加创业模拟和社会实践活动，增强对企业的了解和对社会的认知，在实践中磨炼自己，培育创业精神。

【案例 28】

比尔·盖茨的创业精神

比尔·盖茨是世界上最大的电脑软件公司的领导者。比尔·盖茨的事业和追求是从零开始的，他的第一个项目是给小型计算机设计一个基本语言(Basic语言)，并由此走向成功。

那个时代，牛郎星计算机仅有大约 4000 字节的内存，这已不能满足人们的需求。比尔·盖茨看准了这个方向，他努力的目标就是扩大计算机的内存空间，并让它得到最大限度的利用。虽然比尔·盖茨还没有一台牛郎星计算机，但这并没有阻碍他的事业，他勇敢无畏地承担起了英特尔8008微型处理器芯片的研发工作。他开始研究芯片使用手册，并编写了一套程序，这套程序居然使哈佛大学里的一台大型计算机能够模拟牛郎星计算机运行。

1968年，比尔·盖茨着手编写牛郎星基本语言，他日夜不停地工作，只花了五个星期就完成了Basic语言编写。1971年，比尔·盖茨为湖畔中学编写程序。1972年，比尔·盖茨卖掉了他的第一个电脑编程作品——一个时间表格系统，价格是4200美元。1973年，比尔·盖茨考进了哈佛大学。在学校，比尔·盖茨为第一台微型计算机MITS Altair开发了Basic编程语言的一个版本。1975年，比尔·盖茨和童年伙伴保罗·艾伦创建了微软公司，这时比尔·盖茨只有19岁。在他24岁的时候，比尔·盖茨做成了一笔大生意：为IBM公司设计便携式电脑机芯软件。

比尔·盖茨能创业成功得益于他对编程的浓厚兴趣，也得益于他的远见卓识和敏锐的机会捕捉能力，正应了他那句话：创业一定要顺应历史潮流。当IBM公司的领导层对市场上出现的苹果电脑公司便携式电脑还在观望研究时，比尔·盖茨却发出了预言："前途属于个人电脑，便携电脑的语言编程开发大有可为。"结果，全世界除了苹果公司，都采用了他的MS-DOS程序，1000万套Windows程序很快被一扫而空。1993年，比尔·盖茨成为美国的首富。

思考题：

1. 试着发现你身上潜在的创业者特质。
2. 你的父母、亲戚或者好朋友是企业家吗？如果是，进行一次访谈，看看他们是如何成为企业家的。
3. 参观校友创办的企业，了解参观企业的市场定位和创业过程。
4. 观看创业校友、企业家的讲座视频，了解创业的基本要素。

第八章

创业团队与创业机会

知识结构图：

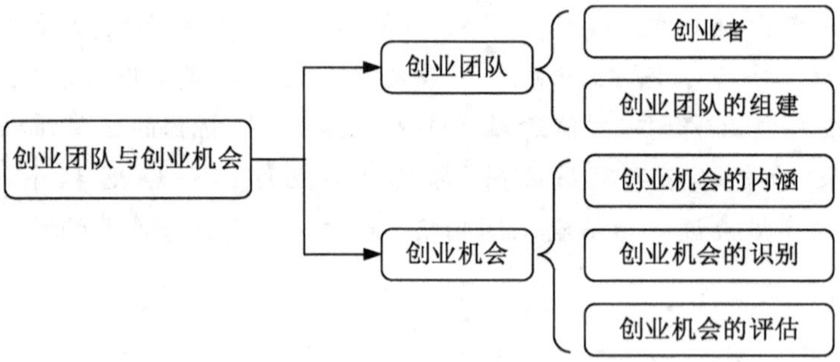

知识目标：

1．了解创业者与创业团队；

2．了解创业机会的内涵、识别和评估。

能力目标：

了解创业者和创业机会的性质，在实践中能进行创业机会的识别。

第一节　创业团队

一、创业者

1. 创业者概念

创业者的概念经历了一个演变的过程。1755 年,法国经济学家坎蒂隆首次将创业者的概念引入经济学领域。1880 年,法国经济学家萨伊首次给创业者做出定义,他将创业者描述为将经济资源从生产率较低的区域转移到生产率较高区域的人,并认为创业者是经济活动过程中的代理人。美籍奥地利经济学家熊彼特认为创业者应该是创新者,具有发现和引入新的、更好的能赚钱的产品、服务和过程的能力。香港创业学院院长张世平为创业者给出的最新定义为:创业者是一种主导劳动方式的领导人,是一种无中生有的创业现象,是一种需要具有使命、荣誉、责任能力的人,是一种能组织、运用服务、技术、器物作业的人,是一种具有思考、推理、判断的人,是一种能使人追随并在追随的过程中获得利益的人,是一种具有完全权利能力和行为能力的人。

在欧美学术界和企业界,创业者被定义为组织、管理一个生意或企业并承担其风险的人。创业者的对应英文单词是 entrepreneur,entrepreneur 有两个基本含义:一是指企业家,即在现有企业中负责经营和决策的领导人;二是指创始人,通常理解为即将创办新企业或者是刚刚创办新企业的领导人。

这里,我们将创业者的概念分为狭义和广义两个方面。狭义的创业者是指参与创业活动的核心人员;广义的创业者是指参与创业活动的全部人员。一般情况下,在创业过程中,狭义的创业者会比广义的创业者承担更多的风险,也会获得更多的收益。

2. 创业者分类

(1) 按创业目标不同划分

按照创业者创业目标的不同,可将创业者分为以下三种类型。

①谋生型创业者

谋生型创业者往往是因为迫于生活的压力,或是为了使自己的生活条件有所改善才决定创业。

②投资型创业者

投资型创业者是在已经拥有一定的经济基础与实力的基础上进行创业。这类创业者的创业目标主要是为了获取更大的经济回报。

③事业型创业者

事业型创业者把实现自己的人生理想作为创业目标，把创业企业当作自己毕生的事业。这类创业者成就意识很强，往往在有了一定的经济基础、经历了市场和社会的磨炼之后，更加明确自己的人生追求。

(2) 按创业者的特性及创业资源的来源划分

根据创业者的特性及创业资源的来源，可将创业者分为以下三种类型。

①变现型创业者

过去在行政、事业单位掌握一定权力，或者在国企、民营企业当经理人期间聚拢了大量资源的人，在机会适当的时候，下海开公司办企业，实际是将过去的权力和市场关系变现，将无形资源变现为有形的货币。

②主动型创业者

主动型创业者又可以分为两种，一种是盲动型创业者，一种是冷静型创业者。盲动型创业者大多极为自信，做事冲动。冷静型创业者是创业者中的精华，其特点是谋定而后动，不打无准备之仗，或是掌握资源，或是拥有技术，一旦行动，成功概率通常很高。

③赚钱型创业者

这类型的创业者除了赚钱，没有什么明确的目标，就是喜欢创业，喜欢做老板的感觉。他们不计较自己能做什么，会做什么。

3. 创业者的必备能力

哈佛大学拉克教授讲过这样一段话："创业对大多数人而言是一件极具诱惑的事情，同时也是一件极具挑战的事。不是人人都能成功，也并非想象中那么困难。但任何一个梦想成功的人，倘若他知道创业需要策划、技术及创意的观念，那么成功已离他不远了。"现代社会，竞争日趋激烈，创业者要想在竞争中占优势、成功创业，必须具备以下素质和能力。

(1) 创业者的素质

①创业文化素质

深厚而广博的知识积累是创业的基础，是影响创业成败的关键。创业是多种知识的结合，主要涉及专业知识、工商管理知识和综合性知识，即从注册成立、市场营销、财务会计到生产管理乃至成功上市，或者破产倒闭，涉及方方面面。具体如下：

a. 专业知识。拥有较丰富的专业知识并且对专业知识有较好的领悟力；能够坚持追踪前沿技术，时刻保持与专业前沿的接触，针对专业领域，经常发表令人耳目一新的想法与观点。

b. 注册登记知识。主要包括有关私营及合伙企业、有限公司的法律法规；怎样申请开业登记；怎样办理税务登记；银行开户程序和有关结算规定；怎样获得税收减征免征待遇；增值税率及计征方法；工商管理部门怎样进行经济检查；等等。

c. 市场营销知识。包括市场预测与调查知识，消费心理、特点和特征知识，定价知识和策略，产品知识，销售渠道和方式知识，营销管理知识，等等。

d. 仓储物流知识。主要包括批发、零售知识，货物种类、质量和有关计量知识，物流运输知识，货物保管贮存知识，真假货物识别知识，等等。

e. 财务会计知识。主要包括货币金融知识，信用及资金筹措知识，资金核算及记账知识，证券、信托及投资知识，财务会计基本知识，外汇知识，等等。

②创业身体素质

所谓身体素质，是指身体健康、体力充沛、精力旺盛、思路敏捷。几乎所有的企业家都认为良好的身体素质是成功创业的第一大前提。在创业之初，受资金、环境等各方面条件的限制，许多事都需创业者亲力亲为，他们要通过不断地思考来改进经营，加上工作时间长、风险与压力较大，若无充沛的体力、旺盛的精力、敏捷的思路，必然力不从心，难以承担创业重任。

③创业心理素质

所谓心理素质，是指人们在心理活动方面的能力，即应付、承受及调节各种心理压力的能力。创业心理素质是指在人的心理素质基础上，在环境和教育影响下形成和发展起来的，在社会实践活动中较为稳固地表现出来身心组织的要素、结构和质量水平。创业是艰苦的，不仅会遇到各种各样的困难，而且还有失败的可能，所以在创业过程中，拥有良好的创业心理素质十分重要。创业人员要具有足够的抗挫折能力和忍耐力。只有在困难面前保持足够的信念，坚信“人在，一切都会在”的信念，你才有机会取得成功。

对于大学生来讲，创业是一个全新的尝试，也是一个新的挑战。他们既没有丰富的社会经验，绝大多数也没有雄厚的资金支持，更没有完全相同的先例可以套用，一切都在于自己的创新和摸索。因此，大学生创业过程中遭遇挫折甚至失败往往是在所难免的。因此，创业者必须要在创业之初摆正自己的位置，对可能的失败和挫折也要做好准备。只有具备良好的心理素质，才能在创业过程中从容面对大量未知风险带来的各种突发问题，才能经受住失败的考验。

④创业人格品质

创业人格品质是一个人创业素质中的调节系统。人格品质是多层次、多侧面的，主要包括潜能、气质、性格、动机、兴趣、理想、信念等，这些特征是相互联系的，它们有机地结合在一起，共同对人的行动进行着调节和控制。在创业人格中，这些素质是一种综合性的整体，共同地影响着人的实际行动成效。

（2）创业者的能力

①领导与管理才能

创业要有一个领袖、一个灵魂人物。这个领袖自身应有明晰的使命、愿景、价值观，有很强的感召力，有高瞻远瞩的战略思维，有百折不挠的意志力和胸怀，有随机应变的灵活性和决策力，有统揽全局和明察秋毫的能力。同时，创业还需要有管理者来整合、利用各项生产要素，形成合力，发挥它们的最大效用。

②交往协调能力

交往协调能力是指能够妥善地处理创办企业内部团队成员之间关系，企业与同业人员、合作伙伴、竞争对手之间关系，企业与公众（政府部门、新闻媒体、客户等）之间关系的能力。创业不是单兵作战，它需要有人脉，有广泛的人际关系网以及由此形成的强大支撑系统。

③机会捕捉能力

机会就是商机，成功总是属于那些善于捕捉机会的创业者。在创业过程中，机会往往稍纵即逝，只有嗅觉敏锐、决断果敢的创业者才能捕捉到。创业者要多看、多听、多想，广泛获取信息，要有独特的思维，有独立见解，善于发现别人没发现的机会，并对机会做出快速反应。

④创新能力

抓创新就是抓发展，谋创新就是谋未来。面对全球新一轮科技革命与产业变革的重大机遇与挑战，面对经济发展新常态下的趋势变化和特点，创业者唯有追求创新才能取得成功。

因此，创业者需要有创新意识、创新思维和创新技巧，要敢于做新思想、新理论、新方法和新发明的创造者。在这里，创业者不能单纯地为创新而创新，而应以解决问题为导向，在解决问题中发现创新的题材和内容、方法，只有这样才能体现创新的真正价值。

⑤决策能力

决策能力是创业者根据主客观条件，因地制宜，正确地确定创业的发展方向、目标、战略以及具体选择实施方案的能力。在创业过程中，决策是一项重要工作内容，是创业顺利进行并取得成功的前提，诸如创业团队组建、机会选择、创业融资、商业模式以及发展战略等重大决策，都与创业的成败直接相关。

【拓展阅读】

新东方的创业团队

俞敏洪，1962 年出生于江苏江阴，1980 年考入北京大学西语系，毕业后留校担任北京大学外语系教师。1991 年 9 月，俞敏洪从北京大学辞职，开始了自己的创业生涯。

1993 年，俞敏洪创办了新东方培训学校。创业伊始，俞敏洪单枪匹马，仅有一个不足 10 平方米的漏风的办公室，零下十几摄氏度的天气，自己拎着糨糊桶到大街上张贴广告，招揽学员。1994 年，俞敏洪已经投入 20 多万元，新东方已经有几千名学员，在北京也已经是一个响亮的牌子，他看到了一个巨大而诱人的教育市场。作为教育行业，师资是新东方的核心竞争力，但是如何让这支高精尖的队伍最大限度地发挥作用？俞敏洪从学员需求出发，秉持着一种“比别人多做一点，比别人做得好一点”的朴素的创新思维，合理架构自己的团队，寻找和抓住英语培训市场上别人不能提供或者忽略的服务，使新东方的业务体系得以不断完善。徐小平、王强、包凡一、钱永强等人分别在出国咨询、基础英语、出版、网络等领域各尽所能，为新东方建起了一条顺畅的产品链。徐小平开设的“美国签证哲学”课，把出国留学过程中一个大家关心的重要程序问题上升到人生哲学的高度，让学员在会心大笑中思路大开；王强开创的“美语思维”训练法，突破了一对一的口语训练模式；杜子华的“电影视听培训法”已经成为国内外语教学培训极有影响力的教学方法。新东方的老师很多都根据自己教学中的经验和心得著书立说，并形成了自身独有的特色，让新东方成为一个有思想、有创造力的地方。

俞敏洪的成功之处是为新东方组建了一支年轻而又充满激情和智慧的团队。俞敏洪的温厚、王强的爽直、徐小平的激情、杜子华的洒脱、包凡一的稳重，五个人的鲜明个性让新东方总是处在一种不甘平庸的氛围当中。俞敏洪敢于选择这帮牛人作为创业伙伴，并且真的在一起做成了大事，成就了一个新东方传奇，从这一点来说，他是一个成功的创业团队领导者。最令人意料不到的是，俞敏洪居然还将新东方带到了美国的资本市场，成为中国第一个在海外成功上市的民营教育机构。

二、创业团队的组建

1. 创业团队的内涵

(1) 创业团队的定义

由于创业团队在创业的研究方面仍属于新的领域,至今为止,还没有哪位管理学或经济学专家对创业团队给出比较权威的定义,有些专家只是对此进行简单的描述,比如:“创业团队是指两个或两个以上的个人参与企业创立并投入资金的过程。”创业团队成员包含了对策略选择有直接影响的个人、董事会,尤其是占有一定股权的投资者皆包含在其定义之中。

“创业团队是一群经过构想及实践构想阶段后决定共同创业并将公司成立的人。”“创业团队是指全部参与且全心投入公司的创立过程,共同分享创业的困难及乐趣的成员。”归纳以上说法,可以将创业团队概括为由少数技能互补的创业者组成,为了实现共同的创业目标,为达成高品质的结果而努力的共同体。

(2) 创业团队的构成要素

创业团队须具备创业目标(Purpose)、创业人员(People)、创业团队的定位(Place)、权力(Power)、创业计划(Plan)五个重要的组成要素,简称5P。

①创业目标。创业团队有一个明确的目标,目标引导团队成员的思想和行为。没有目标,团队就没有存在的价值。

②创业人员。人是构成创业团队最核心的力量。目标是通过人员具体实现的,所以人员的选择是创业团队中非常重要的一个部分。在一个团队中可能需要有人出主意,有人定计划,有人实施,有人组织协调,还有人监督团队工作的进展,评价团队最终的贡献。不同的人通过分工来共同完成团队的目标,因此在人员选择方面要考虑到人员的知识、能力、经验和技能的互补性。

③创业团队的定位。创业团队的定位包含两层意思:一是确定团队在企业中处于什么位置,由谁选择和决定团队的成员,团队最终应对谁负责,等等;二是个体的定位,对团队成员进行明确分工,确定各自承担的责任。

④权力。在创业团队中的权力包括两种:一是团队领导人的权力。团队领导人的权力大小与创业团队的发展阶段相关。一般来说,在创业团队发展的初期,领导权相对比较集中;团队越成熟,领导者拥有的权力相应越小。二是团队权力。要确定整个团队在组织中拥有什么决定权,比方说财务决定权、人事决定权等。

⑤创业计划。计划是对达到目标所做出的安排,是未来行动的方案,可以把

计划理解成目标实施的具体工作程序。计划只有在一步一步的认真落实下，才会贴近目标并最终实现目标。

(3) 创业团队的组建

①基本原则

a. 目标明确合理原则

目标必须明确，这样才能使团队成员清楚地认识到共同的奋斗方向是什么。与此同时，目标也必须是合理的、切实可行的，这样才能真正达到激励的目的。

b. 互补原则

创业者之所以寻求团队合作，其目的就在于弥补创业目标与自身能力间的差距。只有当团队成员相互在知识、技能、经验等方面实现互补时，才有可能通过相互协作发挥出"1+1>2"的协同效应。

c. 精简高效原则

为了减少创业期的运作成本、最大比例地分享成果，创业团队人员构成应在保证企业能高效运作的前提下尽量精简。

d. 动态开放原则

创业过程是一个充满了不确定性的过程，团队中可能因为能力、观念等多种原因不断有人离开，同时也有人要求加入。因此，在组建创业团队时，应注意保持团队的动态性和开放性，使真正完美匹配的人员能被吸纳到创业团队中来。

②创业团队组建的类型

根据创业团队的组成者，创业团队可分为星状创业团队(Star Team)、网状创业团队(Net Team)和从网状创业团队演化而来的虚拟星状创业团队(Virtual Star Team)三种。

a. 星状创业团队

该类型是有核心主导的创业团队，一般在团队中有一个核心主导人物充当了领军的角色。在团队形成之前，核心人物已经就团队组成进行思考策划，根据自己的想法选择相应人员加入团队，这些加入创业团队的成员也许是以前熟悉的人，也有可能是不熟悉的人，但其他的团队成员在企业中更多的时候是支持者角色。

b. 网状创业团队

该类型是群体性的创业团队，这种创业团队的建立主要来自于因为经验、友谊和共同兴趣等关系而结缘的伙伴，比如同学、亲友、同事、朋友等。他们在交往过程中共同认可某一创业想法，并就创业达成了共识以后，开始共同进行创业。团队中没有明确的核心人物，大家根据各自的特点进行自发的组织角色定位。

在企业初创时期，各位成员基本上扮演协作者或者伙伴角色。

c. 虚拟星状创业团队

这种创业团队是由网状创业团队演化而来，基本上是前两种的中间形态。在团队中，有一个核心人物，但是该核心人物地位的确立是团队成员协商的结果，因此核心人物从某种意义上说是整个团队的代言人，而不是主导型人物，其在团队中的行为必须充分考虑其他团队成员的意见，不如星状创业团队中的核心人物那样有权威。

③如何组建创业团队

a. 明确目标定位

组建团队首先要制定一个明晰的、具有可操作性和有一定挑战性的团队目标，确立远大理想，进行长远发展规划，建立团队奋斗的动力机制。团队目标定位要特色鲜明，符合时代和市场发展方向，有较强的创新性。

b. 分析优劣势

在组建团队前，创新创业者都要对自身存在的优势和劣势进行科学分析，认真开展自我剖析，明确自身优势，发现自身不足。创新创业者可以用 SWOT（优劣势）分析法分析自己的优点、缺点、能力特征、性格特征、拥有知识、人际关系、可用资源等方面的情况，对自己即将或正在从事的创新创业活动有足够全面的认识。

c. 招募团队成员

创新创业者根据自身的情况，通过各种渠道和各种方式，寻求团队合作成员，确定合作形式。一般而言，一支优秀的团队必须包括以下几种人：创新意识强的人，可以决定团队未来发展的方向，是团队的战略决策者；策划能力强的人，能够全面、周到地分析团队面临的机遇与风险，考虑成本、投资、收益的来源和预期收益以及团队管理规范、章程、长远规划设计等工作；执行能力较强的人，具体负责执行过程，包括联系客户、接触终端消费者、拓展市场等。技术类创新创业团队中至少还应有研究开发型人才。另外，创新创业团队还要根据需要有财务、法律、审计等方面的专业人才。

d. 分工与职权划分

为了发挥团队的整体效能，团队内部要进行科学的分工，妥善处理好各种责、权、利关系。首先，在分工上要做到的是知人善任。其次，在职权划分上要做到责权一致。要对成员权力行使进行监督管理，既要有定性要求，又要有定量要求，还要有时间和质效的要求，真正让成员做到在其位谋其政，享其权负其责。

e. 构建制度体系

制度体系体现了团队对成员的控制和激励能力，重点包括了各种约束制度和激励制度。

f. 团队的调整融合

创新创业是一个不断发展变化的过程。随着创新创业的发展和面临环境的变化，团队必须对组建初期确定的人员匹配、制度机制、职务权力划分等方面进行动态调整，针对出现的新情况、新态势，解决与创新创业发展不相适应的问题。每一个成功的团队都是在经过一次或数次调整融合后，才逐渐走向成熟和完美的。

【案例 29】

西游记取经团队成员角色分析

“团队管理”这一名词是随着工商管理的概念进入中国的，但实际上最早阐述团队理念的是中国，那就是我们早已熟知的《西游记》，这部书本身就是一个团队合作的深刻案例。

《西游记》中的师徒四人组成了一个团队，而现代管理学认为：一个团队的最佳组成人数为 4～25 人。看来我们的祖先已经认识到这一点，只是没有总结，那我们来分析一下他们的组织架构：首先肯定他们是一个成功的团队！

先分析唐僧，他是这个团队的最高领导，是决策层，在企业里面就好比是总经理。他运用自己的强硬管理方式和制度（紧箍咒）来管理团队，并且通过“软权力”和“硬权力”的结合来调动整个团队。从根本上讲，几个徒弟很服从他，佩服他的学识（软权力），因为唐僧是当时著名的高僧，而且是个翻译。按现在衡量高层管理人员的标准，他是同声传译员而且是个工商管理硕士，德高望重，绝对是个优秀的管理者。他领导团队去西天取经，并获得成功。

悟空应该是这个团队中的职业经理人，具体一点就是部门经理。他本领高强，到哪里都能混口饭吃，而且此人社会关系和社会资源极其丰富，但性格有点“猴急”。从个人素质来讲，孙行者是非常优秀的，对总经理（唐僧）布置的任务都能高效完成，而且处处留下美名，颇有跨国公司职业经理人的风范。

八戒虽然不太受人喜欢，但是作为团队中的小人物，他本人还是有很多优点的，而且在许多方面还在团队中起了不小的作用，比如调节矛盾、运用公共关系的方法来协调众人之间的关系，这些都是他对团队的贡献。他本人幽默、可爱，充当着团队润滑剂的角色，所以在团队中功不可没。没有八戒的团队是残缺的，而且也是不完美的。用一句话来概括：八戒是公司中跨部门沟通的典范！

沙僧自不必说，他朴实无华，工作踏实，从企业的角度讲，他是“广大劳动者”，兢兢业业，是劳动的模范，他虽然没有职业经理人的风光与协调关系者的公关本领，但是他所做的工作却是最基础的。在团队中，每个人都应该向他学习，主动挑起自己的责任，努力工作，从而为团队做出自己的贡献。

白龙马更是一个默默无闻的劳动者身份，任劳任怨，主要工作就是唐僧的司机兼座驾，偶尔在关键时刻挺身而出，表现一下。在认同他们优秀的同时，我们还要认识到他们的缺点。例如，唐僧性格优柔寡断，不明是非；悟空个人英雄主义严重，无视组织的纪律和制度；八戒悟性较差，贪吃、好色；沙僧缺乏主见，工作欠灵活；等等。这些都是我们应该注意的，只有熟悉自己的缺点，我们才能将工作做好。

(4) 创业团队的团队管理

团队管理(Team Management)指在一个组织中，依成员工作性质、能力组成各种小组，参与组织各项决定和解决问题等事务，以提高组织生产力和达成组织目标。团队管理的重点是在维持团队稳定的前提下发挥团队的多样性优势。有效的团队管理能使各个本来分散的个体和具有不同能力、不同个性的人，组成一个目标一致、相互协调的整体。团队管理就是要使团队具有不断改善、不断革新的精神，使团队成员人尽其才，达到“1＋1＞2”的效果。进行创业团队的有效管理，可以从如下方面进行。

①强化创业团队的目标管理

目标管理是以目标为导向，以人为中心，以成果为标准，而使组织和个人取得最佳业绩的现代管理方法。目标管理是指在企业个体职工的积极参与下，自上而下地确定工作目标，并在工作中实行“自我控制”，自下而上地保证目标实现的一种管理办法。

a. 强化创业团队的目标管理

在设立团队的绩效考核目标时，遵循目标设立的SMART原则：S代表具体(Specific)，指绩效考核要有特定的工作指标，不能笼统。M代表可度量(Measurable)，指绩效指标是数量化或者行为化的，验证这些绩效指标的数据或者信息是可以获得的。A代表可实现(Attainable)，指绩效指标在付出努力的情况下可以实现，避免设立过高或过低的目标。R代表相关性(Relevant)，指绩效指标是与工作的其他目标相关联的，是与本职工作相关联的。T代表有时限(Time-bound)，注重完成绩效指标的特定期限。

b. 形成科学的目标体系

团队目标的高度应该真实、可操作，有难度，但是通过努力可以达到。过高、不切实际的目标终究无法实现。团队目标应该注重调动整个团队成员的积极性和创造力，注重团队的团结和凝聚力。使整个团队上下同步，齐心协力，兼顾到集体利益和个人利益。

②团队内部合理分工，实现创业团队角色的最佳配置

a. 团队的组建

组建团队，选择团队成员，不应单纯注重每个人的知识水平和能力表现，应该更加注重团队整体的力量，重视为了完成任务而设定的不同角色的定位、不同角色的不同任务、不同角色之间的配合和默契程度。

b. 正确分工团队角色

要求做到：角色职责清晰、职责安排以人为本、团队中的成员缺一不可，一律平等，分工无贵贱，尊重和认同每个成员的价值。

③优化团队的运作机制

a. 做好决策权限分配

创业团队内部要妥善处理各种权力与利益关系，确定团队中谁从事何种任务、承担什么责任。同时建立进入机制和退出机制，约定团队成员退出的条件和约束，以及股权的转让、增股等问题。

b. 制定员工激励办法

创业团队需要处理好内部利益关系，制定积极向上的激励规则。出一份力就要有相应的收获，防止不劳而获的状况发生，激发团队里每个成员的工作积极性，从而提高整个团队的效率。

c. 建立业绩考核体系

选择合理的考核方法，根据各个岗位定制量化指标体系，如工作行为、工作的任务完成情况、工作态度以及个人的职业道德。

d. 形成优胜劣汰的文化氛围

在团队中营造比学赶帮超的良好氛围，鼓励人人争优、人人都努力工作。树立团队的危机意识，形成竞争态势和风清气正的团队文化。

e. 持续、系统、有效的教育培训制度

创业团队成员需要必要的知识技能提升，以适应日新月异的变化，只有这样才能够保持团队整体的创新力时刻紧随时代潮流。

【案例 30】

唐僧如何成为领导

《西游记》中的唐僧团队虽然是虚拟的，但是师徒历经百险求取真经的故事不仅家喻户晓，而且是中国文化的集中代表。

这个团队最大的好处就是互补性：领导有权威、有目标，但能力差点；员工有能力，但是自我约束力差，目标不够明确，有时还会开小差。但是总的来看，这个团队是个非常成功的团队，虽然历经九九八十一难，但最后修成了正果。唐僧是一个目标坚定、品德高尚的人，他受唐王之命，去西天求取真经，普度众生，广播善缘。要说降妖伏魔的本领，他连最差的白龙马都不如，但为什么他能够担任西天取经如此大任的团队领导？

关键在于唐僧有三大领导素质。

首先，目标明确，善定愿景。作为一个团队领导，能够为团队设定前进目标、描绘未来的美好生活是其必要素质。唐僧从一开始，就为这个团队设定了西天取经的目标，而且历经磨难，从不动摇。一个企业，也应选择这样的人做领导。团队的领导本身就是企业文化的传承者和传播者，只有他自己坚定不移地信奉公司的文化，以身作则，才能更好地实现团队的目标。

其次，手握紧箍，以权制人。

如果唐僧没有紧箍咒，估计早被孙悟空一棒打死了，或者使唤不动他。这也是一个领导的必备技能，一定要树立自己的权威，没有权威，也就无法成为领导。但是唐僧从来不滥用自己的权力，只有在大是大非的时候，才动用自己的惩罚权，这对企业领导也是有借鉴意义的，组织赋予的惩罚权千万不要滥用，奖励胜于惩罚，这是领导艺术的基本原理。

最后，以情感人，以德化人。

最初的时候，孙悟空并不尊重唐僧，老觉得这个师傅肉眼凡胎、不识好歹，但是在历经艰险后，唐僧的执着、善良和对自己的关心也感化了孙悟空，让他死心塌地保护唐僧。作为一个团队领导，情感管理也是非常重要的，尤其在中国文化的大背景下。中国人往往是做生意先交朋友，先认可人，再认可事，对事情的判断主观性比较大。所以在塑造团队精神的时候，领导一定要学会进行情感投资，要多与下属交流、沟通，关心团队成员的衣食住行，塑造一种家庭的氛围。

第二节　创业机会

一、创业机会的内涵

1. 创业机会的概念

创业机会（也称商机）是外部环境所提供的独特的创新和创造价值的可能性。它是一种具有潜在的增长性、一定模糊性、较高回报性、适度风险性，并与创业者的资源相适应的、未被别人发现或未被满足的市场需求。

2. 创业机会的特征

机会需要符合一定的标准才是真正的创业机会，而且创业机会只有符合创业者的能力和目标才是有价值的。创业机会具备以下特征。

(1) 创业机会对创业者具有强烈的吸引力

一个好的创业机会要能够创造较大的价值，因为创业指的是利用创业机会创办企业从而获取财富，如果一个创业机会没有价值，那么它对创业者就失去了吸引力。

(2) 创业机会具有持久性

创业者需要通过创业机会建立企业，并希望不断发展壮大，因此他们追求的创业机会并不是昙花一现的，一次性的、短暂的回报不是创业者所期待的，他们需要的是能够不断地、持久盈利的创业机会。

(3) 创业机会需要创业者付诸实施

机会需要创业者付诸行动并加以实施才能成为现实。创业者如果未付诸行动，即使该创业机会拥有再大的潜在价值也不能实现，很可能使创业者错失良机。创新企业要想生存下来并赢利，就必须拥有把创造性构想与一流的实施能力结合起来而形成的优势。

(4) 创业机会具有客观性

无论创业者是否意识到，市场机会总是客观存在于一定的市场环境之中。一个创业者未能发现的机会，会被另一个创业者捕捉和利用。因此，创业者应积极从市场环境变化的规律中寻找机会。

(5) 创业机会符合社会大众的利益

有时机会并不能为人们谋利，或者表面上迎合了市场，却在长远中让人们失去了自我，失去了价值观，不能让人们有更多和更大的幸福。比如用色素做成假红心鸡蛋，在猪肉里注水增加重量，以次充好、假冒伪劣等，虽然能够赚钱，但是其产品对人的健康有害或者违背社会正常竞争秩序，这样的商机不仅不能持久，还会使自己陷入囹圄。是否可以为民谋利是判断一个商机是否为真正商机的首要法则。

【案例 31】

胡润的富豪榜

胡润，1970 年出生在卢森堡，就读于英国杜伦大学。1990 年，胡润到中国留学，后来就留在安达信会计师事务所上海分部工作，成了一名会计师。

但是，胡润遇到了一件麻烦事：每次休假回到英国，大家都会很好奇地问他中国怎么样。这个问题看似简单，不过还真是难以回答，关键是没有标准，偌大一个中国，五千年历史，十三亿人口，该说哪些方面呢？一个在中国留学的人，连这么简单的问题都回答不了，每次回国，胡润都要受到这种刺激。

1999 年，当时正好是中华人民共和国成立 50 周年，他灵机一动，想道：我给你介绍 50 个中国特别成功的人，不就可以让你知道新中国成立 50 年来的变化吗？基于这样的想法，胡润后来推出了富豪榜。

3. 创业机会的类型

(1) 从创业机会的来源角度分

①问题型机会

问题型机会，指的是由现实中存在的未被解决的问题所产生的机会。这些问题的解决方法，会产生价值或大或小的创业机会。据说联邦快递的创业者史密斯，因为在工作中采购物品时经常不能在需要的时间内到达，而产生了创办联邦快递公司的想法。

②趋势型机会

趋势型机会，是指在变化中预测到未来的发展方向，看到将来的潜在机会。这种机会一般产生在时代变迁或重要领域的改革时期。如果能够及早发现并把握这种机会，就有可能成为未来趋势的先行者和领导者。一旦被人们认可，它产生的影响将是持久的，带来的利益也是巨大的。

③政策型机会

政策型机会，是指政府政策变化带来的商机。为适应社会经济的发展，政府需要不断调整自己的政策，而政策的变化通常会带来新的商业机会。

(2) 从目的-手段关系的明确程度分

① 识别型机会

识别型机会，是指市场中存在十分明显的目的与手段关系，创业者可以通过目的—手段关系的连接来辨别的机会。

② 发现型机会

发现型机会，是指目的或手段的任意一方处于未知状况，等待创业者从中去发掘机会。比如，开发出来一项新技术，但其具体的商业化产品尚未出现，需要通过不断尝试来发掘潜在的市场机会。

③ 创造型机会

创造型机会，指的是目的和手段皆不明朗，创业者要比别人更具先见之明，才能创造出有价值的市场机会。

二、创业机会的识别

1. 创业机会的来源

创业机会产生于一定的环境中，创业机会的出现往往是因为环境的变动、市场的不协调或混乱、信息的滞后以及各种各样的其他因素的影响。

霍尔库姆提出创业机会的来源可归纳为以下三种：第一是打破市场平衡点的因素；第二是提高产量可能性的因素；第三是其他创业活动。归纳起来，创业机会的来源主要有以下几个方面。

（1）创意与发明

发明创造是运用现有的科学知识和科学技术，首创出先进、新颖、独特的具有社会意义的事物及方法，来有效地解决某一种实际需要。创造发明提供了新产品、新服务，更好地满足顾客需求，同时也带来了创业机会。

（2）解决问题

创业的根本目的是满足顾客需求，而顾客需求在没有满足前就是问题。寻找创业机会的一个重要途径是善于去发现和体会自己和他人在需求方面的问题或生活中的难处。问题就是机会，问题越多的社会机会越多。

（3）环境变化

创业的机会大都产生于不断变化的市场环境，环境变化了，市场需求、市场结构必然发生变化。这种变化主要来自于产业结构的变动、消费结构的升级、城市化的加速、人们思想观念的变化、政府政策的变化等诸方面。

（4）市场竞争

市场竞争的方式多种多样，如产品质量竞争、广告营销竞争、价格竞争、产品式样和花色品种竞争等，这也就是通常所说的市场竞争策略。如果你能弥补竞争对手的缺陷和不足，这也将成为你的创业机会。

（5）新技术、新模式

世界产业发展的历史告诉我们，几乎每一个新兴产业的形成和发展都是技术创新的结果。产业的变更或产品的替代既满足了顾客需求，同时也带来了前所未有的创业机会。

2. 创业机会的识别

创业过程开始于创新创业者对创新创业机会的把握。大学生创业者从成千上万繁杂的创意中选择了他心目中的创业机会，随之不断持续开发这一机会，并创立真正的企业，直至最终收获成功。对机会的发现和开发的解释是创业的一个关键内容，识别和选择正确的机会是创业者成功开展新业务的重要能力之一。

创业机会识别的三个过程，亦可概括为机会发现、机会识别、机会评价三个阶段。

（1）阶段一：机会的发现

创业开始的关键可能来源于一个新产品或服务的创意，而创意往往来源于对市场机会、技术机会和政策变化信息的敏感和分析，来源于创业者在个人经验基础上的“灵感”。

首先，根据创意，明确研究的目的或目标。例如，创业者可能会认为他们的产品或服务存在于一个市场，但他们不能确定：产品或服务如果以某种形式出现，谁将是顾客。其次，从已有数据或第二手资料中收集信息。这些信息主要来源于商贸杂志、图书馆、政府机构、大学或专门的咨询机构以及互联网等。一般可以找到一些关于行业、竞争者、顾客偏好趋向、产品创新等方面的信息。最后，从第一手资料中收集信息。收集第一手资料包括一个数据收集过程，如观察、上网、访谈、集中小组试验以及问卷等。

（2）阶段二：机会的识别

相对整体意义上的机会识别过程，这里的机会识别应当是狭义上的识别，即从创意中筛选合适的机会。这一过程包括两个步骤：首先是通过对整体的市场环境，以及一般的行业分析来判断该机会是否在广泛意义上属于有利的商业机会；第二步是考察对于特定的创新创业者和投资者来说，这一机会是否有价值，也就是个性化的机会识别阶段。

（3）阶段三：机会的评价

实际上这里的机会评价已经带有部分尽职调查的含义，相对比较正式，考察的内容主要是各项财务指标、创新创业团队的构成等。通过机会的评价，创新创业者决定是否正式组建企业，吸引投资。

【案例 32】

三十八滴的故事

年轻的洛克菲勒刚进入石油公司工作时，由于学历不高，又没有什么技术，因此被分派巡视并确认石油罐有没有自动焊接好。这是石油公司最简单的工作岗位，连一个小孩子都能胜任。每天，洛克菲勒眼盯着焊接剂自动滴下，沿着石油罐盖转一圈，自动输送带再把石油罐移走，工作简单又枯燥，没干几天，洛克菲勒就有些厌倦了。但由于找不到更好的工作，洛克菲勒决定安下心来，把眼前的工作做好。于是，他更加认真地观察、检查石油罐的焊接质量。他发现每焊好一个石油罐，焊接剂要落三十九滴，而经过周密计算，只要三十七滴就可以焊好了，但是这个方法却不实用。

洛克菲勒没有灰心，而是更加深入地进行研究。经过多次测试，他终于研制出"三十八滴型"焊接机。也就是说，使用这种焊接机，每次可以节约一滴焊接剂。尽管节约的只是一滴焊接剂，可一年下来，"三十八滴型"焊接机为公司节省了500万美元的开支。就是这么一滴不值一提的焊接剂改变了洛克菲勒的一生。后来他创立了标准石油，成为石油大亨。在全盛期，他垄断了全美90%的石油市场，成为全球首富。

事实上，这个世界从来就不缺少机遇，真正缺少的是发现机遇的敏锐眼睛和把握机遇的睿智心灵。

三、创业机会评估

1. 创业机会评估的内容

创业机会评估可以降低创业风险和减少失败，主要包括八个方面。

(1) 行业和市场

一个关键的问题就是创业想法是否有市场。这个市场是由有购买力及愿意并能够买你的产品或服务的消费者组成的。另外要考虑的一个重要问题是市场的大小（消费者对产品和服务的需求量）和增长速度。理想的情况是有一个巨大并快速增长的市场，在这样的情况下，哪怕只是占有一个很小的市场份额也会有一个很大的销售量。想要成为创业者就需要收集这类信息。

(2) "机会窗"的大小

机会经常被称为一个"窗户"。也就是说，它是真实存在的，但它不是永远敞开的。随着时间的推移，市场以不同的速度增长，市场变化更大，确定市场的难度更大，因此时机的选择很重要。另一个问题就是要了解"窗户"打开的时间长度，能否在"窗户"关闭之前把握住机会。

(3) 创业者的个人能力和目标

对于任何投资创业的人，是否愿意承担风险都是一个重要的问题。个人的动机是创业者的本质特征。因此，除非一个人真的想要创办一个企业，否则他是不愿意承担风险的。

相关的另一个问题就是潜在的创业者是否具备创业必需的能力（包括知识、

技能和特质）。如不具备，他们是否能够学习并提高这些能力。许多小企业的管理者都是基于他们的能力才创办企业的。

（4）团队管理

有许多风险投资尤其是涉及大量资金、高风险、成熟的市场、激烈的竞争等特点的投资中，管理团队是一个衡量投资吸引力的重要标尺。该团队在相同或相关行业和市场中的技术和经验通常决定了企业的成败。这就解释了风险投资者（为企业提供资金的人）非常强调管理团队的原因，他们经常说，与其投资一个产品或服务优异但管理不善的企业，不如投资一个产品或服务一般但管理好的企业。

（5）竞争

一个能吸引人的机会必须具备某些竞争优势。例如，与市场中同类产品相比成本更低或质量更好。另外，进入市场的壁垒问题，即需要大量的资金投入、保护（如专利权）、合同优势（如一个市场或一个供应商的专营权利）等，是决定投资或不投资的重要因素。换句话说，如果一个企业不能避免潜在竞争者进入市场，或者企业本身有很多进入市场的壁垒，那么这个机会就没有吸引力了。

（6）资金、技术和其他必需的资源

掌握可用的资金、技术和其他必需的资源将决定是否可以利用某个机会。一般的规则是，如果某个想法、产品或服务在某个地区有一定的市场，条件难被满足，企业也就具有吸引力。举个例子，销售一个突破的专利产品并不能保证一定成功，但是它的确形成了强大的竞争优势。

（7）环境

企业的外部环境对机会的吸引力有着深远的影响。我们谈及的环境不仅仅指的是自然环境，而且还包括政治、经济、地理、法律等社会环境。政治的不稳定性，致使很多国家的商业机会不具吸引力，特别是当需要很高的投资并且投资回收期很长时。类似的还有通货膨胀、外汇汇率波动和司法系统不健全等，不利于吸引投资，哪怕回报率很高。缺乏可用的基础设施和服务（如道路、水电、通信、运输、学校、医院）也会影响一些地区的商业机会的吸引力。

（8）可行性研究和创业计划

讨论和调查上述因素的过程就是经常提到的可行性研究。投资者和贷款人都要求考虑到以上相关问题并以创业计划书的形式展现出来。一个市场论证严密、文字表述清晰、内容简洁有效的创业计划书也在评估的范围内。

2. 创业机会评估的方法

评价创业机会需要采用科学的方法。一方面，可以从机会的价值特征出发评价创业机会的价值创造潜力，判断值不值得投入发掘所发现的创业机会；另一方面，可以从个体与创业机会匹配角度出发评价创业机会价值实现的可能性，判断个体能不能够把握并实现创业机会的价值。

(1) 定性评价

定性分析侧重考虑确定该创业机会所需具备的成功条件；分析本企业/创业者在该创业机会上所拥有的优势，公司/创业者所拥有的竞争优势，与本公司/本创业者的发展方向和目标是否一致。可以从五个方面评价创业机会：

①机会的原始市场规模。市场越大越好，但大市场可能会吸引强有力的竞争对手。

②机会将存在的时间跨度。一切机会都只存在于一段有限的时间之内，这段时间的长短差别很大，由商业性质决定。

③预期特定机会的市场规模将随时间而变化。一个机会可能带来的市场规模随时间而变化，一个机会可能带来的风险和利润也随时间而变化，机会存在的某些时期可能比其他时期更有商业利润。

④好机会的五个特点。前景市场可明确界定；前景市场前 5～7 年中销售稳步且快速上升；创业者能获得利用创业机会所需的关键资源；创业者不被锁定在刚性的技术路线上；创业者可以用不同的方式创造额外的机会和利润。

⑤特定机会对特定创业者的现实性。创业者是否拥有利用某个创业机会所需的资源；是否能架桥跨越资源缺口，存在可以占有的前景市场份额，甚至可以创造市场。创业者是否拥有相应的能力，比如管理能力、自身的营销经验和其他专长等。

蒂蒙斯等描绘了创业机会的定性评价过程的五个步骤。

①分析新产品或新服务将如何为购买者创造价值，判断使用新产品或新服务的潜在障碍，如何克服这些障碍。根据对产品和市场认可度的分析，得出新产品的潜在需求、早期使用者的行为特征、产品达到创造收益的预期时间。

②分析产品在目标市场投放的技术风险、财务风险和竞争风险。

③进行机会分析，判断在产品的制造过程中是否能保证足够的生产批量和可以接受的产品质量。

④估算新产品项目的初始投资额，使用何种融资渠道。

⑤在更大的范围内考虑风险的程度，以及如何控制和管理风险因素。

(2) 定量方法

定量分析主要是进行商业分析中的可行性或者经济效益分析，其任务是在初步拟定营销规划的基础上对创业机会进行定量评价。评价创业机会既可以从收益成本角度评价创业机会的价值创造潜力，又可以从个体创业机会角度评价是否有实现价值的可能性，还可以把这两者结合起来作一个综合的评判。

①量本利评价法

从财务上进一步判断选定机会是否符合创业目标，一般是通过量、本、利分析法进行。

a. 市场需求量的预测

通过市场需求量的预测，可以了解该机会所面临的市场状况及市场潜量，也是进行经济效益分析的基础。市场需求量的预测可以运用一定的数学方法来进行，主要方法有：趋势预测法、因果预测分析法、市场调查分析法、判断分析法等。

b. 成本分析

成本分析主要研究利用该机会所需付出的代价，应从投资成本、生产成本、营销成本三个方面分析，可采用专门的成本预测方法，如直线回归法、趋势预测法等。

c. 利润分析

在市场需求量、成本预测的基础上进行利润测算，一般可采用损益平衡模型、现金流量模型、简单市场营销组合模型、投资收益率等分析方法进行。

②蒂蒙斯创业机会评价模型

为帮助创业者识别创业机会，美国百森商学院的蒂蒙斯教授提出了一个创业机会评价基本框架。这是一个比较完善的创业机会评价指标体系。蒂蒙斯教授认为，创业者应该从行业和市场、经济因素、收获条件、竞争优势、管理团队、致命缺陷问题、个人标准、理想与现实的战略差异 8 个方面评价创业机会的价值潜力，并围绕这 8 个方面形成了 53 项指标，如表 8-1 所示。

表 8-1　蒂蒙斯的创业机会评价基本框架

行业与市场	1. 市场容易识别，可以带来持续收入 2. 顾客可以接受产品或服务，愿意为此付费 3. 产品的附加价值高 4. 产品对市场的影响力高 5. 将要开发的产品生命长久 6. 项目所在的行业是新兴行业，竞争不完善 7. 市场规模大，销售潜力达到 1000 万到 10 亿 8. 市场成长率在 30%～50%，甚至更高 9. 现有厂商的生产能力几乎完全饱和 10. 在五年内能占据市场的领导地位，达到 20%以上 11. 拥有低成本的供货商，具有成本优势

续表

经济因素	12. 达到盈亏平衡点所需要的时间在2年以下 13. 盈亏平衡点不会逐渐提高 14. 投资回报率在25%以上 15. 项目对资金的要求不是很高,能够获得融资 16. 销售额的年增长率高于15% 17. 有良好的现金流量,能占到销售额的20%以上 18. 能获得持久的毛利,毛利率要达到40%以上 19. 能获得持久的税后利润,税后利润率要超过10% 20. 资产集中程度低 21. 运营资金不多,需求量是逐渐增加的 22. 研究开发工作对资金的要求不高
收获条件	23. 项目带来的附加价值具有较高的战略意义 24. 存在现有的或可预料的退出方式 25. 资本市场环境有利,可以实现资本的流动
竞争优势	26. 固定成本和可变成本低 27. 对成本、价格和销售的控制较高 28. 已经获得或可以获得对专利所有权的保护 29. 竞争对手尚未觉醒,竞争较弱 30. 拥有专利或具有某种独占性 31. 拥有发展良好的网络关系,容易获得合同 32. 拥有杰出的关键人员和管理团队
管理团队	33. 创业者团队是一个优秀管理者的组合 34. 行业和技术经验达到了本行业内的最高水平 35. 管理团队的正直廉洁程度能达到最高水准 36. 管理团队知道自己缺乏哪方面的知识
致命缺陷问题	37. 不存在任何致命缺陷问题
个人标准	38. 个人目标与创业活动相符合 39. 创业家可以做到在有限的风险下实现成功 40. 创业家能接受薪水减少等损失 41. 创业家渴望进行创业这种生活方式,而不只是为了赚大钱 42. 创业家可以承受适当的风险 43. 创业家在压力下状态依然良好

续表

理想与现实的战略差异	44. 理想与现实情况相吻合 45. 管理团队已经是最好的 46. 在客户服务管理方面有很好的服务理念 47. 所创办的事业顺应时代潮流 48. 所采取的技术具有突破性，不存在许多替代品或竞争对手 49. 具备灵活的适应能力，能快速地进行取舍 50. 始终在寻找新的机会 51. 定价与市场领先者几乎持平 52. 能够获得销售渠道，或已经拥有现成的网络 53. 能够允许失败

③刘常勇的创业机会评价框架

台湾创业学教授刘常勇从市场和回报两个层面构建了创业机会评价框架，见表 8-2，该框架比较简单。

表 8-2　创业机会评价框架

评价分类	市场评价	回报评价
具体指标	是否具有市场定位，专注于具体顾客需求，能为顾客带来新的价值。依据波特的五力模型进行创业机会的市场结构评价 分析创业机会所面临市场的规模大小，评价创业机会的市场渗透力，预测可能取得的市场占有率，分析产品成本结构	1. 税后利润至少高于 5% 2. 达到盈亏平衡的时间在 2 年以内，如果超过 3 年不能实现盈亏平衡，这样的创业机会便没有价值 3. 投资回报率高于 25% 4. 资本需求量较低 5. 毛利率高于 40% 6. 能否创造新企业在市场上的战略价值 7. 资本市场的活跃程度 8. 退出和收获回报的难易程度

④贝蒂的选择因素法

贝蒂选择因素法，通过对 11 个选择因素的设定对创业机会进行判断。如果某个创业机会只符合其中的 6 个或更少的因素，那么这个创业机会的成功率较低，反之则较高。贝蒂选择因素法见表 8-3。

表 8-3　贝蒂选择因素法评价框架

因素	符合项打“√”	
	是	否
这个创业机会在现阶段是否只有你一个人发现		
初始的产品生产成本是否可以承受		
初始的市场开发成本是否可以承受		
产品是否具有高利润回报的潜力		
是否可以预期产品回报市场和达到盈亏平衡点的时间		
潜在的市场是否巨大		
你的产品是否是一个高速成长的产品家族中的第一个成员		
你是否拥有一些现成的初始用户		
是否可以预期产品的开发成本和开发周期		
是否处于一个成长中的行业		
金融界是否能够理解你的产品和顾客对它的要求		

⑤标准打分矩阵法

村准打分矩阵法即根据创业机会目标的测定，选择对创业机会成功具有较大影响的因素，构建评价指标体系。借助专家的经验和知识权威性，对每个因素进行打分，然后计算每个因素在创业机会下的加权平均数，最后进行影响因素排序。标准打分矩阵法示例见表 8-4。

表 8-4　标准打分矩阵法

标准	专家评分			
	最好(3 分)	好(2 分)	一般(1 分)	加权平均分
易操作性				
市场接受程度				
增加资本的能力				
投资回报				
专利权状况				
广告潜力				
成长潜力				

表中仅示例部分创业机会影响要素，在实际使用时根据创业机会具体情况

进行要素补充和删减，再通过此方法进行标准打分。

思考题：

1. 分析《西游记》中唐僧取经团队的成员构成，分析唐僧师徒分别适合在企业中担任什么职位。如果你是唐僧，你会开除哪位徒弟？为什么？

2. 选择一家企业，了解并分析组建这家企业的创业团队的构成及特征，评价每个成员有可能在企业中发挥的积极作用。

3. 了解优秀创业团队案例，分析它们有何共同点。

4. 假设毕业时你要创业，那么结合自己所学专业及特长，在选择团队成员时有何要求？如果你是团队的领导者，如何更好地凝聚激励团队？

5. 马云说对所有的创业者来说，永远告诉自己一句话：“从创业的第一天起，你每天都要面对的是困难和失败，而不是成功。”对这段话，有人说马云这是告诫人们不要去创业，又有人说马云在这里讲的是创业者的心态和心理承受能力都要好。你怎么理解这段话？这段话对你有哪些启发？

第九章

创业资源与创业融资

知识结构图：

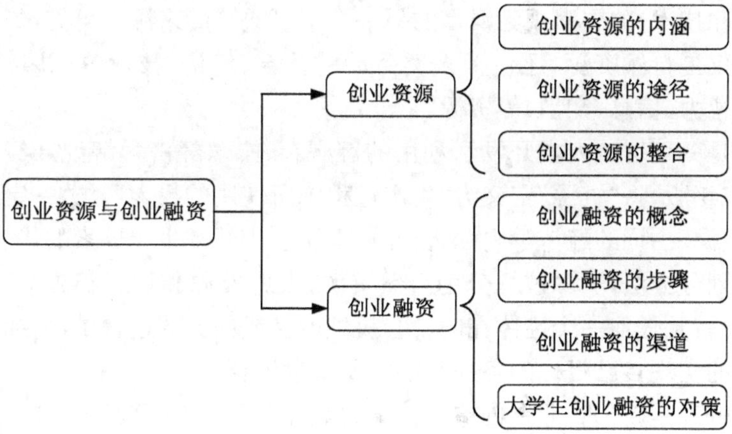

知识目标：

1. 了解创业资源的内涵、途径、整合；
2. 了解创业融资的概念、步骤、渠道、对策。

能力目标：

了解创业资源、创业融资的性质，在创业实践中能进行创业资源的整合与创业融资。

第一节 创业资源

一、创业资源的内涵

1. 创业资源概念

马克思在《资本论》中说:“劳动和土地,是财富两个始源的形成要素。”恩格斯的定义是:“其实,劳动和自然界在一起它是一切财富的源泉,自然界为劳动提供材料,劳动把材料变为财富。”(《马克思恩格斯选集》第四卷,人民出版社 1995 版,第 373 页)马克思、恩格斯的定义,既指出了自然资源的客观存在,又把人(包括劳动力和技术)的因素视为财富的另一个不可或缺的来源。可见,资源的来源及组成不仅是自然资源,还包括人类劳动的社会、经济、技术等原因,即包括人力、人才、智力(信息、知识)等资源。

资源是一切可被人类开发和利用的客观存在。《经济学解说》(经济科学出版社 2000 年版)将“资源”定义为“生产过程中所使用的投入”。这一定义很好地反映了“资源”一词的经济学内涵,资源从本质上讲就是生产要素的代名词。“按照常见的划分方法,资源被划分为自然资源、人力资源和加工资源”。综合上述观点,资源就是任何一个主体在向社会提供产品或服务的过程中,所拥有或者所能够支配的实现自己目标的各种要素以及要素组合。

创业资源是新创企业在创造价值的过程中需要的特定资产,包括有形资产与无形资产,主要表现为创业人才、创业资本、创业机会、创业技术和创业管理等方面。对新创建企业来说,创业者是其独特的资源,也是无法用钱买到的资源。创业本身也是一种资源的重新整合。简单地说,创业资源就是创业者所需具备的一些创业条件。

可以说,创业资源就是企业创业以及成长过程中所需要的各种生产要素和支撑条件。

2. 创业资源分类

(1) 按性质分

按性质分,创业资源可分为人力资源、财务资源、物质资源、技术资源和组织资源。

①人力资源。不仅包括创业者及创业团队的知识、训练和经验等，也包括团队成员的专业智慧、判断力、视野和愿景，甚至创业者本身的人际关系网络。创业者是创业企业最重要的人力资源，其价值观念和信念是创业企业的基石，其所拥有的人际和社会关系网络使其能够接触到大量的外部资源，降低潜在的创业风险。鉴于企业之间的竞争主要是人才之间的竞争，高素质人才的获取和开发便成为创业企业可持续发展的关键因素。

②财务资源。主要是指货币资源，通常是创业企业向债权人、权益投资者通过内部积累筹集的负债资金、权益资金和留存资金。一般来说，创业初期以不高于市场平均水平的资本成本及时筹集到足额的财务资源，是创业企业成功创办和顺利经营的前提条件。

③物质资源。即创业企业经营所需要的有形资源，如建筑物、设施、机器和办公设备、原材料等。一些自然资源如矿山、森林等有时也会成为创业企业的物质资源。

④技术资源。包括关键技术、制造流程、作业系统、专用生产设备等。通常技术资源包括三个层次：一是根据自然科学和生产实践经验而发展成的各种工艺流程、加工方法、劳动技能和诀窍等；二是将这些流程、方法、技能和诀窍等付诸实施的相应的生产工具和其他物资设备；三是适应现代劳动分工和生产规模等要求的对生产系统中所有资源进行有效组织和管理的知识、经验和方法。技术资源大多与物质资源相结合，可以通过法律手段予以保护，部分技术资源会形成组织的无形资产。

⑤组织资源：一般是指企业的正式管理系统，包括企业的组织结构、作业流程、工作规范、信息沟通、决策体系、质量系统，以及正式或非正式的计划活动等。有时候组织资源也可以表现为个人的技能或能力。其中，组织结构是一种能够使组织区别于竞争对手的无形资源。那些能将创新从生产功能中分离出来的组织结构会加速创新，能将营销从生产功能中分离出来的组织结构能更好地促进营销。

（2）按存在形态分

按存在形态分，创业资源可分为有形资源和无形资源。

①有形资源：是指具有物质形态的、价值可用货币度量的资源，如组织赖以生存的自然资源，以及建筑物、机器设备、原材料、产品、资金等。

②无形资源：是指具有非物质形态的、价值难以用货币精确度量的资源，如信息资源、关系资源、权力资源及企业的信誉、形象等。无形资源往往是使有形

资源更好发挥作用的重要手段。

（3）按重要性分

按重要性分，创业资源可分为核心资源和非核心资源。

①核心资源：包括技术资源和人力资源。这些资源涉及创业企业有别于其他企业的核心竞争力。

②非核心资源：主要包括场地、资金和环境资源。这些资源是创业企业成功创办和持续经营的基本资源。

（4）按来源分

按来源分，创业资源可分为内部资源和外部资源。

①内部资源：是指创业者或创业团队自身所拥有的可用于创业的资源，如创业者自身拥有的可用于创业的资金、技术、创业机会信息等。

②外部资源：来自于外部机会的发现，是创业者从外部获取的各种资源，包括从朋友、亲戚、商务伙伴或其他投资者处筹集到的投资资金、空间、设备或其他原材料等。

【案例33】

借势发力

清朝“红顶商人”胡雪岩十分注重借势经营，他的很多生意都是围绕取势用势而展开的。胡雪岩有自己的一套商业理念：“势利，势利，利与势是分不开的，有势就有利。所以现在先不要求利，要取势。”

何谓“势”？《孙子兵法》曰：“激水之疾，至于漂石者，势也。”湍急的流水，飞快地奔流，以致能冲走巨石，这就是势的力量。创业过程中，难免有缺“势”之时，这个时候就要学会利用外部资源，向外借势。

二、创业资源的途径

1. 内部资源

创业者刚开始拥有的内部资源主要是创业者自身的知识技术资源及所占有的生产资料等，也就是个人所拥有的有形资产及无形资产。拥有一份良好的内部资源，对创业者来说无疑是重要的。创业者内部资源主要包括以下六个方面。

（1）现金资产

创业者本人（还可以包括其家庭）随时可以支配的现金和银行存款。请注意是“可以支配”的，创业要取得全家的支持，也要为家庭生活留有余地。易于变现的国债、股票等也可以视同现金资产。

(2) 房产和交通工具

这种资源一方面可以作为创业者的硬件资源,另一方面可作为现金资产的补充,在需要的情况下,可以作为抵押品向银行或其他投资人申请融资。如果这些房产和交通工具是按揭方式购置的,则要大打折扣。

(3) 技术专长

包括有形和无形两种。

有形:已申请成为发明专利、实用新型专利和外观设计专利,或者是某一领域公认的专家,如注册会计师、律师、高级公关师、设计师、工程师、设计师、医生、心理咨询师等。

无形:专有技术、科研成果或者对某个特定行业或领域的深入研究。

(4) 信用资源

自己清查一下有没有信用污点。如果没有,估计一下你能够通过你长期累积的信用资源干些什么事,或是有人根据你的信用愿意给你投资,或是有人愿意借钱给你,或是有人愿意为你铺路,至少有人愿意在还没有付工资的情况下为你工作。

(5) 商业经验

对市场经济和游戏规则的了解程度,尤其是对你将进入的行业的深入理解程度。行业之间的差异很大,各行业的关键成功因素都不一样,需要深入研究和实践才能积累足够的商业经验。

(6) 家族资源

包括经济支持、专业指导、学习机会、人脉关系乃至客户资源。即使家族资源非常丰富,也需要获得家族权威者的认可和支持,方能真正有效地利用好这些资源。

大学生处于资源积累的初始阶段,自身拥有的资源数量少,质量不高,但是想要创业必须具有一定的内部资源。内部资源中通过自己实践积累的资源最为关键,既能证明创业者的潜在能力从而增强创业信心,也能够用于说服家人全力支持和取得投资者的信任。无形资产的获得更是能成为创业者的核心竞争力。大学生创业者若能拥有产品方面的专利技术,就很有可能成功吸引投资和获得学校、政府大力支持;具备良好的个人信用和商业经验则可凝聚团队,发现创业机会。

内部资源的积累需要创业者进行一定的规划、充分的准备,逐步获得创业所需的能力和资源。大学生可以先从自己的兴趣开始打造个人专长,往往个人感兴趣的事情能够成为创新的基础，甚至是创业的核心优势。

2. 职业资源

所谓职业资源，即创业者在创业之前，在为他人工作时所获得的各种资源，包括项目资源和人际资源。从职业资源入手，如充分利用工作中建立的各种关系，符合创业活动"不熟不做"的教条。尤其是在国内目前普遍认同和执行竞业避止法则的情况下，选择职业资源入手进行创业，已经成为许多人创业成功的捷径和法宝。不过，职业操守仍然是应该维护的基本立场。据调查，国内离职下海转业的人员，90%以上利用了原先工作积累的资源和关系。

大学生在校期间虽然没有开始工作，但高校的创业相关资源还是比较丰富的，大学生要有意识地去整合校园的资源，要积极地建立与高校教师之间的良好关系，以此来获得老师的支持甚至借用老师的个人资源。大学生应重点关注两类教师资源的积累：一是技术专家型，可以为大学生创业提供技术方面的指导和支持，以及研究设施资源的借用；二是创业专家型，能为大学生的创业提供商业方面的指导和支持。

3. 人脉资源

创业者外部资源最重要的一点可能是人脉资源，即创业者构建起的联系网络或社会网络，人脉关系在创业之初非常关键。创业者的人脉资源可分为同学资源和朋友资源。

(1) 同学资源

现在同学会很流行，名牌大学在大城市都有同学会或校友会分会，很多老板到各大名校读 EMBA，其中的主要收获之一是拓展人脉关系。同学之间因为接触比较密切，彼此比较了解，同时因为同学圈子一般不存在利益冲突，友谊一般都比较可靠，纯洁度更高，EMBA 这类同学圈子还因为大家比较成熟而容易建立，对于创业者来说，是值得珍惜的战略性资源之一。与同学相似的是战友，以及同乡资源。同学资源和同乡资源，可并称为创业者最重要的两大外部资源。

(2) 朋友资源

同学、战友、老乡也算朋友，其实同事一样是朋友。朋友犹如资本金，对创业者来说是多多益善，"在家靠父母，出门靠朋友""多一个朋友多一条路"是至理名言。一个创业者如果不能交朋友，没有一些高质量的朋友，恐怕很难发展。创业专家认为，人际交往能力应列为创业者素质的第一位。

大学生创业者可以着力建立两类人脉：

①创业团队。大学生因为彼此熟悉和信任，容易成为未来的创业伙伴，能够抱团打天下，共同承担创业初期的艰辛与困难。同班同学之间建立起信任关系往往是最容易而且稳定的，通过参加各种社团、社会实践和创业大赛等活动积累的团队成员也因共同的经历而能联系在一起。

②创业贵人。创业路上，尤其是创业初的艰难时期，如果能够获得成功者的点拨和激励，得到客户的提携帮助，创业者将挺过创业的低谷。大学生创业者需要在社会和高校中争取这种宝贵的支持，一个富有创业精神、勤奋努力的年轻人是能够获得成功人士的垂青和指引的。

【知识拓展】

五大资源利用方法

1.“借鸡下蛋”

创业者往往除了自身一无所有，但可通过一定方式，不付出什么代价(金钱的代价)，从他人那里获得资源，从而解决创业资源难题。

例如场地资源问题：有些年轻的创业者在自己父母家中的车库里开始创业；很多大学生创业者利用政府或其他企业赞助的免租金的场地进行创业。例如货币资源问题：创业者如果能够与上游供应商搞好关系，获得信任，先进货，待卖出后再付钱，就可无偿、无风险地获得货币资源。

2.“东拼西凑”

企业初创阶段，所需资源可以从各个渠道筹集，东借一点西借一点，可能从每个渠道获得的资源不多，但积少成多，就很可观了。资源东拼西凑，可能质量不大好，但只要不是核心资源，不影响使用，能帮企业渡过创业的难关，也很宝贵。

3.“借船出海”

创业者创业初期十分弱小，如果能找到一个较好的平台，“借船出海”，起点就会高很多，创业成功也会容易很多。例如，创业者可通过加盟知名连锁品牌店来获得产品和品牌资源。站在巨人的肩膀上，无疑也抬高了自己的身价，有公司的成熟管理体系和营销网络支持，生意会轻松许多。又例如，创业者可借大的营销平台，如线上的阿里巴巴和淘宝，线下的苏宁和沃尔玛，来更快更好地接大生意，还可借一个区域的行业扎堆效应，分享丰富的供应商和高涨的客户人气。

4.“以小博大”

创业者资源很有限，必须想方设法地实现以小搏大、四两拨千斤的效果。少花钱多办事，是创业者应该追求的理想境界，要用自己少量的资源撬动大得多的外部资源，以为企业创造倍数级的放大效应。例如，在创业企业没什么钱打广告的情况下，抓住机遇，通过新闻事件炒作可以以小投入博得大回报。再例如，创业企业通过融资租赁设备或按次购买服务，可以花很少的钱无风险地使用本来很贵的资源。

5. “合纵”

创业者创造性使用资源的最高境界是“合纵”，串起战略协作的各种资源，构建一张生态共生的大网。各种资源的拥有者风险共担、利益共享，各自投入自己所拥有的资源，企业无须承担使用这些资源的成本，却可控制这些资源为己所用。

三、创业资源的整合

资源整合是指企业对所拥有或控制的各种资源进行识别、选择、配置和激活，并创造出新价值或新资源的一个复杂的动态过程。创业企业要将各种分散的资源转化为组织资源，充分发挥各种资源的单力和合力，同时组织资源又将作为企业经营发展的基础资源来获得新的资源，这是一个不断循环的动态过程。简单来说，资源整合的目的，就是创造出“1＋1＞2”的效果。比如，如何将个人或团队优势与组织资源整合，产生独特的竞争优势？如何将制度优势与人力资本结合，充分激励人的潜能、促进人的全面发展等？

一般来讲，培养和提高企业的资源整合能力主要分为两大方面。

1. 对内部资源的整合遵循“整体大于个体”

企业的经营决策应该基于整体长远利益而不是仅限于个人利益、局部利益和短期利益。因此在整合和利用资源的时候，要区分各种资源匹配的成本和收益，要发挥出整体大于部分之和的价值增值。

2. 对外部资源整合遵循“合作大于竞争”

外部资源拥有者往往与企业具有合作和竞争的双重关系，比如供应商和渠道商，对企业来讲一方面是产业链嵌合的合作关系，但另一方面又是利润分配的竞争关系。企业在整合外部资源的时候，应该理性、客观地看待竞争与合作并存，用“共赢”思维处理好资源各方的关系和利益分配机制，用战略的眼光去谋取长远收益最大化。

【案例 34】

牛根生创业的整合资源之路

牛根生刚开始只是伊利的一个洗碗工，他凭着自己的勤奋和聪明做到了生产部门的总经理，40 多岁时邀请原来伊利的几个同事一起创业。但是面对的，是没有奶源、没有工厂、没有品牌，每一项都是致命的。

牛根生开始资源整合了。第一个问题，没有工厂怎么办？他通过人脉关系找到哈尔滨一家乳制品公司，这家公司的设备都是新的，但是生产的乳制品质量有问题，同时营销渠道这一块也没有打通，所以产品一直滞销。牛根生马上找到这家公司的老板说："你来帮我们生产，我们这边都是伊利技术高层，帮忙技术把关，牛奶的销售铺货我们也承包了。"这位老板一听，马上答应下来。而且他们几个一起出来创业的伙伴也有了落脚的地方，解决了生存的问题。

第二个问题，没有品牌怎么办？在乳制品这个行业，没有品牌是很难销售的，因为品牌代表着安全、可靠。借势，整合，牛根生打出口号："蒙牛甘居第二，向老大哥伊利学习。"此口号一出，让伊利情何以堪，却又哭笑不得。一个不知名的品牌马上便挤进全国前列。牛根生不只是盯着伊利，而且把自己和内蒙古的几个知名品牌联系起来，说："伊利、鄂尔多斯、宁城老窖、蒙牛为内蒙古喝彩！"因为前三个都是内蒙古的驰名商标，把自己放在最后，给人的感觉就是蒙牛是内蒙古的第四品牌。牛根生整合品牌资源，让蒙牛没有花一分钱就迅速成为知名的品牌。

第三个问题，没有奶源怎么解决？自己买牛去养，一是牛很贵，二是也没有那么多人去照顾。蒙牛整合了三方面的资源，第一个是农户，第二个是农村信用社，第三个是奶站。将信用社的钱借给奶农，蒙牛担保，而且蒙牛承诺包销路。蒙牛找到奶站，由奶站接受奶农生产出来的牛奶，蒙牛回款以后，定时把信用社的钱还了，把利润又给了奶农，并趁机喊出一个口号："一年养 10 头牛，过的日子比蒙牛的老板还牛。"

很多事情，不是自己能做就能做，即使自己做也很难做好，而且会花费太多的人力、物力。这个时候，我们就要整合资源。发挥自己的长处，整合别人的优势，用更少的成本创业，或者说零成本创业都有可能。

（资料来源：搜狐网）

第二节 创业融资

一、创业融资的内涵

1. 创业融资概念

融资就是货币资金的融通，即通过各种方式在金融市场上筹集资金。企业融资是指以企业为主体融通资金，使企业及其内部各环节之间资金供求由不平衡到平衡的运动过程。创业融资就是创业企业筹集资金的行为与过程，是创业企业根据不同发展阶段的需要，经过科学预测和决策，采取一定的方式，通过某种渠道向企业的投资者或者债权人筹集资金的一种经济活动。

资金是企业进行生产经营活动的必要条件，没有足够资金，企业的生存和发展就没有保障。许多创业者往往拥有无限的创意，满怀热情和理想，但在创业时因为囊中羞涩，而延缓了创业的脚步。迅速地找到所需的创业资金，是保证创业活动的重要基础。

企业最初创建需要获得初始资本，随后开展经营活动需要运营资本，资本是企业创建和生存发展的一个必要条件，从最初建立到生存发展的整个过程都需要融资。创业融资是创业企业在新创、运营过程中，适时、有效地获取所需资金的过程。

多数企业在创业初期需要筹集资本，主要是基于资本投入、启动资金、现金流和漫长的产品研发期的考虑。企业在早期需要购买资产、建造建筑物、购置机器设备等固定资产或者投资于其他资本项目，这需要大笔资本投入。在接下来的运营过程中，企业研发、新产品或新服务的开发、日常经营以及扩大市场规模等也需要巨大的前期投资。

2. 大学生创业融资现状

(1) 难度大

大学生创业的企业存在多方面的劣势，如缺少可供抵押的资产，没有经营经验和记录，发展具有不确定性，产品服务等信息不为社会所熟知，等等。但筹集适当且充分的资金是相当重要的，目标资金太少，企业苟延残喘，无以为继；目标资金定得太高，难以筹足，容易胎死腹中。大学生们对创业融资难要做好充足的解决技术准备和应对心理准备，创业必然是艰苦的，融资正是第一个坎。

【案例 35】

新东方三次失败的融资

俞敏洪的新东方随着规模的扩大，在 2002 年开始决定引入资本。一个养猪场朋友决定投资 1600 万元，占 10%的股份，然而，老板在参加完 3 个小时的董事会后拎着钱就走了。到了第二年，一个个体户说要投资新东方，10%的股份作价 3000 万元，在洽谈之后对方最后也不愿意投资。第三年，又有一个上海的证券公司要投资新东方，15%的股份涨到了 1 亿元，对方也同意了。在签完协议后俞敏洪才发现他们有一个目的：希望借新东方买壳上市。证券公司发现俞敏洪不愿意买壳上市就撤资了，可见创业融资难度之大。

(2) 鲜明的阶段性特点

新创企业包含了四个阶段，即种子期、创业期、成长期、成熟期。不同的阶段，融资数量和融资渠道有不同的针对性，创业者要做到融资阶段与融资需求、融资渠道的匹配。

(3) 渠道少

单次融资量较小，依赖个人资源，大部分资金从父母亲戚而来。尤其大学生的首笔创业资金，多是源于父母或银行贷款，鲜有从其他渠道获得。虽然近年来我国已陆续出台各种扶持大学生创业的优惠政策，包括税收、信贷、基金支持等，但大部分大学生创业人士几乎没有切实享受到政策的优惠。事实上，这些政策也并未得到广泛的落实，创业者们只能望而叹息。

(4) 成本高

吸引投资并不是一件容易的事，创业融资一定要有充分的准备。投资人大多经验丰富，甚至是个行业大牛，如新东方的创始人之一徐小平同时也创立了真格天使投资基金，小米创始人雷军也是中国著名天使投资人。投资人不是慈善家，投资人会拿出钱，是为了让你带来更大的切实收益，而不是为了你不切实际的梦想。所以，想要得到天使投资人的鼎力相助，就要做好充分准备，让自己具备吸引投资的基本要素，即有一个优秀的管理团队，有很好的市场机会，还有良好的运作机制和可行的商业计划。这样，获得资金的机会会大些，与风险投资人谈价格也才能有优势，才能降低融资成本。

二、创业融资的步骤

一般来说，创业融资过程包括融资前的准备、资本需求量测算、创业计划编写、融资来源确定及融资谈判五个步骤。

1. 融资前准备

(1) 建立个人信用

市场经济是一种信用经济，创业融资中信用发挥着很重要的作用。俗话说，“有借有还，再借不难”，创业融资免不了同银行或其他债权人打交道。个人信用是借款人决定能否把钱贷给借款人，决定贷款数量以及贷款期限长短的重要依据之一。个人信用记录包括四个方面：一是个人情况，包括姓名、婚姻、家庭成员状况、收入状况、职业、学历等；二是商业信用记录，包括在各商业银行的个人贷款及偿还记录，个人信用卡、个人银行卡使用等有关记录；三是社会公共信息记录，包括个人纳税，参加社会保险，缴纳水电费、手机费、电话费以及个人财产及变动等记录；四是有可能影响个人信用状况的涉及民事、刑事、行政诉讼和行政处罚的特别记录。因此，即使个人从未向银行申请过贷款，银行也可以依据个人信用记录中的其他信息评估个人信用。所以，为保障创业融资顺利进行，创业者应努力建立起良好的个人信用记录，遵纪守法，为日后创业融资打下信用基础。

(2) 积累人脉资源

创业者的关系网络是创业企业的重要社会资本。创业融资的过程往往也是创业者通过建立人际关系获得融资资本的过程。许多研究表明，创业者的人脉关系对创业融资和创业绩效有着直接的促进作用。我们不应该把人脉关系简单等同于所谓的“拉关系”等寻租行为获得的关系，而是基于正常的社会经历建立的诸如师生、同学、朋友、同事等人际关系。这些关系在创业过程中会带来有用的信息和资源，创业者应充分利用人脉资源，广结善缘，为创业融资做铺垫。

2. 资本需求量测算

创业融资，既有成本也有风险，资本并非越多越好。资本需求量的测算是融资的基础。每个创业者在融资前都需要知道：自己需要多少钱？什么时候需要钱？合理估算资金需求，有利于提高融资的成功率和降低融资风险。

(1) 估算启动资金

创业项目需要多少启动资金，要视项目的种类、规模、经营地点等情况而定。以小额投资项目为例，所需的资金主要由以下四部分组成：一是项目本身的费用，即付给所选定项目的直接费用，如购买某项技术、机器设备的费用，项目的加盟费用，等等；二是经营设备工具等购置费用，主要是项目在经营过程中所需要的辅助设备与工具，比如开一个糕点房，除了制作糕点的烘焙设备，还需要添置冰柜等辅助工具；三是房租、房屋装修费及流动资金等，这部分费用要根据当地市场行情计算；四是经营周转所需要的资金，运行一个项目至少要准备三四个月的经营周转资金，包括人员工资、水电费、电话费、材料费、广告费、维修费等，项目在最初运行时需要经过至少3个月的市场培育，其间往往盈利很少甚至亏损，因此事先必须备足资金。创业启动资金通常只能大概地估算，准确的数字比较难以确定，因为在经营过程中总会有一些不确定的情况出现。通过事先调查制定出相对明晰的资金预算表，将有利于项目的正常开展。

表 9-1　投资资金估算表　　单位：元

行次	项目	数量	金额	行次	项目	数量	金额
1	房屋、建筑物			10	广告费		
2	设备			11	水电费		
3	办公家具			12	电话费		
4	办公用品			13	保险费		
5	员工工资			14	设备维护费		
6	创业者工资			15	营业投资		
7	业务开拓费			16	开办费		
8	房屋租金			17	……		
9	存货的购置支出				合计		

表9-1中有关项目的内容说明如下：

第1～3行投资资金的支出属于非流动资金支出，一般在计算创业资金时作为一次性资金需求予以考虑。其中，房屋、建筑物的支出(包括厂房的装饰装修费用)，若企业拟在租来的房屋中办公，则将相应的支出填写在第8行房屋租金中，而且应关注房租的支付形式。一般来说，房屋租金多采用“押一付三”的方式支付，这样房屋租金的资金支出起码应相当于四个月的租金数额，若房租支付采用按半年付费或按年付费的形式，则房屋租金的支出会更多。设备的支出包括机器设备的安装费用。

第4～15行投资资金的支出属于流动资金支出，在计算创业资金时需要考虑其持续性投入问题。创业者在估算投资资金时，注意不要忽略了其自身的工资、业务开拓费、设备维护费等项目。

第 16 行是创业企业的开办费用。不同行业所需要的开办费用不同，如高科技行业筹建期间员工的工资和人员的培训费可能较高，有较高进入门槛的行业的筹建期可能较长，等等。总之，开办费用是企业无法避免的一项投资支出。

最后，不同行业所需要的资金支出不同，创业者应通过市场调查，将本行业所需的资金支出项目予以补充，填写在第 17 行及以下的相应表格中，并在最后一行计算所需要的投资资金的合计数。例如，若创业项目需要特定技术，则要支付购买技术的费用，若采用加盟的方式进行创业，则需要支付加盟费用。

(2) 测算未来三年营业收入、成本和利润

创业早期对未来 3 个月成本估量主要是为了筹集启动阶段的资金以解决短暂的资金需求。事实上，从初期净资本投入到实现盈利往往要经历一至两年甚至更长的时间，在这期间创业者会不断面对持续融资的问题。对于创业企业来说，预估营业收入是制订财务计划和财务报表的第一步。为此，需要立足于市场研究、行业营业状况、实销经验、推销人员意见、综合专家咨询等多种预测技巧，估计每年的营业收入。之后，要对营业成本、费用以及一般费用和管理费用等进行估计。由于创业企业在起步阶段在市场上默默无闻，市场推广成本大，营业收入增长和推动营业收入增长所付出的成本，不可能成比例增加。因此，对第一年的全部经营费用都要按月估计，每一笔支出都不可以遗漏。在预估第二年及第三年的经营成本时，应重点关注那些长期保持稳定的支出。如果第二年及第三年销售量预估是比较明确，则可以根据销售百分比法，即根据预估净营业量，按固定百分比计算折旧、库存租金、保险费、利息等项目的数值。在完成上述项目预估后，按月估算出税前利润、税后利润、净利润以及利润表的内容，然后进入编制预计财务报表的步骤。

(3) 编制预计财务报表

创业企业可以采用销售百分比法预估财务报表(表 9-2，表 9-3)。这一方法的优点是能够比较便捷地预测出相关项目在销售额中所占的比例，以及相关项目的资本需求量。但是由于相关项目在销售额中所占比例往往会随着市场状况、企业管理等因素发生变化，因此必须根据实际情况及时调整有关比例，否则会对企业经营造成负面影响。为此，在预计财务报表时需要考虑多种情境，比如最乐观的估计、最悲观的估计以及现实情况估计等。这样的预测既有助于潜在投资者更好地了解创业者如何应对不同的环境，也能使创业者熟悉经营的各种因素，防止企业陷入可能的困难。

表 9-2 预计利润表

单位:元

项目	1	2	3	4	5	6	7	…	n
一、营业收入									
减:营业成本									
营业税金及附加									
销售费用									
管理费用									
财务费用									
二、营业利润(损失以"—"填列)									
加:营业外收入									
减:营业外支出									
三、利润总额									
减:所得税费用									
四、净利润(损失以"—"填列)									

表 9-3 预计资产负债表

单位:元

项目	1	2	3	4	5	6	7	…	n
一、流动资产									
货币资金									
应收款项									
存货									
其他流动资产									
流动资产合计									
二、非流动资产									
固定资产									
无形资产									
非流动资产合计									
资产合计									
三、流动负债									
短期借款									

续表

项目	1	2	3	4	5	6	7	…	n
应付款项									
应交税费									
其他应付款									
流动负债合计									
四、非流动负债									
长期借贷									
其他非流动负债									
非流动负债合计									
负债合计									
五、所有者权益									
所有者权益合计									
六、外部筹资额									

3. 创业计划编写

创业企业对资金的需求，需要通盘考虑企业创办和发展的方方面面，编写创业计划是一种很好的对未来企业进行规划的方式。在创业计划中，创业者需要估计未来可能的销售状况和为实现销售需要配备的资源，并进而计算出所需要的资金数额。

无论企业规模大小，有创业计划的企业比没有创业计划的企业表现得要好。当代一些知名创业家，如李彦宏、张朝阳、陈天桥等，他们的成功都得到了创业资本的支持，而提供一份有说服力、体现创业前景的创业计划都曾是他们及其团队重要的工作。

4. 融资来源确定

确定了创业企业需要的资金数额之后，接下来的工作就需要创业者进一步了解可能的筹集渠道及其优缺点。根据筹资机会的大小以及创业者对企业未来的所有权规划，充分权衡利弊，确定所要采用的融资来源。

5. 融资谈判与技巧

无论创业计划写得多好,如果与资金提供者进行融资谈判时表现糟糕,创业者仍很难获得融资。在选定所拟采取的融资渠道之后,创业者需要与潜在投资者进行融资谈判,说服投资者充分了解企业各个方面的情况和市场前景。要提高谈判成功的概率,创业者需做好四个方面的准备。

一是创业者要对自己的创业项目非常熟悉,充满信心,并对潜在投资者可能提出的问题,事先做好准备。

二是在谈判时要抓住时机陈述重点。创业者应注意把投资者最感兴趣的内容醒目明了地呈现出来,清晰地将创业构思以书面形式表现出来,让投资者看到一幅美好的创业蓝图,以坚定其投资信心。

三是准备放弃部分业务和做出妥协。创业者应有心理准备,融资谈判通常需要通过若干次会谈才能完成。在谈判中要尽可能让投资者认识和了解本企业产品或服务,并且始终把注意力放在创业计划上。

除此以外,创业者在一般情况下还应向有经验的人士进行咨询,阅读关于谈判技巧的书籍,以提高融资谈判的成功率。

三、创业融资的渠道

创业融资要多管齐下,渠道多多益善。当前,大学生创业者的融资主要依靠家人和自己的积蓄、亲戚朋友借贷、银行借贷、从供货商处赊购、寻找天使投资人等来实现。

1. 自我融资

家人和自己多年的积蓄融资是创业融资的一个重要来源。优点是有利于创业者控制企业,占有企业绝大部分的股份,可长期使用,不需要还本付息。缺点是资金往往有限,并且风险较大,一旦创业失败,个人的多年积蓄将付之东流。

2. 亲情融资

俗话说“一个好汉三个帮”,从亲朋好友处借钱创业也是寻找本钱的常见做法。优点是筹措资金速度快,风险小,成本低,方便、快捷、灵活。温州民营经济快速发展,在企业的创业过程中向亲朋好友借钱等较为普遍。缺点是给亲友带来资金风险甚至是资金损失,如果创业失败还可能会影响双方感情。因此,诚信在企业的创业和经营过程中都很重要。

3. 合伙人融资

合伙人融资是祸福同享的共同投资。优点是不但可以有效筹集到资金，还可以充分发挥人才的作用，有利于整合和利用各种资源，能尽快形成生产能力，降低创业风险。缺点是人多了就很容易产生意见分歧，降低办事效率，也有可能因为权利与义务的不对等而产生合伙人之间的矛盾，不利于合伙基础的稳定。

4. 从供货商处赊购

赊购是购买商品时不付现金，先记账，以后一次或者分为几次还款。这是一种商业信用的形式，有利于推销商品，而且贷款的利息早已经打入货价，是一种自然融资。但在企业成立之初，从供应商处赊货很难，因为供应商对企业的经营及未来状况不了解。因此，企业很难从供应商处拿到货。

5. 政策扶持资金

政策扶持资金是创业者的“免费皇粮”，它的优点是：政府的投资一般都是免费的，降低或免除了筹资成本，而且不用担心投资方的信用问题。缺点是：申请创业基金有严格的申报要求，政府每年的投入有限，筹资者需面对其他筹资者的竞争。

6. 银行(金融机构)贷款

银行贷款是指银行根据国家政策以一定的利率将资金贷放给资金需要者，并约定期限归还的一种经济行为。银行贷款被称为创业融资的“蓄水池”，在创业者中很有“群众基础”，有抵押贷款、信用贷款、担保贷款、贴现贷款等。银行贷款融资的优点是方便灵活，期限和类型较多，风险较小，不涉及企业资产所有权的转移，等等。缺点是申请手续比较麻烦。筹措资金的数量有限，利率较高，一旦银行因企业无力偿还而停止贷款，则可能使企业陷入困境甚至导致企业破产。

7. 设备租赁融资

设备租赁融资是指出租人根据承租人对租赁物件的特定要求和对供货人的选择，出资向供货人购买租赁物件，并租给承租人使用，承租人则分期向出租人支付租金。在租赁期内租赁物件的所有权属于出租人，承租人拥有租赁物件的使用权。

优点：在交付部分资金的情况下，就能够拥有该固定资产的使用权。因此，在实际的筹资过程中，设备租赁融资和向商业银行贷款有时可以联合运用。例如，用一万元的现金，融资租赁一台价值为五万元的固定资产。然后，再将该固定资产作为抵押物向商业银行贷款，从而获得更多的流动资产，提高企业的运营效率。此外，由于出现问题时租赁公司可以回收、处理租赁物，因而在办理融资时对企业资信和担保的要求不高，所以这种方式非常适合初创企业融资。缺点：潜在风险很大，一旦企业亏损无法归还到期的融资费用，将产生多米诺骨牌效应，产生一系列的消极影响。

8. 天使投资

天使投资是创业者的"婴儿奶粉"，它对具有巨大发展潜力的初创企业进行早期的直接投资，属于一种自发而又分散的民间投资方式。它是风险投资的一种。天使投资与风险投资的区别是：天使投资者大多在申请投资的人士具有明确市场计划时就已经开始投资了，而这些市场计划或想法暂时不为风险投资公司所接受。天使投资人可以分为如下几种类型：富有的个体投资者、家族型投资者、天使投资联合体和合伙人投资者。

其优点是：相比风险投资，天使投资的门槛较低，有时即便是一个创业构思，只要有发展潜力，就能获得资金，而风险投资一般对这些尚未诞生或嗷嗷待哺的"婴儿"兴趣不太大。缺点是：申请成功的概率也不是很高，一方面是由于我们国家的天使投资并不像发达国家一样发达，另一方面也由于投资人对企业的项目要求较高。

【案例 36】

天使投资

天使投资，是权益资本投资的一种形式，是指富有的个人出资协助具有专门技术或独特概念的原创项目或小型初创企业，进行一次性的前期投资。它是风险投资的一种形式，在根据天使投资人的投资数量以及对被投资企业可能提供的综合资源进行投资。

（资料来源：百度百科）

【案例 37】

天使投资成就企业辉煌

2014 年，徐小平投资的国内首家 B2C 化妆品垂直电商平台聚美优品(NYSE:JMEI)、戈壁创投蒋涛投资的在线旅游企业途牛(TOUR. NASDAQ)、联想之星王明耀投资的乐逗游戏(DSKY. NASDAQ)纷纷登陆美国资本市场，为其天使投资人带来超高回报的背后，也为天使投资行业带来了极大的正能量。

（资源来源:《2014 中国天使投资年度报告》）

【案例 38】

苹果:堪称传奇的天使投资

1976 年，史蒂夫·乔布斯与史蒂夫·沃兹尼亚克决定以自己研发的计算机主板 Apple 创办企业，这就诞生了苹果公司。起初，公司启动所需的钱来自两位创始人，开始时他们挨家挨户兜售产品赚取了部分资金。但对于新创公司而言，钱还是个问题，除非乔布斯愿意一辈子挨家挨户推销他的电脑。

于是，乔布斯去找了多位风险投资家，其中一位就是曾经在仙童半导体和国家半导体公司做过管理，后来创建了红杉资本的唐·瓦伦丁。瓦伦丁认为乔布斯的项目可塑性较强并提出，如果要他投资，必须接受一个会写商业计划书、会销售的合作伙伴。乔布斯接受了这个条件，并在瓦伦丁推荐的三个人中选择了迈克·马库拉。

马库拉先后供职于仙童半导体和英特尔，他精于定价策略、营销网络、市场营销和财务。英特尔上市之后，马库拉凭借股票期权赚了几百万美元。起初，马库拉与乔布斯一起撰写商业计划书，考虑各种方案、各种设想、各种测算。最终，他们将产品从定位于业余爱好者扩展到了普通消费者，让产品进入平常百姓家。马库拉最后大胆预言，这是一个产业的萌芽、十年一遇的机会，而苹果也会在两年后进入《财富》500 强。基于这种判断，马库拉不仅自己投入了 9.2 万美元，还筹集到 69 万美元，外加由他担保从银行得到的 25 万美元贷款，总额 100 多万美元，而他自己也取得了苹果三分之一的股权。

此后，从公司的定位，到合作团队的搭建、市场开拓以及各类商业思想的灌输，无不倾注着马库拉的心血。在完成股权切换后，马库拉做的第一件事是建设团队。他做通了沃兹尼亚克的思想工作，使之成为苹果的全职电子工程师；为了改变和约束乔布斯，他聘请了迈克·斯科特为苹果的总裁；又将硅谷杰出的公关人员吉斯·麦肯纳招至门下。马库拉还向乔布斯传授了市场和营销方面的经验，他告诉乔布斯:你永远不该怀着赚钱的目的去创办一家公司，你的目标应该是做出让自己深信不疑的产品，创办一家生命力很强的公司。

1980 年 12 月，苹果公司上市时每股发行价 14 美元，当日收盘价 29 美元。年仅 24 岁的乔布斯当日身家达到 2.17 亿美元；而迈克·马库拉则达到 2.03 亿美元，9.2 万美元的天使投资增值了 2200 倍。

9. 风险投资

风险投资是创业者的“维生素C”，根据美国风险投资协会的定义，风险投资是由职业金融家投入新兴的、迅速发展的、具有巨大竞争潜力的企业的一种权益资本。从投资行为的角度来讲，风险投资是把资本投向蕴藏着失败风险的高新技术及其产品的研究开发领域，旨在促使高新技术成果尽快商品化、产业化，以取得高资本收益的一种投资过程；从运作方式来看，是指由专业化人才管理下的投资中介向特别具有潜能的高新技术企业投入风险资本的过程，也是协调风险投资家、技术专家、投资者的关系，利益共享、风险共担的一种投资方式。

风险投资人分为风险资本家、风险投资公司、产业附属投资公司和天使投资人，一般对高科技、高成长潜力的企业投资，以获得潜在的高收益。投资期限一般较长，资金流动性不高，资金流供给稳定。投向处于早期发展阶段的中小企业，可以满足其技术创新、产品研发、组织营销等各环节以及不同发展阶段对资金的需求。投资方式有三种：一是直接投资；二是提供贷款或贷款担保；三是提供一部分贷款或担保资金，同时投入一部分风险资本购买被投资企业的股权。

【拓展阅读】

红杉风投

1972年，投资家唐纳德·凡伦汀在硅谷创立了一家风险投资公司，以加州特有的红杉树命名。该公司进入中国后，取名红杉风投。红杉风投是迄今为止最大、最成功的风险投资公司。它投资成功的公司占整个纳斯达克上市公司市值的十分之一以上，包括苹果公司、Google公司、思科公司、甲骨文公司、Yahoo公司、网景公司和YouTube等IT巨头和知名公司。红杉风投在美国、中国、印度和以色列大约有50名合伙人，包括公司的创始人凡伦汀和因为成功投资Google而被称为“风投之王”的麦克·莫利兹。

（资料来源：互动百科）

【案例39】

成功的风投——阿里巴巴创业初期的三轮融资

1999年2月21日，马云和“十八罗汉”凑够了50万元创办了阿里巴巴。当时，马云希望网站能坚持10个月，期望10个月之后能吸引到投资。但没过几个月，就一分钱没有了，这导致马云和“十八罗汉”饿着肚子过日子。马云不能让员工不拿钱白干活，他只好四处借钱给员工发工资。

第一轮融资:天使投资500万美元

阿里巴巴接触风险投资商缘于马云发现了“千里马”,用对了一个关键人物——蔡崇信。蔡崇信是阿里巴巴现任CFO,他来自我国台湾,美国耶鲁大学法学硕士毕业后在华尔街当了四年的律师,然后被银瑞达集团(Investor AB)派到亚洲负责整个亚洲的风险投资,1999年在同马云接触之后,决定加入阿里巴巴,为此他放弃了当时已经高达数百万美元的年薪。

蔡崇信在华尔街的人脉开始发挥作用,1999年10月,马云私募到第一笔天使投资500万美元,是由高盛公司牵头,联合美国、亚洲、欧洲一流的基金公司,如汇亚、银瑞达、新加坡科技发展基金等参与实施的。蔡崇信本人也作为投资者进入了公司董事会。

第二轮融资:风险投资2500万美元

在阿里巴巴的第二轮融资中,是软银的介入——这个大玩家在此后开始不断支持马云,才使得阿里巴巴步步为营,走到今天的规模。

马云结识孙正义(软体银行集团的创始人)全属偶然。2000年10月,摩根士丹利亚洲公司资深分析师印度人古塔给马云发来了一封电子邮件,称有个人“想和你见一面,这个人对你一定有用”。见面地点就在北京富华大厦,此人正是孙正义。在这次约会中,来自软银、摩根士丹利以及国内众多互联网企业的CEO均在座——有人为融资而来,有人为投资而来。由于前来面谈融资事宜的企业太多,孙正义只给每个人20分钟时间阐述公司的业务规模、商业模式和发展目标。但马云只讲了不到6分钟,孙正义就从会议室那头走过来说:“我决定投资你的公司。”

2000年,马云为阿里巴巴引进了第二笔资金,敲定了2500万美元的投资,投资者包括软银,富达创业投资部、寰慧投资和TDF。

三轮融资过后,阿里巴巴的持股结构改变为:马云及其团队占47%,软银占20%,富达占18%,其他几家股东占15%。三轮融资合计1.12亿美元,但并没有改变阿里巴巴大股东的地位。

10. 众筹集资

创业者可以把自己的产品原型和创意提交到众筹平台,发起募集资金,由感兴趣的人来捐献指定数目的资金。(捐助者可以在项目完成后,得到一定的回馈,如这个项目制造出来的产品。)有了这种平台的帮助,任何有想法的人都可以启动一个新产品的设计生产。

互联网金融的兴起让许多人曾经以为不可能的事情成为可能,越来越多的国外创业者开始在 Kickstarter、IndieGoGo 等众筹网站募集资金，国内也出现了很多出色的众筹平台，如天使汇、大家投、点名时间、追梦网等。一般来说创业众筹可以分为 3 种模式，分别为凭证式、会员制和股权式。创业股权式的众筹在中国已经有了不少案例，也获得了社会的极大关注，对于绝大部分创业者来讲，创立股权式众筹的先锋式尝试可以帮助他们有效地找到资金。

【案例 40】

会籍式众筹——3W 咖啡

互联网分析师许单单从分析师转型成为知名创投平台 3W 咖啡的创始人。3W 咖啡采用的就是众筹模式，向社会公众进行资金募集，每个人 10 股，每股 6000 元，相当于一个人 6 万元。3W 的众筹在微博上引起广泛关注，很快 3W 咖啡汇集了一大帮知名投资人、创业者、企业高级管理人员，包括沈南鹏、徐小平、曾李青等数百位知名人士，股东阵容堪称华丽。3W 咖啡使得中国众筹式创业咖啡在 2012 年颇为流行，几乎每个城市都出现了众筹式的 3W 咖啡。3W 很快以创业咖啡为契机，将品牌衍生到了创业孵化器等领域。其实，没有人是为了 6 万元可以带来的分红而投资的，更多的是为了 3W 给股东带来的人脉价值。

11. 私募融资

私募融资是指不采用公开方式，而通过私下与特定的投资人或债务人商谈，以招标等方式筹集资金，形式多样，取决于当事人之间的约定，如向银行贷款、获得风险投资等。私募融资分为私募股权融资和私募债务融资。私募股权融资是指融资人通过协商、招标等非社会公开方式，向特定投资人出售股权进行的融资，包括股票发行以外的各种组建企业时股权筹资和随后的增资扩投。私募债务融资是指融资人通过协商、招标等非社会公开方式，向特定投资人出售债权进行的融资，包括债券发行以外的各种借款。

私募债发行优点：发行成本低，对发债机构资格认定标准较低，不需要提供担保和信用评级，信息披露程度要求低，有利于建立与业内机构的战略合作。

私募债发行缺点：只能向合格投资者发行，我国所谓合格投资者是指注册资本金达到 1000 万元以上，或者经审计的净资产在 2000 万元以上的法人或投资组织；定向发行债券的流动性低，只能以协议转让的方式流通，只能在合格投资者之间进行。

四、大学生创业融资的对策

创业是一项开拓性的事业，需要来自各方面的支持。造成创业难的一个重要原因就是缺乏启动资金，以致创业难以启动或因难以持续而夭折。解决融资难题，需要国家、学校、家庭、社会和大学生自身的共同努力，帮助大学生将创业激情转化为创业行动，从梦想走向成功。

1. 政府应在政策上给予更多扶持

鼓励更多的大学生自主创业，使他们从社会现有岗位的竞争者，变成新岗位的开拓者，不仅可减轻社会的就业压力，而且能为社会带来更多的就业机会，对我国经济发展和社会稳定影响深远。因此，国家应在现有的诸如放宽大学生创业市场准入条件、减免个体经营收费、提供小额担保贷款、创业培训等一系列优惠政策之外，在资金上给予大学生创业者更多支持。可设立"大学生创业基金"，给经济困难的创业者提供启动资金，并在制度上完善大学生创业基金设立体系，由国家为主要出资人成立类似风险投资公司的机构，并吸纳社会捐资，贷款给大学生创业项目、入股大学生创业企业或者为大学生创业提供融资服务等。同时还应建立、健全大学生信用评价体系和失信惩处机制，科学合理地对大学生申请项目进行评价和资金审批。

2. 学校应提供全方位的服务

学生自主创业不仅可以提升学校的整体就业率，而且有助于在整个学校营造一种创业的氛围，吸引更多的学生加入到创业行列中，从而带动学校教学改革的不断深化。为实现这些价值，大学生所在学校更应成为大学生自主创业的推手，提供全方位的服务，特别是在资金上给予直接或间接的支持。

首先，学校可以从有限的资金中抽出一部分成立专门基金用于大学生创业，给予创业者直接的资金帮助；其次，学校还可以利用校舍资源，兴办大学生创业园，为入住者提供场地和办公设施，减少创业者的场地租金投入，从而降低启动资金的数额；最后，学校还可利用知识和技术方面的资源，对学生开展有针对性的创业培训，从创业理论学习、创业咨询、创业跟踪等方面提供服务，以提高创业成功率，使创业者更容易获得创业基金、商业贷款和风险投资。

3. 家长应理解与支持子女自主创业

尽管我们呼吁政府和社会各界给予大学生创业者更多的政策和资金支持，

拓宽他们的融资渠道，降低融资门槛，但就目前而言，家庭积蓄依旧是大学生创业者的主要资金来源。有一些父母受传统观念束缚，不想让子女冒险，总希望子女毕业后能到政府机关或大公司就业，拥有一份稳定的工作，从而阻挡了大学生自主创业的脚步。这些父母应跟上时代潮流，努力转变观念，在力所能及的情况下，给予有创业意愿的子女以必要的精神和物质支持，放手让他们去实践、探索，尤其是当他们遇到挫折陷入困境时，更应成为他们精神和物质上的坚强后盾。

4. 企业界应积极做好参谋与顾问

企业界要从战略高度看待大学生在创业中所蕴藏的创新活力和无限商机，给予创业者必要的资金帮助和创业指导。商业银行应适当降低融资门槛，对有周密计划书的创业者取消财产抵押条件，增加小额贷款的额度。企业和个人可以捐款给国家、地方或高校创立的创业基金，以汇聚大家之力帮助创业者解决资金问题。

企业家和创业的成功人士，可以把自己的创业经验传授给初创业者，成为大学生的创业导师和咨询顾问，对他们进行创业指导和投资指引，使他们少走弯路并树立创业信心；对其中有发展前途的大学生创业者给予直接的资金投入，以此为示范带动大学生的自主创业热潮。

5. 大学生应充分做好创业前的准备工作

除了社会各界的大力支持外，大学生自己也应积极主动地去筹集资金。首先，大学生应该尽可能熟悉自己所处的创业环境，研究国家、各级政府和社会对大学生个人创业融资的相关政策和法律法规，尽可能用好、用活各类优惠政策。其次，充分做好创业前的准备工作，在扎实的市场调研基础上列出具体的商业计划书和资金使用计划，减少创业的盲目性，使有限的资金发挥最大、最有效的作用。最后，大学生在选择创业项目时应根据自己的特长量力而行，初期可以先从资金需求量小的项目做起，逐渐积累资金和经验，然后发展壮大，提高创业成功率。

思考题：

1. 试举一个成功进行资源整合的商业案例。
2. 试举一个成功进行融资的商业案例。

第十章

创业计划与新企业开办

知识结构图：

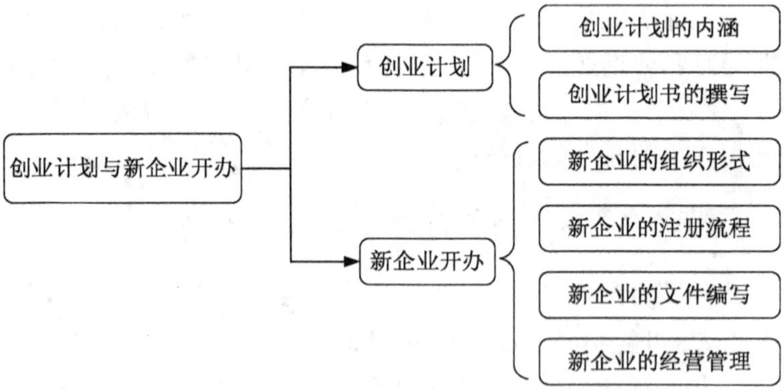

知识目标：

1. 了解创业计划的内涵，掌握创业计划书的撰写；
2. 了解新企业的组织形式、注册流程、文件编写、经营管理。

能力目标：

了解创业计划、新企业的性质，能进行创业计划书的撰写。

第一节 创业计划

一、创业计划的内涵

1. 创业计划的概念

创业计划，亦可称为创业计划书，是创业者用书面语言把创业构思表达出来的一种文件形式，用以描述与拟办企业相关的内部环境条件和要素特点，包含了创业企业的概况、个人情况、市场评估、营销策略、财务分析和预测等一系列内容。

创业计划的核心在于计划，关键是预测。创业计划作为描绘企业发展的指示图，不仅描述了一个新企业创办所需要的各种因素、决策依据、实现路径、存在问题以及问题的解决途径等，而且规划了企业未来一段时间的生产、经营和发展，并对今后的创业各项发展进行了预测。

创业计划是创业者叩开投资者大门的“敲门砖”，是创业企业进行融资的必备文件，其作用就如同预上市公司的招股说明书，是一份对融资公司进行陈述和剖析，便于潜在投资人对投资对象进行全面了解和初步考察的文本文件。近年来，创业融资的程序日益规范，创业计划已经成为投资公司进行项目审批的正式文件之一。一份优秀的创业计划书或者企业计划书往往会使创业者达到事半功倍的效果。

2. 创业计划的特点

创业计划是创业者计划创立业务的书面摘要。它用以描述与拟创办企业相关的内外部环境条件和要素特点，为业务的发展提供指示图和衡量业务进展情况的标准。通常创业计划是市场营销、财务、生产、人力资源等职能计划的综合。

创业计划具有以下特点。

(1) 时效性

由于企业外部的经济社会环境并非一成不变的，创业企业也是在不断发展进步中的，因而创业条件会随着内外部条件的变化而改变。在制订创业计划时，应根据不同的发展阶段的实际情况进行调整，使创业计划总能够保持领先于发展现状的时效性。

（2）可行性

创业计划的内容有两个方面：一是企业追求的目标；二是为了实现这个目标的行动规划。行动和目标越一致，创业计划的可行性越高，创业成功的概率越大，得到投资者认可的概率也就越高。

（3）概括性

从创业项目的选择、确立到创业企业的真正成立并持续发展是一个漫长的过程，是无法在纸上呈现并向投资者展示的。此时，就需要一份具有可操作性的行动指南式的创业计划，这对创业者整个经营设想的总结和概括具有举足轻重的作用。

3. 创业计划书的作用

创业计划书的本质是一种创业的行动纲领或投资申请，既可以帮助创业者理清思路，又可以有效地指导企业的经营，同时还能有效地吸引投资与合作。

（1）帮助创业者自我评价，理清思路

在创业融资之前，创业计划书首先应该是给创业者自己看的。办企业不是“过家家”，创业者应该以认真的态度对自己所有的资源、已知的市场情况和初步的竞争策略做尽可能详尽的分析，并提出一个初步的行动计划，通过创业计划书使自己心中有数。另外，创业计划书还是做创业资金准备和风险分析的必要工具。对初创的风险企业来说，创业计划书的作用尤为重要，一个酝酿中的项目往往很模糊，通过制订创业计划书，把正反理由都书写下来，然后再逐条推敲，就能对这一项目有更加清晰的认识。

（2）帮助创业者凝聚人心，有效管理

一份完美的创业计划书可以增强创业者的自信，使创业者明显感到对企业更容易控制、对经营更有把握。因为创业计划提供了企业全部的现状和未来发展的方向，也为企业提供了良好的效益评价体系和管理监控指标。创业计划书使得创业者在创业实践中有章可循。

（3）帮助创业者对外宣传，获得融资

创业计划书作为一份全方位的项目计划，对即将展开的创业项目进行可行性分析的过程，也是在向风险投资商、银行、客户和供应商宣传拟建的企业及其经营方式，包括企业的产品、营销、市场及人员、制度、管理等各个方面，在一定意义上也可以说是拟建企业对外进行宣传和包装的文件。

二、创业计划书的撰写

1. 撰写原则

创业计划书是一份繁复的文字材料，要想在最短的时间内给阅读者留下最好的印象，一定要遵循和讲究撰写的原则和技巧：

（1）语言平实，通俗易懂

撰写创业计划书要使用正式的公文语言，做到平实准确、通俗易懂，切忌使用晦涩、浮夸的语言。

（2）详略有度，篇幅得当

创业计划书并不是文字越多越好，而是要用简单的文字表达明确的内容。要遵循简洁明晰的原则，根据自身的特点突出项目的优势。

（3）要素齐全，内容具体

要让阅读者看明白你要做什么，为什么要做这个；要能够突出你的产品或服务的核心价值及独到之处；明确目标顾客并进行市场细分；分析竞争对手，体现自己的突出优势；介绍企业的运营模式和盈利点。

（4）条理清楚，逻辑性强

创业计划书要结构合理、条理清晰、目录完整、层次分明，通过阅读目录就能清楚创业计划书的总体思路，有很强的逻辑性。

（5）资料充足，有理有据

创业计划书中最忌讳空话、套话和没有依据的主观臆断，任何结论都必须经过市场调研，通过对数据和资料进行分析，要做到有理有据、论证充分。

【拓展阅读】

编写创业计划书的六个C（六要素）

第一个C是Concept，概念。概念指的是：你在计划书里面写的介绍，要让别人可以很快地知道你卖的是什么。

第二个C是Customers，顾客。有了卖的东西以后，接下来要考虑卖给谁，谁是顾客，要明确顾客的范围。例如，假定女人都是顾客，那50岁以上的女人和5岁以下的女孩是否都是顾客，这一点需要界定清楚，即要明确适合的年龄层。

第三个C是Competitions，竞争者。东西有没有人卖过？如果有人卖过，是在哪里？有没有其他的东西可以取代？这些与竞争者的关系是直接的还是间接的？

第四个C是Capabilities，能力。要卖的东西自己会不会，懂不懂？例如开餐馆，如果厨师不做了找不到人，自己会不会炒菜？如果没有这个能力，至少合伙人要会做，再不然也要有鉴赏的能力，不然最好不要做。

第五个 C 是 Capital，资本。资本可以是现金，也可以是资产，是可以换成现金的东西。那么资本在哪里？有多少？自有的部分有多少？可以借贷的有多少？这些都要很清楚。

第六个 C 是 Continuation，永续经营。当事业做得不错时，将来的计划是什么？

【案例 41】

一份校园商业计划书成就的创业梦

关于创业、创新，河北东方凯誉通信技术有限公司董事长任书豪从一份校园商业计划书开始！2004 年，学生任书豪将西门子通信智能网设备以免费试用的方式在石家庄经济学院安装运营，诞生“精灵 E 线”。大学毕业后，任书豪正式注册公司，创建了“591 折扣”网站。2009 年，与河北省商业龙头企业——北人集团合作成立合资公司，上线运营了如意购物、如意支付、如意折扣为一体的线上北国电商服务平台，2010 年被商务部评为“中国首批电子商务示范企业”，在 2013 年获得中国人民银行颁发的《支付业务许可证》，具备了第三方支付资质。

创业十年，厚积薄发的东方凯誉涉足的行业领域不断拓宽，已经由最初单纯地面向会员消费者提供折扣服务，发展至一个多元化业务生态体系。

2. 基本结构

一份完整的创业计划书的基本结构一般包括封面、执行概要、目录、正文及附录五个主要部分，详见表 10-1。

(1) 封面

封面一般应注明公司名称、行业领域、创办者姓名、联系电话、电子邮箱、日期等。

(2) 执行概要

执行概要一般可放在次页，主要是概括创业计划书的重要内容。

(3) 目录

标明创业计划书各部分内容及页码。

(4) 正文

正文是创业计划书的主体部分，可根据自身情况分别从执行概要、企业基本情况、经营管理团队、产品或服务、技术研究与开发、行业及市场分析、前景展望、营销策略、经营管理、融资计划、财务预算、风险控制等方面，对投资者关心的问题进行介绍。在这一部分中，要做到数据准确，资料翔实，结构安排合理，内容重点突出，逻辑性强，实事求是。

（5）附录

附录是对正文内容的补充，可对一些相关数据、资料做进一步说明、介绍和解释。比如，可列明公司的章程、市场调查问卷统计结果、调查分析、合同、知识产权的证明等。

表 10-1 创业计划结构框架表

构成		内容	作用
封面		企业名称、创办者姓名、日期、通信地址、邮政编码、电话、传真、电子邮件等	计划书名片
摘要		创业计划书的主要内容、概况	简要介绍创业计划要点
目录		创业计划书提纲	结构框架，快速索引
正文	企业（项目）概况	选择创业项目的理由、企业（项目）愿景、风险及对策、经营范围、企业类型等	形成企业构思
	企业者个人（团队）情况	以往经验、教育背景及以往学习的相关课程（如果是创业团队，介绍团队情况）	评估自己（团队）创业能力与素质
	市场评估	目标顾客分析、市场容量或变化趋势分析、市场占有率预计、竞争对手分析等	评估创业的市场情况
	市场营销计划	产品或服务、价格、地点、促销等策略	确定营销计划
	企业组织结构	企业登记类型、企业组织情况、股份合作协议	确定分工和职责
	投资	固定资产、无形资产、开办费和其他投入情况	明确投资资金，核算成本
	流动资金	原材料和包装费、其他经营费用	明确流动资金，核算成本
	销售收入预测	销售数量、单价和销售额核算	预测销售额
	销售与成本计划	销售、成本、税收和利润核算	预测利润
	现金流量计划	预演现金流情况	掌握现金流情况
附录		数据资料、问卷资料及其他背景材料	提高可行度

3. 创业计划书的主要内容

(1)摘要

执行概要或执行总结,是对商业计划书核心关键内容的提炼,是整个商业计划书中最重要的内容。由于商业计划书的篇幅普遍较长,投资者很难做到通篇阅读,在这种情况下,一篇精练的执行概要就可以使忙碌的投资者对项目有一个简短却全面的了解,在最短时间内最大限度激发投资者兴趣。

为了准确概括商业计划书的核心内容,执行概要应在整本计划书完成之后撰写。其主要内容依序与正文对应,大致包括创业团队、产品与服务、目标客户群体、市场现状与前景、竞争优势、盈利模式、融资额度等,每部分内容用一句话或简短的一段话阐明,总篇幅以两页为宜。需要注意的是,执行概要内容不必与正文结构完全一致,而是可以根据商业计划书的写作目的加以调整与强调,如以获得股权投资为目的的商业计划书,可以明确投资者在不同投资额度下所能获得的股权比例,以达到投其所好的效果。

另外,其语言应做到逻辑清晰、严谨工整,同时对发展前景有积极的预期,以达到引起投资者共鸣与认可的目的。

(2) 企业介绍

这一部分是对创业企业的介绍,是将抽象的创业计划具体化。主要内容应包括企业简介、企业文化、主要业务与市场定位、经营目标、管理机制等,必要时还可加入启动资金、公司选址等细节性内容,尽量做到真实可信。

①企业简介

此部分要求以精练的语言对企业名称、组织形式、主要业务、经营目标、核心竞争力等内容加以阐述,已注册的企业还可增加企业历史、地址、年利润、投资回报率等信息。

②企业文化

企业文化是企业全体成员共同认可和接受的、可以传承的价值观、道德规范、行为规范和企业形象标准的总称,是物质文化和精神文化的总和。写作时这份内容主要涵盖企业理念、宗旨、商标 logo、口号等。

③产品和服务

对创业企业的产品和服务的独特之处、目标客户群体、市场定位、经营目标等进行简要描述。

(3) 市场分析

市场分析在整个创业计划书中起着举足轻重的作用,主要包括目标市场分析、行业分析、竞争对手分析等内容。

①目标市场分析

目标市场由著名的市场营销学者麦卡锡提出。他认为应当按消费者的特征把整个潜在市场分成若干部分，根据产品本身的特性选定其中部分消费者作为一个特定的群体，这一群体被称为目标市场。例如，对手机消费群体的分析如下：手机更新换代异常频繁，早已进入了寻常百姓家。但手机又有诸多消费群体，高端人士青睐外观精巧、质量上乘、功能先进的手机，商务人士喜欢具备多样化的商务功能的手机，学生一族追求时尚型手机，而普通百姓则以结实耐用的手机为首选。

对目标市场的分析，应从以下几个方面入手：

a. 你的细分市场是什么？

b. 你所拥有的市场有多大？

c. 你的市场份额是多少？

d. 你的目标顾客群是哪些或哪类人？

e. 你的五年生产计划、收入和利润是多少？

f. 你的营销策略是什么？

详细的目标市场分析能够促进投资者判断企业目标的合理程度及他们承担的风险的大小。在对目标市场的分析中，创业者需要阐明这样的观点：企业处在一个足够大、发展前景非常广阔的市场中，并有足够的能力应对来自各方面的竞争。

②目标市场的选择策略

目标市场的选择策略即关于企业为哪个或哪几个细分市场服务的决定。通常有以下五种模式可供参考：

a. 市场集中化。集中营销使企业深刻了解该细分市场的需求特点，采用针对性的产品、价格、渠道和促销策略，从而获得强有力的市场地位和良好的声誉，但同时隐含较大的经营风险。

b. 产品专门化。企业集中生产一种产品，并向所有顾客销售这种产品。例如，服装厂商向青年、中年和老年消费者销售高档服装，而不生产消费者需要的其他档次的服装。

c. 市场专门化。企业专门服务于某一特定顾客群，尽力满足他们的各种需求。例如，服装厂专门为老年消费者提供各种档次的服装。

d. 有选择的专门化。企业选择几个细分市场，每一个对企业的目标和资源利用都有一定的吸引力，但各细分市场彼此之间很少或根本没有任何联系。

e. 完全市场覆盖。企业力图用各种产品满足各种顾客群体的需求，即以所有的细分市场作为目标市场。

③行业分析

行业是企业要进入的市场。在创业计划书中，创业者要分析所入行业的市场全貌及关键性的影响因素。行业分析需要从以下几个方面来进行：

a. 该行业现状。处于萌芽期还是成熟期？发展到了何种程度？总销售额是多少？总收益如何？

b. 该行业的发展趋势。未来走向如何？

c. 该行业的影响因素。国家的政策导向、社会文化环境、竞争者的现状、行业壁垒等。

d. 该行业市场上的所有经济主体概况。竞争者、消费者、供应商、销售渠道等。在进行行业分析时，应该对所选行业的基本特点、竞争状况及未来趋势有准确的把握，这些是建立在对所选行业充分了解的基础之上的。创业者只有做到这一点，才能了解行业发展规律，认清行业发展方向，确立企业发展目标。

④竞争对手分析

竞争对手是这样一类企业：它们在市场上和你的企业提供着相同或类似的产品和服务，并且在配置和使用市场资源过程中与你的企业具有一定的竞争性。如何打败竞争对手，如何在竞争中胜出，是每个企业家都需要考虑的问题。

信息搜集是进行竞争对手分析的前提。企业内部信息库、传统媒体、互联网、商业数据库、咨询机构、服务机构、人际关系网络等都是搜集竞争对手信息的重要途径。当你获得竞争对手们的基本情况、产品情况、营销策略、技术含量、商界信誉等信息后，做好了相关准备工作，你的创业计划书就会有据可循、表述充分。进行竞争对手分析时，应该从以下几个方面入手：

a. 你的竞争对手有哪些？你的主要竞争对手有哪些？你最大的竞争对手是谁？

b. 你的竞争对手的优势在哪里？有什么新动向？

c. 竞争中你具备哪些优势和劣势？优势如何发扬，劣势如何消除？

d. 你能否承受竞争所带来的压力？

e. 你将采取什么策略战胜竞争对手？

【拓展阅读】

波特五力分析模型

迈克尔·波特于20世纪80年代初提出了波特五力分析模型，用以分析竞争战略和竞争环境。这五力分别是：供应商的讨价还价能力、购买者的讨价还价能力、潜在竞争者进入的能力、替代品的替代能力和行业内竞争者现在的竞争能力。

该模型的理论建立在以下三个假定基础之上：制定战略者可以了解整个行业的信息；同行业之间只有竞争关系，没有合作关系；行业的规模是固定的，因此，只有通过夺取对手的份额来占有更大的资源和市场。实际上，这三个假定是不现实的。因此，该模型在较大意义上是一种理论思考工具，而非可操作性的战略工具。

（资料来源：百度百科）

（4）产品与服务

产品和服务是创业企业价值主张的载体，是企业得以建立的基础。商业计划书的这一部分内容应包括对产品或服务的介绍以及市场定位、可行性分析等内容。主要内容应根据创业企业的类型进行选择。

一是提供服务类的企业。此类企业没有成熟、独立的产品用来做销售，而是在其他社会资源的基础上衍生服务并提供给消费者。这一类创业企业在写作此部分时应涵盖服务的基本功能、运营模式、核心特点、目标客户群体、可行性分析等内容。

二是提供产品类的企业。此类创业企业有自己独立的成熟产品，或者已得到专利或产品授权用于商业化运营，以产品或技术为主体，附加相关业务。这类创业企业在写作商业计划书时应该包括产品的概念、性质及特征，品牌和专利，目标客户群体，以及市场前景预测，等等。写作语言既要准确、精练，也要通俗、易懂；可通过大量的图片展示产品结构、功能、用户体验等内容，使之更直观、明了。需要注意的是，对于依托创新技术研发的产品，要对技术来源和专利所有权进行细致、诚实的说明，必要时在附录中附上专利证书等。

（5）营销模式

营销策略是创业企业以顾客需求为出发点，以为顾客提供满意产品和服务为目标，在市场调查等途径的基础上，开展的销售推广活动。撰写这一部分的最好方法就是清楚地说明其总体的营销策略，包括定位策略、差异化点等信息，然后通过定价策略、销售过程和促销组合、渠道策略说明如何支持总体营销战略的开展。

①主要内容

a. 总体营销战略。每一个企业在制订营销计划、开展销售活动时都会受到资源的限制，所以，一个总体的营销指导思想和操作方法，能够使企业在使用资源上更有目的性和连贯性。该部分要对企业的定位策略和差异点予以说明，针对企业与竞争对手相比的处境，突出企业提供的产品或服务的特性。

b. 定价策略。企业可以采用的定价方法有竞争定价法、心理定价法、差别定价法、成本加成定价法等不同的方法，分别适用于不同的产品或服务及市场竞争状况。

c. 销售过程与促销组合。销售过程是企业识别潜在顾客和完成销售所经历的过程；促销组合是企业所采用的用来支持销售和提升总体品牌形象的具体策略。企业的销售过程不尽相同，但一般来说会包含以下步骤：搜集销售机会、接触消费者、实现销售机会、进行销售演示、和顾客沟通、完成销售、客户关系管理。企业可以采用的促销方式有广告、公共关系和其他促销方式等。公共关系不需要资金投入，还可以增加企业的信誉度；新闻发布、媒体报道、博客、微信等是常用的建立公共关系的方式。企业还可以通过提供免费样品、试用体验等促销方式来开展销售活动。

d. 渠道策略。渠道包含企业的产品或服务从产出地到达消费者手中所经历的过程。企业必须清楚地展示谁来负责销售，以及采用的具体渠道。如采用直接销售方式还是使用分销商、批发商，是通过同行联合还是使用其他渠道，等等。

②营销模式撰写原则

a. 注重创新。把创新理论运用到市场营销中，包括营销观念的创新、营销产品的创新、营销组织的创新和营销技术的创新，随时保持思维模式的弹性，让自己成为“新思维的开创者”。

b. 重视用户体验。营销手段中好的用户体验可以给顾客带来信心和信任，从而得到顾客的认可进而留住客户，客户认可后又有可能通过各种途径在群体中相互传播，最终帮助企业达到宣传推广的目的，增加企业的盈利。

c. 切实可行。在撰写营销策略时，应充分考虑到企业发展所处的阶段、目标市场、客户群体、竞争状况等关键要素，确保营销策略能够顺利开展并取得预期效果。

d. 方法灵活。营销模式不应拘泥于某种单一形式，而应采取线上线下相结合等多种方法，对症下药，灵活应对各种销售环境。

e. 手段新颖。互联网时代下，重视利用现有的社交软件或者创建自己的宣传软件等公共平台，如微博、微信、博客、企业官网、新闻媒体等，经常更新企业的新闻和动态，重视与客户的互动和交流。

(6) 组织与管理

企业管理的好坏直接决定了企业经营风险的大小，而高素质的管理人员和良好的组织结构则是管理好企业的重要保证。因此，风险投资者会特别注重对企业管理人员及组织结构的评估。

①主要管理人员介绍

主要管理人员一般是董事会成员及主要营销人员。董事会成员决定企业的发展，营销人员关乎企业的效益，因此，有必要介绍他们的详细经历和背景，以及他们的职责和能力。具体来讲，主要管理人员介绍包括个人基本信息（姓名、年龄、政治面貌等）、工作履历、受教育程度、主要经历、道德素养和综合素质。

在介绍过程中，要重点描述关键管理人员的才能和职责。这些人员如同领头奔跑的骏马，起着带队引领、示范表率的作用。创业管理团队的高效率能激发投资者的信心，因此，一方面，创业者需要建立起一个团结向上、责权明晰的团队；另一方面，在创业计划书的写作中要凸显团队风采。

②组织结构介绍

组织结构即企业管理架构。组织结构类型很多，但初创企业组织结构相对比较简单，员工就是股东；组织结构的关键是分工明确，各司其职。此部分内容具体包括：企业的组织结构图；各部门的功能与责任；各部门的负责人及主要成员；企业的报酬体系；企业的股东名单，包括认股权、比例和特权；企业的董事会成员；各位董事的背景资料；等等。

③人力资源规划

一个企业想要长久发展，就要基于以人为本的理念，反映在商业计划书中即为人力资源管理规划。这部分主要包括各部门人才需求计划、招聘培训计划、奖惩机制等。

（7）财务分析

财务分析是对商业计划书中的所有定性描述进行量化的一个系统过程，直接关系到对项目价值的评估和取得资金的可能性。在商业计划书中，一般需要对创业企业做 3～5 年的财务规划，具体内容可仿照如下模式：

①经营的条件假设

创办企业需要人、财、物等各方面资源的加持。创业需要的物质资源一般表现为有形资产，按照流动性可以分为流动资产和非流动资产。流动资产是在一年或一年以上的一个营业周期中可以变现的资产，如原材料、库存商品等；流动资产外的有形资产或无形资产均属于非流动资产，如机器设备、办公桌椅、商标权、专利权等。购置资产需要支付现金，从而影响企业的融资计划。对资产进行预估，再结合对流动资产资金需求的判断，可以计算出物质资源所需的资金数量。

②未来的财务预算

在对企业未来发展做出合理预测的前提下进行财务预算，确定资金需求、融资额度、预期收支等。这部分主要通过编制预计的资产负债表、损益表、现金流量表等来展现。

预计资产负债表是反映在未来某一时刻的企业经营状况，可根据表中数据来获得可能的投资回报率，由固定资产、现金、贷款、净资产、股本、利润准备金、股东资金等组成。资产负债表举例如表 10-2 所示。

表 10-2　资产负债表范例　　单位：元

预计资产负债表（2014—2016 年）					
资产	行次	2013 年（基期）	2014 年	2015 年	2016 年
流动资产：					
货币资金	1	3906545	3923284	7594689	12463340
短期投资	2	0	3923284	7594689	12463340
应收票据	3	0	0	0	0
应收账款	4	70126	105189	157783	236675
预付账款	5	88546	132819	199229	298843
应收股利	6	0	0	0	0
应收利息	7	0	0	0	0
其他应收款	8	732472	1098708	1648062	2472093
存货	9	695860	1043790	1565685	2348528
其中：原材料	10	0	0	0	0
在产品	11	0	0	0	0
库存商品	12	674605	1011908	1517861	2276792
周转材料	13	21255	31883	47824	71736
其他流动资产	14	0	0	0	0
流动资产合计	15	5493549	10227073	18760138	30282818
非流动资产：					
长期债券投资	16	0	0	0	0
长期股权投资	17	0	0	0	0
固定资产原价	18	270122	270122	1048676	1906807

续表

资产	行次	2013 年（基期）	2014 年	2015 年	2016 年
减：累计折旧	19	67531	94543	199410	390091
固定资产账面价值	20	202592	175579	849266	1516716
在建工程	21	0	778554	858131	2116005
工程物资	22	0	0	0	0
固定资产清理	23	0	0	0	0
生产性生物资产	24	0	0	0	0
无形资产	25	0	0	0	0
开发支出	26	0	0	0	0
长期待摊费用	27	0	0	0	0
其他非流动资产	28	0	0	0	0
非流动资产合计	29	202592	954133	1707397	3632721
资产总计	30	5696141	11181207	20467534	33915539
负债和股东权益					
流动负债：	31				
短期借款	32	300000	0	0	0
应付票据	33				
应付账款	34	411083	616625	924937	1387405
预收账款	35	0	0	0	0
应付职工薪酬	36				
应交税费	37	6125	9188	13782	20673
应付利息	38	24000	0	0	0
应付利润	39	2004720	3197332	4854528	7320952
其他应付款	40	0	0	382913	947305
其他流动负债	41	0	0	0	0
流动负债合计	42	2745928	3823144	6176159	9676335
非流动负债：	43				
长期借款	44	0	0	0	0

续表

资产	行次	2013 年 （基期）	2014 年	2015 年	2016 年
长期应付款	45	0	0	0	0
递延收益	46	0	0	0	0
其他非流动负债	47	0	0	0	0
非流动负债合计	48	0	0	0	0
负债合计	49	2745928	3823144	6176159	9676335
所有者权益(或股东权益)：	50				
实收资本(或股本)	51	500000	1000000	2000000	3000000
资本公积	52	0	0	0	0
盈余公积	53	445493	1156011	2234795	3861674
未分配利润	54	2004720	5202051	10056579	17377531
所有者权益(或股东权益)合计	55	2950213	7358063	14291375	24239205
负债和所有者权益总计		5696141	11181207	20467534	33915539

（资料来源:上海巨尚电子商务有限公司创业计划书。）

损益表反映企业未来的盈利状况，是对创业企业经过一段时间运作后的运营结果的预期，包括销售收入、毛利、管理费用、营业利润、财务费用和净利润等内容。损益表举例，如表 10-3 所示。

表 10-3　损益表范例　　单位:元

损益表(2014—2016 年)					
项目	行次	2013 年 （基期）	2014 年	2015 年	2016 年
一、营业收入	1	32247860	48371790	72557685	108836528
减:营业成本	2	21762446	32625179	48987166	73514128
其中:固定成本		36980	36980	104868	190681
变动成本		21725466	32588199	48882299	73323448
营业税金及附加	3	58072	87107	130661	195991
其中:消费税	4				
营业税	5				
城市维护建设税	6	29894	44841	67261	100891

续表

项目	行次	2013 年（基期）	2014 年	2015 年	2016 年
资源税	7				
土地增值税	8				
城镇土地使用税、房产税、车船税、印花税	9				
教育费附加、矿产资源补偿费、排污费	10	28178	42267	63400	95100
销售费用	11	5327421	7991131	11986697	17980046
其中：商品维修费	12	37620	56430	84645	126968
广告费和业务宣传费	13 13	5289801	7934701	11902052	17853078
管理费用	14	56410	61675	69573	81419
其中：开办费	15	42650	42650	42650	42650
业务招待费	16	10530	15795	23693	35539
研究费用	17	3230	3230	3230	3230
财务费用	18	24000			
加：投资收益（损失以“—”号填列）	20		392328.35	759468.9	1246333.95
二、营业利润（亏损以“—”号填列）	21	5019511	7999025.4	12143057	18311277.1
加：营业外收入	22				
其中：政府补助	23				
减：营业外支出	24	69586	104379	156569	234853
其中：存货跌价损失	25	69586	104379	156569	234853
无法收回的长期债券投资损失	26				
无法收回的长期股权投资损失	27				
自然灾害等不可抗力因素造成的损失	28				
税收滞纳金	29				
三、利润总额（亏损总额以“—”号填列）	30	4949925	7894646	11986489	18076424
减：所得税费用	31	494993	789465	1198649	1807642
四、净利润（净亏损以“—”号填列）	32	4454933	7105182	10787840	16268782

（资料来源：上海巨尚电子商务有限公司创业计划书。）

现金流量表反映企业的未来现金流动，如表 10-4 所示。

做财务预算时，要注意遵循以下几点原则：

a. 财务预算要立足于真实市场调研。只有市场调研可靠、顾客需求得到验证，其经营活动才有可能创造实际价值，依此进行的财务预算才真实可信。

b. 财务预算奉行“长粗短细”原则。即长期财务预算可以简略一些，但短期预算要尽量做到精确、翔实。

c. 财务预算是建立在对商业计划书中的营销、生产运营等进行分析的基础之上的。因此，必须明确下列问题：第一，产品在每一个会计期间的产量、销量有多大？第二，企业何时需要扩大生产？第三，单位产品的生产费用是多少？第四，单位产品的定价是多少？第五，使用什么分销渠道？所预期的成本和利润是多少？第六，雇用人员的成本是多少？等等。这些问题的回答离不开生产运营等商业计划书的其他部分。

表 10-4　现金流量表范例　　单位：元

预计现金流量表（2014—2016 年）					
项目	行次	2013 年（基期）	2014 年	2015 年	2016 年
一、经营活动产生的现金流量：					
销售产成品、商品、提供劳务收到的现金	1	33303842	49787881	74681821	112022732
收到其他与经营活动有关的现金	2	732472	366236	932267	1388423
购买原材料、商品、接受劳务支付的现金	3	22352010	32811841	52206388	78344965
支付的职工薪酬	4	992071	4262674	1155589	1038217
支付的税费	5	559189	2367146	3565170	5357425
支付其他与经营活动有关的现金	6	6143239	8480771	12719542	19077698
经营活动产生的现金流量净额	7	3989805	2231685	5967399	9592850
二、投资活动产生的现金流量：					
收回短期投资、长期债券投资和长期股权投资收到的现金	8				

续表

项目	行次	2013年（基期）	2014年	2015年	2016年
取得投资收益收到的现金	9		392328	759469	1246334
处置固定资产、无形资产和其他非流动资产收回的现金净额	10				
短期投资、长期债券投资和长期股权投资支付的现金	11				
购建固定资产、无形资产和其他非流动资产支付的现金	12		778554	858131	2116005
投资活动所产生的现金流量净额	13		−386226	−98662	−869671
三、筹资活动产生的现金流量：					
取得借款收到的现金	14	300000			
吸收投资者投资收到的现金	15		500000	1000000	1000000
偿还借款本金支付的现金	16		300000		
偿还借款利息支付的现金	17		24000		
分配利润支付的现金	18	1005800	2004720	3197332	4854528
筹资活动产生的现金流量净额	19	−705800	−1828720	−2197332	−3854528
四、现金净增加额	20	3284005	16739	3671405	4868651
加：期初现金余额	21	622540	3906545	3923284	7594689
五、期末现金余额	22	3906545	3923284	7594689	12463340

（资料来源：上海巨尚电子商务有限公司创业计划书。）

③融资计划

融资方案是根据创业计划、创业项目、产品的特点，结合创业团队的优势，结合财务风险分析和财务风险控制的计划所编写的。一般来说，融资方案包括融资额、融资时间、融资对象、融资方式、融资用途等。

（8）风险分析

没有风险分析的创业计划书是不完整的，因为创业本身就带有一定的冒险性，创业过程中的风险也通常会让人始料不及。风险分析不仅能减轻投资者的疑虑，让他们对企业有全方位的了解，更能体现管理团队对市场的洞察力和解决问题的能力。在这一部分，创业者可以从以下几个方面进行阐述。

①市场风险

市场风险包括生产中可能遇到的问题、销售者未知的因素、竞争中难以预料的方面、顾客的不同需求与反馈等。

②技术风险

技术风险主要是技术研发中的困境，如技术力量不够强大、研发不到位、员工熟练程度不高、经验不足、研发资金短缺等。

③资金风险

创业者需要阐明可能出现的资金周转不畅和资金断流等问题，也要讲明万一企业遭遇清算的后果及遭遇清算后有无偿还资金的能力。

④管理风险

创业者要实事求是，要如实反映情况，不能刻意隐瞒管理方面的缺陷和漏洞，诸如人手不足、经验欠缺、资源匮乏等。

⑤其他风险

企业的其他风险有很多，如政策的不确定性、经营中的突发状况、财务上的不确定因素等，都可以归入此类。

创业者的任务是，在对市场、技术、资金、管理等各方面风险进行分析之后，将这些风险及相应的解决方案用清晰的文字在创业计划书中反映出来。风险并不可怕，可怕的是没有应对风险的能力与对策。主动识别和讨论风险会极大地增加企业的信誉，使投资者更有信心。

(9) 投资者退出方式

投资者退出方式主要包括以下几方面内容。

股票上市：依照商业计划的分析，对公司上市的可能性做出分析，对上市的前提条件做出说明。

股权转让：投资者可以通过股权转让的方式收回投资。

股权回购：依照事业商业计划的分析，公司实施股权回购计划应向投资者说明。

利润分红：投资者可以通过对公司利润分红达到收回投资的目的。按照商业计划的分析，公司实施股权利润分红计划应向投资者说明。

4. 创业计划书的检查

由于创业计划书要准确回答投资者的疑问，争取投资者对创业企业的信心，因此，在创业计划书编写完成后，可以从以下几个方面对创业计划书进行检查：

(1) 检查创业计划书逻辑是否清晰，论据是否充分，表达是否通俗易懂，语法是否正确，用词是否恰当。

(2) 是否备有索引和目录，以便投资者可以较容易地查阅各个章节。

(3) 是否编写了摘要并放在了最前面。如果已编写，检查摘要是否写得简明扼要、引人入胜。

(4) 是否显示出你具有管理公司的经验。如果没有，一定要明确地说明你已经找了一位经营大师来管理你的公司。

(5) 是否显示了你有能力偿还借款，从而增强投资者的信心。

(6) 是否显示出你已进行过完整的市场分析。要让投资者坚信你在计划书中阐明的产品需求量是真实的。

(7) 能否打消投资者对产品或服务的疑虑。如果需要，可以准备一件产品模型。

5. 创业计划书的展示

(1)创业计划 PPT 展示

创业融资路演常见的形式就是创业计划 PPT，它是路演、找投资和介绍产品必备的材料之一。创业路演中创业项目 PPT 通常包含 8 页，涵盖以下 6 点。

①Team/Partner/Resource

团队成员的背景，能力在哪里，行业经验多少年，有什么样的优势。合作伙伴在哪里，有没有很强的合作伙伴。做这个产品，有哪些资源可以利用到并获得回报。

②Why(What)

为什么要做这个产品，用户的痛点在哪里。用场景式的图片，加上数据和自已的解释。图片是用户具体的场景，数据是解释有多少用户有这样的痛点，自己的解释就是用自己的话去圆里面的逻辑。

③市场

这个痛点有多大的市场，有多少人有这样的问题，需要解决这个问题的人有多少。也是用图片加数据和解释的形式来做。

④Compare(竞品分析)

这一块是竞品分析，讲述已有的两三个竞品，讲他们做的好在哪里，不足在哪里。如果自己来做，可以从哪些地方比他们做得更好。

⑤Solution(Product)

产品有什么样的核心功能,用什么样的方式,或者不一样的方式甚至完全颠覆的方式去解决问题。

⑥发展规划(When)

产品做出来以后,怎么推广,打算用多少时间做到多少的用户量,公司会怎么去扩展,希望占有多少的市场份额,这一步做好以后,下一步会怎么做,公司长远的一个发展,采用什么样的商业模式、市场推广……这些都可以在这里体现。投资人需要了解公司长远的发展。市场竞争也是重点,通常这里需要讲2～3个点的变现模式。另外,还有财务预算计划,在营收之前需要多少钱,人员成本多少,广告成本多少。

⑦财务预算和融资需求

种子期的项目,做简单财务预测,如每个月固定成本与运营成本是多少,营收平衡期限通常需要控制在12～18个月。如果有融资需求,财务需要专门用Excel表格来做,具体到每个月每个项目的开支。最后表明融资需求,可出让多少股份。如果一个创业者说融多少钱都可以,那是很不靠谱的,融多少钱要根据公司的财务预测来计算,这对于第一次接触融资的创业者来说是容易忽视的。

(2) 电梯演讲

电梯演讲(Elevator Pitch)是指在很短的时间(如坐电梯,通常60秒)内向投资人、老板等阐述你的商业计划或项目想法,以获得他们的投资兴趣。

【小贴士】

麦肯锡30秒电梯理论来源于麦肯锡公司一次沉痛的教训。一次,该公司为一家重要的大客户做咨询。咨询结束的时候,麦肯锡的项目负责人在电梯间里遇见了对方的董事长,该董事长问麦肯锡的项目负责人:“你能不能说一下现在的结果呢?”由于该项目负责人没有准备,而且即使有准备,也无法在电梯从30层到1层的30秒钟内把结果说清楚,最终,麦肯锡失去了这一重要客户。

此后,麦肯锡要求公司员工凡事要在最短的时间内把结果表达清楚,凡事要直奔主题,直奔结果。麦肯锡认为,一般情况下人们最多记得住一二三,记不住四五六,所以凡事要归纳在3条以内。这就是如今在商界流传甚广的30秒钟电梯理论或称电梯演讲。

创业者做得最多的事情之一,就是和各种人讲自己的想法、项目。所以,从某种程度上讲，有效的电梯演讲是创业必杀技。但是多数人对自己在短短时间内应该讲什么、怎么讲，如何做好一个精彩的电梯演讲没有概念，也因此会变得不自信。做好电梯演讲应把握三点：一是充分的前期准备；二是快速的分析能力；三是果断的归纳提炼。电梯演讲是一项技能，是完全可以通过练习提高的！

①电梯演讲的内容

应该涵盖以下四点：你解决什么问题？你是怎么解决这个问题的？你如何做到与众不同？我为什么要在乎？

②电梯演讲各环节技巧

在介绍产品或项目时，不要告诉投资人你的产品是适合所有人或可以解决所有问题的。众口难调，没有一款产品可以做到让所有人鼓掌。投资人也不期望你能“普度众生”。他所期待的，是一家受众定位明确、可操作性强、盈利性强、可规模化的公司。

不要事无巨细地介绍你的产品，要学会留给投资人提问和想象的空间。惜字如金，你要做到的只是让投资人在听完你简短的产品阐述后产生浓厚的兴趣，而不是对着他们念产品说明书，其中的技术原理和实现方式方法完全没有必要赘述。你只要让他们知道，你的产品是干吗的，以及基本的运作原理就好了。

投资人最关心的问题是：为什么是你来解决这个问题？为什么只能是你？所以在介绍你和你的小伙伴的时候，你要想好这个问题。要让投资人知道凭什么你们有能力达到你说的目标；不要让投资人发现你的想法在团队中有不同意见（尤其是当你和你的合作者一起做电梯演讲时，千万别产生不同的意见）。在投资人眼中，这是致命的弱点！最后，切记千万别说：我的产品是目前市场上最好的。是的，也许你的产品能做到比竞争对手的好那么一点点，但是，投资人只想知道是什么能让你的产品与众不同。

第二节　新企业开办

一、新企业的组织形式

创业者组建了创业团队，通过市场调研和分析找到了创业机会，制订了创业计划，获得了创业启动资金，就可以开始成立新企业了。从某种意义上说，成立新企业是创业过程中最关键的环节。但是，作为创业者还必须清楚，当你走到这一阶段，创业的真实故事，才刚刚开始。

“我想创业，我注册一家什么样的公司合适？”“我想创业，我采取一种什么样的组织形式合适？”这是创业者首先会遇到的一类问题。创业过程，就是一个建立组织和组织逐渐成长、壮大的过程。创业第一步，除了资金上的准备、资源上的准备、心理上的准备以外，极为重要的一件事就是针对自身情况，选择一个合适的创业组织形式。每种创业组织形式各有其利弊，选择恰当，便可趋利避害；反之，就可能会对组织将来的发展带来巨大的隐患。

一般来说，企业选择的法律组织形式有个体工商户、个人独资企业、合伙企业和公司企业等不同类型。大学生初创企业多属于小微企业（表 10-5），如果是想自己独立创办企业，那么可以选择的是个人独资企业、个体工商户等形式；需要与他人合作设立企业的话，可以成立合伙企业或有限责任公司。不同形态的企业有不同的成立要件、出资额、承担责任形式等。

表 10-5　小微企业法律形态特征比较

法律形态	个体工商户	个人独资企业	合伙企业	有限责任公司
法律依据	《个体工商户条例》	《个人独资企业法》	《合伙企业法》	《公司法》
企业性质	非法人、非企业	非法人企业	非法人企业	法人企业
投资人数	一个自然人或家庭	一个自然人	两人以上	2～50 人
注册资本	无注册资本限制	无注册资本限制	无注册资本限制，协议约定	最低 3 万元，因经营内容不同而有不同下限
出资形式	无限制	无限制	普通合伙企业无限制，有限合伙企业中有限合作人不可以以劳务出资	货币、实物、知识产权和土地使用权等均可出资，但是劳务、商誉等不可作为出资
投资主体	自然人或家庭	自然人	国有公司、国有企业、上市公司、公益性事业单位、社会团或法人体不得为合伙人	2～50 个自然人或法人

续表

法律形态	个体工商户	个人独资企业	合伙企业	有限责任公司
经营主体	个人或家庭	投资者	合伙人共同经营	股东不一定参与经营
成立条件	有相应的经营资金和经营场所即可	投资人为一个自然人;有合法的企业名称;有投资人申报的出资;有固定的生产经营场所和必要的生产经营条件;有必要的从业人员	有两个以上合伙人,并且都是依法承担无限责任者;有书面合伙协议;有各合伙人实际缴付的出资;有合伙企业的名称;有经营场所和从事合伙经营的必要条件	股东符合法定人数;出资额达到法定最低额;制定公司章程;有公司名称与符合有限责任公司的组织结构;有固定的生产经营场所和条件
税收	定额,不缴纳企业所得税	定额,不缴纳企业所得税	缴纳个人所得税,不缴纳企业所得税	双税制,缴纳企业所得税和个人所得税
利润分配	归个人或家庭	归个人	合伙人按照合伙协议分配	股东按出资比例分配

二、新企业的注册流程

2015 年 6 月 23 日,国务院办公厅颁布了《关于加快推进"三证合一"登记制度改革的意见》(国办发〔2015〕50 号),以简化企业登记、审批的程序,提高登记效率,方便企业准入。"三证合一",就是将企业依次申请的工商营业执照、组织机构代码证和税务登记证三证合为一证,提高市场准入效率;"一照一码"则是在此基础上更进一步,通过"一口受理、并联审批、信息共享、结果互认",实现由一个部门核发载有 18 位的"统一社会信用代码"的营业执照。企业无须再次进行税务登记,也不再领取税务登记证。"一照"即营业执照,"一码"即统一社会信用代码。

2016 年 6 月 30 日,国务院办公厅颁发《关于加快推进"五证合一、一照一码"登记制度改革的通知》(国办发〔2016〕53 号),在"三证合一"登记制度改革的基础上,再整合社会保险登记证和统计登记证,实现"五证合一、一照一码"。

企业登记制度改革后,办理企业注册登记手续一般包括以下十个步骤。

1. 预先核准企业名称

首先,咨询后领取并填写《名称(变更)预先核准申请书》《投资人授权委托意见》,同时准备相关材料;其次,递交《名称(变更)预先核准申请书》、备用名称若干及相关材料,等待名称核准结果;最后,领取《企业名称预先核准通知书》。

2. 确定公司注册地址

提供新办企业经营活动场所地址。如需租赁房屋要签订租房合同,并且一般要求使用工商行政管理局的统一制式租赁协议,并由房屋所有者提供房产证的复印件及房屋所有者身份证复印件。

3. 前置和后置审批

经营范围中有需要特种许可的经营项目,不同行业及相应管理部门规定不同,有的要前置审批(餐饮行业等 12 大类),有的要后置审批(根据工商行政管理局告知,共计 41 大类 190 个审批项目)。

4. 验资

即按照《公司法》规定,开立验资账户,企业投资者按照各自的出资比例,向账户注资,等待验资,通过审计部门进行审计并出具验资报告。

5. 申领营业执照(三证合一、一照一码)

工商行政管理局对企业提交材料进行审查,确定符合企业登记申请。经工商行政管理局核定提供资料完整的五个工作日后,可领取一个加载统一社会信用代码的营业执照。

6. 备案刻章

凭营业执照、法定代表人身份证原件、经办人身份证及复印件到公安局指定的单位刻章,包括公章、财务专用章和法定代表人章等。

7. 税务报到

公司成立后,一般要求十个工作日内去所属税务机关报到,超时未报到的企业会影响法定代表人及股东的征信。税务报到后每月都需记账报税,没有收入支出也要报税,不能忘记申报。

8. 开设企业基本存款账户

基本存款账户是指存款人办理日常转账结算和现金收付而开立的银行结算账户。企业经营活动的日常资金收付以及工资、奖金和现金的支取均可通过该账户办理,存款人只能在银行开立一个基本存款账户。开立基本存款账户是开立其他银行结算账户的前提。企业开立的基本存款账户的名称应按照营业执照上的单位名称设置,具体可在企业属地任意一家具有对公业务的银行金融网点开立基本存款账户。如需将验资存款账户直接转为基本存款账户,企业应提供开户证明、企业的营业执照正本原件及复印件、组织机构代码证正本原件及复印件、法人代表身份证原件及复印件、国地税的税务登记证原件及复印件、印鉴卡、开立单位银行结算账户的申请书等相关资料。

9. 进行社会保险登记

社会保险登记是社会保险费征缴的前提和基础,也是整个社会保险制度得以建立的基础。县级以上劳动保障行政部门的社会保险经办机构主管社会保险登记。缴费单位申请办理社会保险登记时,应填报社会保险登记表,并出示相应的证件和材料。

10. 进行商标注册

商标注册,是指商标使用人将其使用的商标依照法律规定的条件和程序,向国家商标主管机关(国家工商行政管理总局商标局)提出注册申请,经国家商标主管机关依法审查,准予注册登记的法律事实。商标通常由文字、图形、英文、数字的组合构成。商标注册的一般程序是:商标查询(2 天内)→申请文件准备(3 天内)→提交申请(2 天内)→缴纳商标注册费用→商标形式审查(1 个月)→下发商标受理通知书→商标实质审查(12 个月)→商标公告(3 个月)→颁发商标证书。

三、新企业的文件编写

新企业工商注册需向所在地工商行政管理部门提交相关材料。创业者需要根据所选择的企业组织形式的具体要求,填写各种登记表,编写合伙协议、公司章程、发起人协议等相关文件。

1. 合伙协议

合伙协议是由各合伙人协商一致，明确各合伙人权利义务的法律文件。合伙协议应当载明下列事项：

(1) 合伙企业的名称和主要经营场所的地点；

(2) 合伙目的和合伙经营范围；

(3) 合伙人的姓名或者名称、住所；

(4) 合伙人的出资方式、数额和缴付期限；

(5) 利润分配、亏损分担方式；

(6) 合伙事务的执行；

(7) 入伙与退伙；

(8) 争议的解决办法；

(9) 合伙企业的解散与清算；

(10) 违约责任。

合伙协议经全体合伙人签名、盖章后生效。合伙人按照合伙协议享有权利，履行义务。合伙协议的修改或者补充应当经全体合伙人一致同意；但是，合伙协议另有约定的除外。合伙协议未约定或者约定不明确的事项，由合伙人协商决定；协商不成的，依照《合伙企业法》和其他有关法律、行政法规的规定处理。

2. 公司章程

公司章程是指公司依法制定的，规定公司名称、住所、经营范围、经营管理制度等重大事项的基本文件。公司章程不仅是公司的自治法规，而且是国家管理公司的重要依据。设立公司必须依法制定公司章程，公司章程对公司、股东、董事、监事、高级管理人员具有约束力。

(1) 有限责任公司章程

有限责任公司章程应当载明下列事项：

①公司名称和住所；

②公司经营范围；

③公司注册资本；

④股东的姓名或者名称；

⑤股东的出资方式、出资额和出资时间；

⑥公司的机构及其产生办法、职权、议事规则；

⑦公司法定代表人；

⑧股东大会会议认为需要规定的其他事项,股东应当在公司章程上签名、盖章。

(2) 股份有限公司章程

股份有限公司章程应当载明下列事项:

①公司名称和住所;

②公司经营范围;

③公司设立方式;

④公司股份总数、每股金额和注册资本;

⑤发起人的姓名或者名称、认购的股份数、出资方式和出资时间;

⑥董事会的组成、职权和议事规则;

⑦公司法定代表人;

⑧监事会的组成、职权和议事规则;

⑨公司利润分配办法;

⑩公司的解散事由与清算办法;

⑪公司的通知和公告办法;

⑫股东大会会议认为需要规定的其他事项。

四、新企业的经营管理

在经过一系列的注册程序后,创业者就有了自己的企业。然而,新创企业建立起来并不代表着一劳永逸,万里长征才刚走了第一步。由于根基不是很牢固,因此新创企业随时都面临着倒闭的危险。根据有关调查,中国中小企业的平均寿命仅 2.5 年,集团企业的平均寿命仅 7～8 年,新创企业的失败率普遍很高。有很多因素造成了新创企业的失败,如市场开拓不力、资金不足、人员管理不到位、产品品质难以保证等。很多失败通常是由企业在初期管理上不成熟的表现所致,比如成本难以核算、不能有效进行市场营销与控制现金流等。认识新创企业在初期管理的特殊性,并对其进行针对性控制时应做到:保障业务稳定、持续增长;保证财务清晰、成本最低;保证人员够用、后劲有力;保证不忘初心、回归目的。

1. 保障业务稳定、持续增长

新企业在创立初期的首要任务是在市场竞争中生存下来,让消费者认识和接受自己的产品或服务。在这个阶段,要想办法保障业务稳定、持续地增长。要尽快找到客户,把自己的产品或服务卖出去,掘到第一桶金,只有这样新企业才能在市场中找到立足点，才有了生存的基础。“别再跟我谈对新产品的构想，告诉我你能推销出去多少现有的产品”是这一时期的管理要务。重要的不在于想什么，而在于做什么，一切以结果为导向。企业里的大多数人，包括创业者在内，都要出去销售产品，这就是所谓的“行动起来”。这一阶段最忌讳提出不切实际的扩张目标，盲目铺摊子、上规模，结果有可能导致新创企业现金流枯竭。虽然初创期企业亏损与赚钱会反复交替，但直到最终持续稳定地赚钱，才算是度过了创业的“婴儿期”。

2. 保证财务清晰、成本最低

企业要成长，必须保证财务清晰，现金流充分，成本最低。新企业需要建立产、购、销、存一体化的内部财务信息系统，重视企业财务的安全管理，并持续地改进，使财务管理为企业创造效益，为企业的发展壮大奠定良好的基础。而现金流对企业而言，如同血液对人一样重要。资金链断裂，往往会使刚刚成立起来的企业遭遇挫折甚至破产。企业可以承受一时的亏损，但不能忍受片刻的现金断流。企业成长需要现金，现金不仅能保障当前的成长，还能为未来的成长做准备。通过提高现金流，企业在成长过程中能更好地避免现金危机，并且避免受难以对付的债权人或投资者的支配。新创企业甚至应该为未来的成长自筹资金，以减少对风险资本的依靠。一旦企业出现负现金流，将会发生偿债危机，可能导致企业因破产而过早夭折。因此，处于初创期和成长期的企业的管理重点是让企业产生正现金流。

基于这一创业管理的要求，创业者必须“锱铢必较”，千方百计增收节支、加快资金周转，控制企业的发展节奏。创业者应尽可能采用“早收账，迟付账”的策略，如利用充值卡预付款的形式，出售或转让应收账款，实现企业的正现金流。

3. 保证人员够用、后劲有力

人才是支撑企业成长的关键要素，是企业的核心资产。从根本上说，企业的成长是基于人力资源的成长，企业的发展是基于人力资源的发展，快速成长企业的一个共同特点，就是有强有力的人力资源管理。这也是企业持续竞争力的根源。快速成长的新企业必须通过以下措施来保证人员够用、后劲有力。

（1）提供有竞争力的薪资待遇

成长企业要吸引优秀人才的加盟，所提供的薪酬待遇在人力资源市场上一定要有竞争力。有些初创企业的合作伙伴在初期企业起步时可以少拿薪酬甚至不拿，但是这是基于对长期收益的预期，所以企业除了基本工资还要有利润分享计划，通过员工持股、股票期权等方式给予员工激励。另外，企业内部的薪酬要相对公平，减少内耗。最后，企业薪酬与绩效挂钩，并提供“五险一金”，为员工减除后顾之忧。

(2) 提供广阔的成长空间

很多员工愿意承受较大的风险加入初创企业，因为他们更加看重的是新创企业提供的成长机会和上升空间，具体包括：①晋升空间；②学习培训机会；③管理内容丰富化；④管理技能的发展和提升；等等。不同员工看重的成长机会不同，应因人而异给予激励。

(3) 营造良好的工作环境

良好的工作环境包括物质环境和人文环境。物质环境是指办公场所、办公设备、办公空间等。更重要的是和谐的同事关系、顺畅的沟通渠道、积极向上的企业文化等人文环境。

4. 创业风险的防范

创业过程中存在高风险和高不确定性，这是任何一个创业者都必须面对的事实。正确地认识风险防范的内涵、过程，掌握评估和合理地防范风险的措施，是创业成功的必要条件。

通过对投资方案进行评估、对市场进行周密调查、制定科学的资金使用政策等，积极预防风险，以尽可能地降低成本，获取收益。一旦某个环节出了问题，要有采取补救措施的预案，尽可能减少负面影响。同时，要加强管理，建立健全企业各种规章制度，审查各类合同，加强对合同履行过程的监督。例如，为公司研发的技术申请专利、为自己创建的品牌注册商标等，都是积极预防风险发生的措施。

5. 熟悉相关法律知识

大学生创业者熟悉相关法律知识是依法创业的关键。创业者了解甚至熟悉创业相关的法律知识，可以帮助其顺利进行创业活动，避免误入歧途。大学生创业者具有学习的先天优势，在实施创业活动之前，充分了解和学习有关创业的法律知识，将有助于其理性创业，从一开始就踏上法律阳光照亮的健康创业之路，减少因盲目“下海”造成的不必要的损失。

那么，大学生创业者在创业之前应该学习哪些法律法规呢？从常见的创业法律现象来看，初创企业经常遇到的法律问题涉及知识产权纠纷、投融资关系、劳动雇佣关系、商业合同违约、税收征管、公司架构、股权以及投资协议等方面。

如果围绕企业的开办和经营活动，企业组织行为的各个方面都要受到法律、法规的制约。

思考题：

1. 寻找一份创业计划书，剖析其选择的写作结构。

2. 新创企业在公司形式选择、成立、道德伦理问题上可能面临风险。其实，创办新企业是一个非常复杂的过程，需要做大量的前后期准备工作。那么，你能否再列举一些新创企业应注意的关键问题呢？

第十一章

创业成果实训

知识结构图：

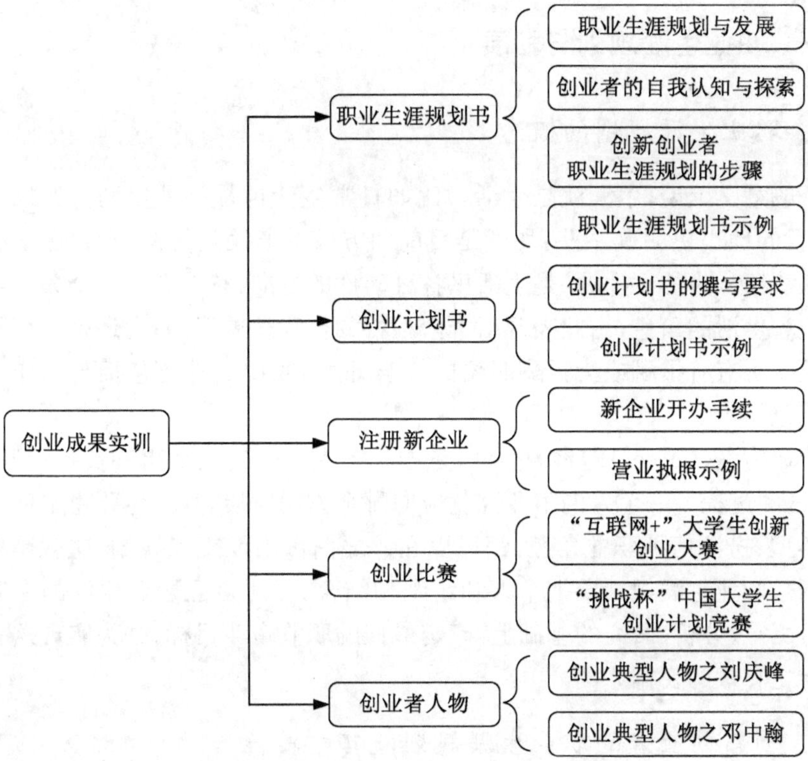

知识目标：

1. 了解职业生涯规划书、创业计划书、注册新企业、创业比赛的内容；
2. 掌握职业生涯规划书、创业计划书的撰写。

能力目标：

能在学习和实践中完成创业成果——职业生涯规划书、创业计划书、注册新企业、创业比赛。

第一节　职业生涯规划书

一、职业生涯规划与发展

1. 职业生涯规划的概念

一般意义上说，生涯就是生活。比如日常生活也是一种生涯。如果更抽象一些，目的性也更明确一些，那就是目前西方较为通用的说法，即美国的生涯理论专家萨柏认为的："生涯"是生活里各种事件的方向；它统合了一个人一生中各种职业和生活的角色，由此表现出个人独特的自我发展形态；它还是人生自青春期至退休所有有报酬或无报酬职位的综合，除了职位之外还包括与工作有关的各种角色。

职业生涯(Career)即事业生涯，是指一个人一生连续从事和负担的职业、职务、职位的过程。一个人的事业究竟应向哪个方向发展，其一生要稳定从事哪种职业类型、扮演何种职业角色，都可以在此之前做出设想和规划，这就是职业生涯规划。职业生涯规划要把个人和组织相结合，在对自己职业生涯的主客观条件进行测定、分析、研究的基础上，确定最佳的职业奋斗目标，并为实现这一目标做出行之有效的安排。

2. 创新创业者的职业生涯规划及其重要性

创新创业者的职业生涯规划就是在了解自己的个性特征、能力素质、需求等内部因素及资源、环境等外部因素的基础上，根据自己的理想、追求确定适合自己的创新创业发展方向和目标，并制订相应的计划，以期能更好地推动创新创业。

当前，在国家大力推进“双创”的时代，不管是创新还是创业，都是一件复杂而艰巨的事情。每个想成为创新创业者的人在做出决定前，都需要了解创新创业的需求、条件，了解创新创业者将要面对的风险和挑战，并为之做好充足的准备。因此，创新创业者要想取得成功，除了个人要具备相应的特质外，还应有个人发展和提升规划、创新创业规划，以应对要面临的诸多不确定性和风险。

有人也许会说，不做职业生涯规划也能成功，那些政治领袖、名人、企业家、职业经理，他们未必都有职业生涯规划，为何他们的人生那么辉煌呢？是，不做职业生涯规划，有些人的事业也可能会取得成功，但其成功的概率并不高。一个成功的人一定是有明确目标并不懈追求的人。开展职业生涯规划，人的行动就有了更强的目的性、指向性和计划性，事业取得成功的把握无疑会更大。

【案例 42】

孙正义的50年人生计划

日本软银集团创始人孙正义指出：“成功不会在几年内就降临，它需要多年的努力。我建议每个人都准备好自己的清单，来决定你的人生该怎样走，然后全心全意做你决定好的事情。99%的人走一步看一步，所以他们只能取得一般性的成功；而早早就树立愿景的人，往往会取得巨大的成功。”他在19岁就规划好了自己的人生，列出了未来50年自己的人生计划：在20岁时，投身于自己向往的行业并宣布自己的存在。在30岁时，积累足够的资金尝试做一个大的项目，资金的规模应在1亿美元以上。在40岁时，拥有至少1000亿日元的资产，选好投资、经营的行业，并全力以赴，在这个行业里力争做到第一名。在50岁时，在世界范围内有所影响，做出一番惊天动地的伟业。在60岁时，获得标志性的事业成功。在70岁时，选好自己的接班人，准备把事业交给下一任。

孙正义年少时就立下如此大志。他制订的这个野心勃勃的“50年计划”，遭受了很多人的嘲笑。但是他认为，如果他许下一个宏大的愿望，拥有一个伟大的梦想，并有着高昂的激情和卓越的远见的话，他的人生就会变得更加充实、更加精彩。后来的事实证明，孙正义的理想并不是空想。当孙正义的人生画卷徐徐展开时，竟然几乎都是按照他的这个“50年计划”所设计的轨道运行的，那些当初的梦想，正在一个一个成为现实。

风不会把没有目标的船吹向成功的彼岸，人生比建造房屋更需要蓝图。孙正义用他的事迹告诉我们，职业生涯规划有它的重要作用，它可以帮助我们集中精力、全神贯注地发挥自己的优势，争取获得更多更好的回报，也有助于我们发挥潜力,成功实现自己的理想和目标。

二、创业者的自我认知与探索

1. 自我认知的定义

自我认知指的是对自己的洞察和理解,包括自我观察和自我评价。自我观察是指对自己的感知、思维和意向等方面的觉察;自我评价是指对自己的想法、期望、行为及人格特征的判断与评估。这是自我调节的重要条件。

2. 创新创业者自我认知的维度及其测试

(1)兴趣

每个人都有自己的兴趣爱好,它也是一个人的情感依托所在。因为喜欢,所以在做这件事情的时候就会很投入,即使十分疲倦和辛劳,也总是兴致勃勃、心情愉快的。如果一个人选择的职业与自己的兴趣吻合,那么枯燥的工作也会变得丰富多彩、趣味无穷,就会产生一种动力,也就是我们通常说的欲望,它是对自我价值的认可和追求。

著名科学家、诺贝尔物理学奖获得者杨振宁认为"兴趣是创新之源、成功之本"。他之所以能在物理领域的规范场理论取得最高成就,就是因为他在芝加哥大学读博士研究生的时候,对规范场产生了浓厚的兴趣。美国苹果公司创始人史蒂夫·乔布斯(Steven Jobs)研发了诸多影响世界的数字产品与技术,他的成功也在于他找到了且全身心地投入自己感兴趣的电子学领域。

目前,关于职业兴趣测试比较有代表性的是霍兰德职业兴趣测试,它是由美国职业指导专家霍兰德(John Holland)根据他本人大量的职业咨询经验及其职业类型理论编制的测评工具。霍兰德认为,个人职业兴趣特性与职业之间应有一种内在的对应关系。根据兴趣的不同,人格可分为研究型(I)、艺术型(A)、社会型(S)、企业型(E)、传统型(C)、实用型(R)六个维度,每个人的特性都是这六个维度的不同程度组合,如图 11-1 所示。

霍兰德认为企业型(E)特性的人更适合进入创新创业领域。这种特性的人的特点为:追求权力、权威和物质财富,具有领导才能;喜欢竞争,敢冒风险,有野心和抱负;为人务实,习惯以利益得失、权力、地位、金钱等来衡量做事的价值,做事有较强的目的性。

(2) 性格

霍兰德认为,性格与职业环境的匹配是形成职业满意度和成就感的基础。

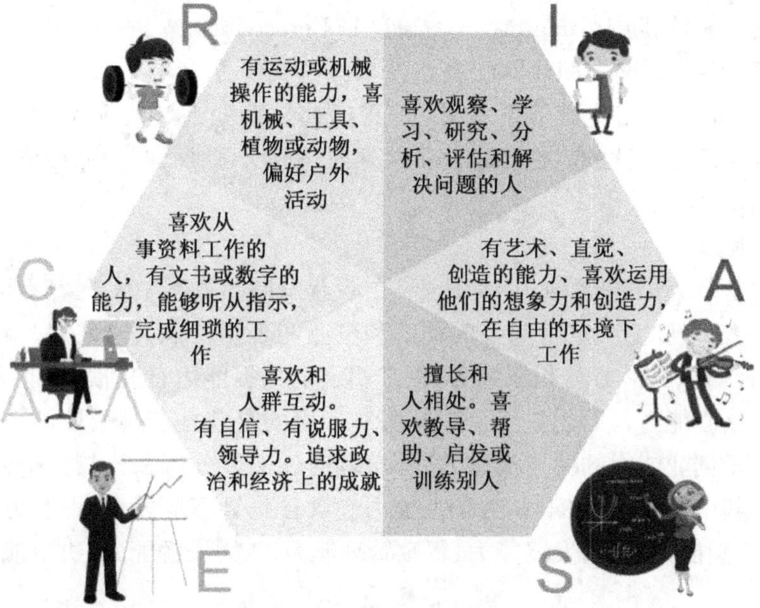

图 11-1　霍兰德人格类型图

如果从业者从事自己性格偏好的职业，那么他会在工作中释放出无限的激情，发挥出最完美的自己。但如果一个人的性格与职业不相符甚至有很大的冲突，那么，即使进入了这一岗位，他也会觉得工作是一种折磨，对工作不认可会导致职业倦怠，也就不会有成就可言。创新创业领域也一样，性格对创新创业的成败有重要影响。因此，每一个创新创业者在规划或者重新选择自己的道路时，一定要根据自己的性格，知道自己擅长什么，不适合做什么，真正喜欢什么，可能会厌恶什么。只有在对性格有深入了解的情况下，创新创业活动才能避免走弯路及浪费不必要的时间和精力。

在众多的性格测试工具中，MBTI 职业性格测试是国际最为流行的职业人格评估工具。作为一种对个性的判断和分析，它是一个理论模型，从纷繁复杂的个性特征中，归纳提炼出四个关键要素——动力、信息收集、决策方式、生活方式，以此进行分析判断，从而把不同个性的人区别开来。

MBTI 从四个维度考查个人的偏好倾向，以区分人与人之间的差异性。四个维度分别是：

精力支配：外向 E(Extraversion)——内向 I(Introversion)；

认识世界：感觉 S(Sensing)——直觉 N(Intuition)；

判断事物：思维 T(Thinking)——情感 F(Feeling)；

生活态度：判断 J(Judging)——知觉 P(Perceiving)。

MBTI 性格类型与职业匹配表如表 11-1 所示。

MBTI 职业性格测试结果表明，INTJ（内向、直觉、思维、判断）型性格的人比较适合从事创新性的工作，而 ENTP(外向、直觉、思维、知觉)型性格的人更适合从事创业活动。

（3）能力

能力是个人综合能力的一种体现，在职业发展的过程中发挥着不可代替的作用，在一定程度上决定着职业的成就和事业能否持续扩大与发展。对创新者而言，创新知识的学习与积累能力、创新机会的捕捉能力、创新思维能力和创新技能是其核心能力。而创业者由于其面对环境的复杂性和挑战性，能力要求更广泛。关于创业能力的构成模型，国外学者通过文献分析和比较分析做了积极的探索。其中 Baum(1994)认为创业能力包含自我管理能力、知识能力、认知能力、机会识别能力、机遇发展能力、行政管理能力、人力资源能力、决策能力、领导能力等。

（4）心理成熟度

为什么有些人才华横溢却不能笑傲人生？为什么有些人稍遇挫折就灰心丧气？这里涉及一个心理成熟度的问题。心理成熟的个体在面临挫折或冲突的紧张情境时，会在其内部心理活动中自觉或不自觉地解脱烦恼、减轻内心不安、恢复心理平衡与稳定。一个人要想顺利实现自己的职业理想，必须有良好的心理竞技状态，那些心智成熟的人往往最容易获得世俗的成功，更能早日达成心中的理想与愿景。

创新创业是一个复杂的长期的过程，它要面对激烈的竞争，面对各种变化和不确定性，忍受常人难以忍受的困苦。创新创业者往往要具备不怕挫折、不畏险阻、艰苦创业的心理素质以及良好的心态和自控能力，没有成熟心理的人是难以胜任创新创业重任的。

表 11-1　MBTI 性格类型与职业匹配表

性格类型	性格特征	较适合的职业
ISTJ（内向、感觉、思维、判断型）	安静、严肃、一丝不苟、认真负责，而且明智豁达，是坚定不移的社会维护者。讲求实际、非常务实，总是孜孜以求精确性和条理性，而且有极大的专注力。不论干什么，都能有条不紊、四平八稳地把它完成	会计师、财务核查员、工程师、财务经理、警察、技师
ISFJ（内向、感觉、情感、判断型）	安静、友好、忠心耿耿、一心一意、有责任感和良知、喜欢助人为乐。这种人有很强的职业道德，一旦觉得自己的行动确有帮助，他们便会担起重担	图书馆员、教师、服务性工作者
INFJ（内向、直觉、情感、判断型）	喜欢寻求思想、关系、物质等之间的意义和联系；原则性强，善于独立进行创造性思考，有很强的洞察力，坚持自己的价值观；对怎样更好地服务大众有清晰的愿景；在对目标的实现过程中有计划而且果断坚定	艺术工作者、音乐家、心理医师、教师、作家等
INTJ（内向、直觉、思维、判断型）	在实现自己的想法和达成自己的目标时，有创新的想法和非凡的动力；能很快洞察到外界事物间的规律并形成长期的远景计划；一旦决定做一件事就会开始规划并直到完成为止；多疑、独立，对自己和他人的能力和表现的要求都比较高	电脑分析师、法官、律师、工程人员、科学家等
ISTP（内向、感觉、思维、知觉型）	灵活、忍耐力强，是个安静的观察者，有问题发生时，会马上行动，找到实用的解决方法；分析事物运作的原理，能从大量的信息中很快地找到关键的症结；对原因和结果感兴趣，用逻辑的方式处理问题，重视效率	手工艺者、建筑工程师、机械工作者、保险服务工作者、统计人员等
ISFP（内向、感觉、情感、知觉型）	安静、友好、敏感、和善；喜欢有自己的空间，喜欢按照自己的时间表工作；对自己的价值观和自己觉得重要的人非常忠诚，负责任；不喜欢争论和冲突；不会将自己的观念和价值观强加到别人身上	文书工作者、建筑工作者、音乐家、油漆工作者等
INFP（内向、直觉、情感、知觉型）	理想主义者，对于自己的价值观和自己觉得重要的人非常忠诚；希望外部的生活和自己内心的价值观是统一的；好奇心重，很快能看到事情的可能性，使其成为实现想法的催化剂；适应力强，灵活，善于接受，除非是有悖于自己的价值观的	艺术工作者、娱乐工作者、编辑、心理学家、社会工作者、作家等
INTP（内向、直觉、思维、知觉型）	对自己感兴趣的任何事物都寻求找到合理的解释；喜欢理论性的和抽象的事物，热衷于思考而非社交活动；安静、内向、灵活、适应力强。对自己感兴趣的领域有超凡的集中精力深度解决问题的能力；多疑，有时会有点挑剔，喜欢分析	艺术工作者、电脑分析师、工程师、科学家、作家等

续表

性格类型	性格特征	较适合的职业
ESTP(外向、感觉、思维、知觉型)	灵活、忍耐力强,实际,注重结果;觉得理论和抽象的解释非常无趣;喜欢积极地采取行动解决问题;注重当前,自然不做作,享受和他人在一起的时刻;喜欢物质享受和时尚;学习新事物最有效的方式是通过亲身感受和练习	账务核查员、工匠、警察、销售人员、服务性工作者等
ESFP(外向、感觉、情感、知觉型)	外向、友好、接受力强。喜欢和别人一起将事情做成功;在工作中讲究常识和实用性,并使工作显得有趣;灵活、自然不做作,对任何新的事物都能很快地适应;学习新事物最有效的方式是和他人一起尝试	育婴师、采矿工程师、秘书、督导等
ENFP(外向、直觉、情感、知觉型)	热情洋溢、富有想象力,认为人生有很多的可能性;能很快地将事情和信息联系起来,然后很自信地根据自己的判断解决问题;总是需要得到别人的认可,也总是准备着给予他人赏识和帮助;灵活、自然不做作,有很强的即兴发挥能力,言语流畅	演员、咨询师、记者、音乐家、公关人员等
ENTP(外向、直觉、思维、知觉型)	反应快、睿智,有激励别人的能力,警觉性强、直言不讳;在解决新的、具有挑战性的问题时机智而有策略;善于找出理论上的可能性,然后再用战略的眼光分析;善于理解别人;不喜欢例行公事,很少会用相同的方法做相同的事情,倾向于一个接一个地发展新的爱好	演员、记者、营销人员、摄影师等
ESTJ(外向、感觉、思维、判断型)	实际、现实主义;果断,一旦下决心就会马上行动;善于将项目和人组织起来将事情完成,并尽可能用最有效率的方法得到结果;注重日常的细节,有一套非常清晰的逻辑标准,有系统性地遵循,并希望他人也同样遵循;在实施计划时坚定而有力	督导、行政人员、财务经理、经理、推销人员等
ESFJ(外向、感觉、情感、判断型)	热心肠、有责任心、合作;希望周边的环境温馨而和谐,并为此果断地执行;喜欢和他人一起精确并及时地完成任务;事无巨细都会保持热情,能体察到他人在日常生活中的所需并竭尽全力帮助;希望自己和自己的所为能受到他人的认可和赏识	美容师、健康工作者、秘书、教师等
ENFJ(外向、直觉、情感、判断型)	热情、为他人着想、有责任心;非常注重他人的感情、需求和动机;善于发现他人的潜能,并希望能帮助他们实现;能成为个人或群体成长和进步的催化剂;忠诚,对赞扬和批评都会积极地回应;友善、好社交。在团体中能很好地帮助他人,并有鼓舞他人的领导能力	演员、咨询顾问、咨询师、音乐家、教师等
ENTJ(外向、直觉、思维、判断型)	坦诚、果断,有天生的领导能力;能明察一切事物中的各种可能性,很快看到公司或组织程序和政策中的不合理性和低效能性,并迅速找到改进方法。他们是天才的思想家,做事深谋远虑、策划周全。喜欢发号施令	行政人员、律师、经理、营销人员、工程人员等

(5) 环境

环境认知是对社会自我的认知和职业环境的认知。社会自我的认知是指对人的社会因素的认识，包括社会地位、家庭背景和状况、人际关系、可利用资源等；职业环境认知包括对社会环境、行业环境、地域环境、企业环境的认知。一个人的职业发展需要有一定的环境支撑，这样才能取得成功。在创新创业实践中，创新者与创业者都要受到政策法规环境、科技环境、资金环境、人才环境、产业环境、市场环境等的影响。两者的环境支撑有相似性，但也有所不同。创新者的环境支撑一般来自企业或职能部门的内部，获取难度较小，而创业者的环境支撑一般来自市场，获取难度较大；创新者受环境影响的涉及面要小，面临的风险也较小，而创业者面临的环境影响是全面的，任何一个环境因素的变化都可能会影响创业者的创业成功率。

3. 创新创业者 SWOT 分析

前面提到的创新创业者在兴趣、性格、能力、心理成熟度四个方面的自我认知，只能证明一个人是否具备创新创业的特质，但不能明确回答他是否可以做创新者或创业者这个问题。在具备基本特质的前提下，环境因素决定了创新创业者的职业方向选择。人、环境与职业的匹配可以用 SWOT 分析法进行测试。SWOT 分析，即基于内外部竞争环境和竞争条件下的态势分析，就是将与研究对象密切相关的各种主要的内部优势、劣势和外部的机会和威胁等，通过调查列举出来，并依照矩阵形式排列，然后用系统分析的思想，把各种因素相互匹配起来加以分析，从中得出一系列相应的结论，而结论通常带有一定的决策性。

如图 11-2 所示，SWOT 分析中的四个英文字母分别代表：优势(Strength)、劣势(Weakness)、机会(Opportunity)、威胁(Threat)。其中，优势与劣势是对自

内部因素 / 外部因素	优势(S)	劣势(W)
机会(O)	S-O 发挥优势 利用机会	W-O 利用机会 克服劣势
威胁(T)	S-T 发挥优势 回避威胁	W-T 克服劣势 回避威胁

图 11-2 SWOT 分析模型

身条件的分析，机会与威胁是对外部环境的分析。SWOT 分析法是职业生涯规划常用的自我分析工具。

（1）对个人自身条件的优势与劣势可从以下这些项进行分析：

①职业爱好：自己喜欢与不喜欢做的事情；

②学习能力：学习速度、学习深度、特长学科；

③工作态度：对工作执着上进的程度；

④与人交往能力：交往意愿、交往范围、交往深度、合作经验；

⑤自己的资金、家庭、朋友的支持程度。

（2）对外部环境的机会与威胁可从以下这些项进行分析：

①国际环境：行业的开放性、外资情况、全球经济情况；

②国内环境：政策导向、人口结构、GDP；

③所在的具体地区或城市情况；

④学校的情况、专业的情况；

⑤行业情况：行业特性、行业景气度、行业发展趋势、竞争程度、上下游产业价值链；

⑥企业的发展状况：老板、高级管理者、企业文化和制度、产品和市场、竞争对手；

⑦岗位就业情况：岗位发展趋势、竞争程度、待遇水平。

SWOT 分析法必须建立在对自身与外部环境的深入和充分了解的基础上。对自身的了解可以通过自我分析、他人评价、科学测试等方法来实现，而对外部环境的了解可以通过查阅资料、参观与见习、讨论、访谈等形式来实现。

三、创新创业者职业生涯规划的步骤

1. 机会评估

机会评估包括两个层面：一是建立在自我认知基础上的机会评估，通过了解自己、审视自己，包括自己的性格、特长、学识、智商、爱好、情商、技能、思维方式等，弄清自己想干什么和能干什么，选择最适合自己的职业方向与道路；二是建立在环境认知基础上的机会评估，即充分了解自身所处环境的特点，分析职业环境的发展变化，明确环境对自己提出的要求以及自己在这个环境中的地位，等等。只有对自我内部因素和对环境外部因素进行了充分了解和把握，才能做到科学、合理地规划自己的职业路线，使自己的职业生涯规划具有实际意义。

2. 确定目标

职业生涯规划分为人生规划、长期规划、中期规划和短期规划，相对应的，职业生涯目标也应包括人生目标、长期目标、中期目标与短期目标。我们在确定目标时，首先要根据个人的性格、气质、专业和价值观，并结合社会的发展趋势确定人生目标和长期目标，然后再对人生目标和长期目标进行分段细化，根据个人的经历和所处的组织环境制定相应的中期目标和短期目标。

（1）人生规划

一般人的职业生涯时长为 40 年左右，对应的人生目标时长也是 40 年左右。例如，规划 60 岁成为一个有数亿元资产的公司董事。

（2）长期规划

规划时长 5～10 年，对应的是长期目标。例如，规划 30 岁时成为一家中型公司的部门经理，规划 40 岁时成为一家大型公司的副总经理，等等。

（3）中期规划

规划时长 2～5 年，对应的是中期目标。例如，规划到中小型公司不同业务部门任职，并有所成就。

（4）短期规划

规划时长 2 年以内，对应的是短期目标。例如，2 年内掌握哪些业务知识和业务技能等。

3. 制订行动计划与措施

制定职业生涯目标后，关键是要付诸行动。没有落实目标的行动，目标就无法实现，事业的成功也就无从谈起。而要行动，就得有具体措施和计划，主要包括时间分配、工作安排、学习培训等方面。例如，计划学习哪些知识、掌握哪些技能？如何开发自身的潜能？如何分配时间？分哪些步骤？采取什么措施？如何提高工作效率？……这些都要有具体的计划与明确的措施。

4. 实践尝试与能力提升

纸上得来终觉浅，绝知此事要躬行。职业规划毕竟是一种主观的评估和预测，它与实际会存在一定的误差或者不相符。因此，职业规划必须有实践环节，每个人在确定自己的职业发展方向后，都应尝试在所选职业领域实践锻炼一段时间，一是验证规划中各种评估的准确性，二是在实践中学习，拓展知识，提高能力，为今后的职业生涯做好各种储备。

5. 反馈与调整

在人生的发展阶段，由于社会环境的巨大变化和一些不确定因素的存在，我们的发展与原来制定的职业生涯目标与规划有所偏差，这时就需要对职业生涯目标与规划进行评估并做出适当的调整，以更好地符合自身发展和社会发展的需要。职业生涯规划的评估与反馈过程是个人对自己的不断认识过程，也是对社会的不断认识过程，是使职业生涯规划更加科学、有效的有力保障。

四、职业生涯规划书示例

该作品曾获得江苏省第十届大学生职业生涯规划大赛三等奖；盐城市第四届大中专职业生涯规划大赛二等奖、“优秀职业生涯规划之星”、“网络最具人气奖”。

棋圆人生职业规划作品.pdf

第二节　创业计划书

创业计划书是创业者叩响投资者大门的“敲门砖”，是创业者计划创立的业务的书面摘要，一份优秀的创业计划书往往会使创业者达到事半功倍的效果。

一、创业计划书的撰写要求

1. 内容规范

一般来说，创业计划书应该讲清楚创业的种类、资金规划及资金来源、资金的分配比例、阶段目标、财务预估、行销策略、可能的风险评估、创业的动机、股东名册、预定员工人数。一般包括以下十一个方面：

(1) 封面

封面的设计要美观，一个好的封面会使阅读者产生最初的好感，形成良好的第一印象。

(2) 计划摘要

计划摘要要浓缩创业计划书的精华，包含计划的要点，以求一目了然，便于读者在最短的时间内评审计划并作出判断。

(3) 企业介绍

这部分的目的不是描述整个计划，也不是提供另外一个摘要，而是要对你的公司进行介绍，重点是介绍公司理念和战略目标。

(4) 行业分析

在行业分析中，应该正确评价所选行业的基本特点、竞争状况以及未来的发展趋势等。

(5) 产品介绍

产品介绍应包括以下内容：产品的概念、性能；主要产品介绍；产品的市场竞争力；产品的研究和开发过程；发展新产品的计划和成本分析；产品的市场前景预测；产品的品牌和专利；等等。

(6) 人员及组织结构

企业管理包括人力资源管理、技术管理、财务管理、作业管理、产品管理等，人力资源管理是其中很重要的一个环节。

(7) 市场预测

应包括以下内容：需求预测；市场现状综述；竞争厂商概览；目标客户和目标市场；本企业产品的市场地位；等等。

(8) 营销策略

对市场错误的认识是企业经营失败的最主要原因之一。在创业计划书中，营销策略应包括以下内容：市场机构和营销渠道的选择；营销队伍和管理；促销计划和广告策略；价格决策。

(9) 生产制造计划

创业计划书中的生产制造计划应包括以下内容：产品制造和技术设备现状；新产品投产计划；技术提升和设备更新的要求；质量控制和质量改进计划。

(10) 财务规划

财务规划的重点是现金流量表、资产负债表以及损益表的制备。

流动资金是企业的生命线，因此企业在初创或扩张时，对流动资金需要预先有周详的计划和进行过程中的严格控制。

损益表反映的是企业的盈亏状况，它是企业在一段时间运作后的经营结果；资产负债表则反映某一时刻的企业状况，投资者可以用资产负债表中的数据得出的比率指标来衡量企业的经营状况以及可能的投资回报率。

(11) 风险与风险管理

你的公司在市场、竞争和技术方面都有哪些基本的风险？

你准备怎样应对这些风险？

你的公司还有一些什么样的附加机会？在你的资本基础上如何进行扩张？

在最好和最坏的情形下，你的五年计划表现如何？

如果你的估计不那么准确，应该估计出你的误差范围到底有多大。如果可能的话，对你的关键性参数做最好和最坏的设定。

2. 基本结构

一份完整的创业计划书的基本结构一般包括封面、保密要求、目录、正文及附录五个主要部分。

(1) 封面

封面一般应注明公司名称、行业领域、创办者姓名、联系电话、电子邮箱、日期等。

(2) 保密要求

保密要求一般可放在次页，主要是要求投资方妥善保管创业计划书，在未经融资方允许的情况下，不得向第三方公开创业计划书中涉及的商业秘密。

(3) 目录

标明创业计划书各部分内容及页码。

(4) 正文

正文是创业计划书的主体部分，可根据自身情况分别从执行概要、企业基本情况、经营管理团队、产品或服务、技术研究与开发、行业及市场分析、前景展望、营销策略、经营管理、融资计划、财务预算、风险控制等方面，对投资者关心的问题进行介绍。在这一部分中，要做到数据准确，资料翔实，结构安排合理，内容重点突出，逻辑性强，实事求是。

(5) 附录

附录是对正文内容的补充，可对一些相关数据、资料做进一步说明、介绍和解释。比如，可列明公司的章程、市场调查问卷统计结果、调查分析、合同、知识产权的证明等。

二、创业计划书示例

1. 甲壳质材料研究 & 开发有限责任公司的创业计划书(首届“挑战杯”全国大学生创业计划大赛金奖作品)。

甲壳质材料研究&开发有限责任公司的创业计划书.pdf

上海巨尚电子商务有限公司项目运营报告书.pdf

2. 上海巨尚电子商务有限公司项目运营报告书(2014 年“创青春”全国大学生创业大赛金奖作品)。

第三节　注册新企业

一、新企业开办手续

1. 注册公司的流程以及所需要的材料

办理公司注册手续的主要流程包括:名称预先核准、办理营业执照、刻章、办理代码证、办理税务登记证和开立基本户。所需材料具体如下:

(1) 注册新公司核名所需材料

①由全体股东签名的《公司名称预先核准申请书》。

申请公司名称由行政区划、字号、行业、公司类型四部分组成。名称选多个备用(容易重名)。

②全体股东身份证原件及复印件,法人股东的提交加盖公章的营业执照复印件和公司投资决议。

③全体股东授权的委托人身份证原件及复印件。

(2) 注册新公司办理营业执照的资料

①公司法定代表人签署的《公司设立登记申请书》。

②全体股东签署的《指定代表或者共同委托代理人的证明》。

③全体股东签署的公司章程、股东会决议。

④股东的主体资格证明或者自然人身份证明复印件。

⑤依法设立的验资机构出具的验资证明。

⑥董事监事和经理的任职文件及身份证明复印件。

⑦法定代表人任职文件及身份证明复印件。

⑧住所使用证明(房产证复印件、房屋租赁合同)。

⑨《企业名称预先核准通知书》。

(3) 注册新公司刻章的资料

①营业执照副本原件及复印件。

②法定代表人身份证原件及复印件。

③经办人身份证原件及复印件。

④到公安局指定公章刻制企业刻制公章、财务章、发票专用章、合同专用章。

(4) 注册新公司办理代码证的资料

①营业执照副本原件及复印件。

②股东身份证原件及复印件。

③经办人身份证原件和复印件。

④公章。

(5) 注册新公司办理税务登记证的资料

①营业执照副本原件及复印件。

②组织机构代码证副本原件及复印件。

③股东身份证原件及复印件。

④验资报告原件及复印件。

⑤公司章程原件及复印件。

⑥住所使用证明(房产证复印件、房屋租赁合同)。

⑦出租人为自然人的提供出租人身份证号码,出租人为企业的提供出租人代码证号码。

(6) 注册新公司办理基本户开户许可证的资料

①营业执照正本原件及复印件。

②组织机构代码证正本原件及复印件。

③税务登记证正本及复印件。

④股东身份证原件及复印件。

⑤公章、财务章、法定代表人名章。

⑥代理人身份证原件、复印件。

⑦授权书。

2. 企业的注销手续

公司注销有内部和外部两方面的原因。内部原因例如公司经营不善、市场不好等。外部原因例如被吊销、撤销等，具体如下：

股东或股东会作出公司解散决议；公司依法宣告破产；公司章程规定营业期限届满且不续；公司章程或法律规定的解散事由出现；公司因合并、分立解散；公司被依法强制解散；公司吊销或撤销后转注销。

企业注销手续如下：

(1) 登报

在公司清算期间即可登报公示，需要在当地工商局认可的报纸进行登报，内资企业只需登报 1 次，外资企业需要登报 3 次。最好选择日报进行公示，注销公告至少需要公示 45 天。

(2) 注销社保

社保局会核查公司是否存在欠缴情况。通过后领取《社保注销通知单》。

(3) 注销国、地税

自公司宣告终止之日起 15 日内，公司需向原税务登记机关申请办理税务注销，先注销国税，再注销地税。

税务局会核查公司是否完税。通过后领取《税务注销通知单》。

(4) 到工商局办理公司注销备案

登报公示 45 天后，可以去公司登记的工商局办理公司注销备案，注销公司营业执照。通过后领取工商局出具的《准予注销登记通知书》。

注：很多报告需要填写日期的地方最好先不填，等正式办理时的“最后关头”再填，以免日期有误导致全部重填。另外，非公司制企业比如合伙企业，办理营业执照注销时需要同时将印章交予工商部门。

(5) 注销银行账户

到公司开户行注销公司的开户许可证和银行基本户等其他账户。

(6) 注销印章

最后，应当到公司印章登记的公安机关注销掉公司印章的法律效应。

注：非公司制企业比如合伙企业，办理营业执照注销时需要同时将印章交予工商部门，而公司制企业注销印章是销掉公司印章的法律效应，印章可以自己保留或自行销毁。

二、营业执照示例

营业执照是登记机关依法颁发给各类市场主体的重要凭证，是市场主体登记工作的直接体现。商事制度改革以来，营业执照所关联的市场主体信息越来越丰富，应用领域越来越广泛。2018 年 12 月 24 日，国家市场监督管理总局发布了《市场监管总局关于启用新版营业执照的通知》。主要变动如下：

1. 调整版面内容

新版营业执照照面版式统一调整为横版，设有正本和副本。正副本照面按照《营业执照印制标准(2019 年版)》印制国徽、边框、标题(营业执照)、国家企业信用信息公示系统网址、登记机关公章、年月日、国家市场监督管理总局监制等内容。正副本照面按照《营业执照打印标准(2019 年版)》打印统一社会信用代码及号码、记载事项名称及内容、二维码等内容，其中副本照面加打年报提示语。《外国(地区)企业常驻代表机构登记证》《外国(地区)企业常驻代表机构代表证》中的监制单位名称等一并进行调整。

2. 增加二维码功能

新版营业执照对原版营业执照的二维码功能进行统一调整，实现二维码与国家企业信用信息公示系统上公示的企业信息精准链接，并在营业执照上增加“扫描二维码登录‘国家企业信用信息公示系统’了解更多登记、备案、许可、监管信息”提示语，鼓励社会各界通过扫描二维码直接查询该市场主体的公示信息，方便社会各界了解市场主体情况，进一步扩大营业执照在社会管理领域的重要作用，为市场主体自律、部门监管和社会共治奠定坚实基础。

3. 保持 8 种格式

新版营业执照维持原版执照的 8 种格式不变，以保证法定记载事项清晰明确，保持营业执照的稳定性和一贯性。

4. 领取印制资料

新版营业执照由市场监管总局委托制作单位制成印刷胶片、水印纸样和执照样品，版权归总局所有，免费发放各省、自治区、直辖市及新疆生产建设兵团市场监管局(厅、委)使用并提供相关技术支持。

5. 加强印刷管理

各省、自治区、直辖市及新疆生产建设兵团市场监管局(厅、委)统一负责本辖区新版营业执照和《外国(地区)企业常驻代表机构登记证》《外国(地区)企业常驻代表机构代表证》印制的组织工作。

6. 规范民族文字使用

民族自治地区已经按照《工商总局关于启用新版营业执照有关问题的通知》(工商企字〔2014〕30号)要求由原省(自治区)工商局报原工商总局批准并备案的,可以在新版营业执照上同时使用本民族文字。

7. 按时启用换发

自2019年3月1日起,经登记机关准予设立、变更登记以及补发营业执照的各类市场主体,颁发新版营业执照(含新版《外国(地区)企业常驻代表机构登记证》《外国(地区)企业常驻代表机构代表证》,下同)。之前存续的各类市场主体,可以继续使用原版营业执照,也可以申请换发新版营业执照。

8. 推进电子营业执照应用

各省、自治区、直辖市及新疆生产建设兵团市场监管局(厅、委)要按照市场监管总局的标准规范做好电子营业执照的改版工作,对于领取了新版纸质营业执照的市场主体,要同步生成新版电子营业执照并存入电子营业执照库。

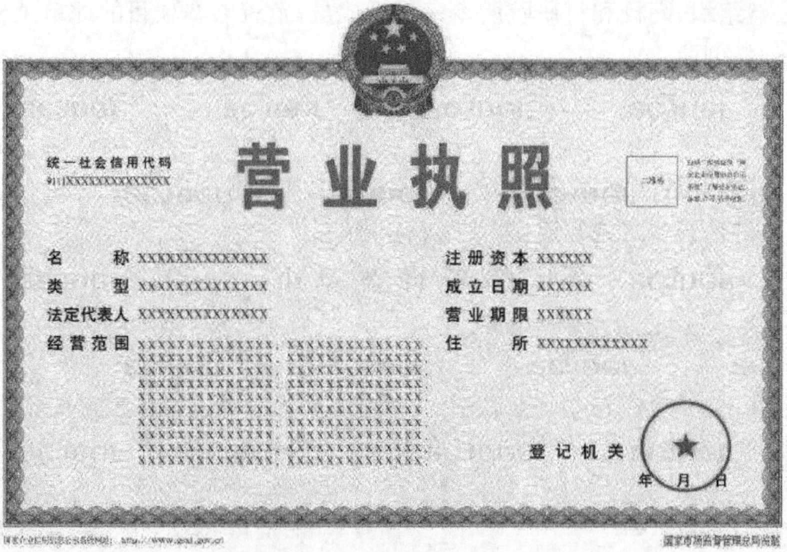

图 11-3 新版营业执照示意图

第四节　创业比赛

一、“互联网+”大学生创新创业大赛

中国“互联网+”大学生创新创业大赛，由教育部与政府、各高校共同主办。大赛旨在深化高等教育综合改革，激发大学生的创造力，培养造就“大众创业、万众创新”的主力军；推动赛事成果转化，促进“互联网+”新业态形成，服务经济提质增效升级；以创新引领创业、创业带动就业，推动高校毕业生更高质量创业就业。以下介绍第六届大赛相关内容。

1. 大赛组委会

大赛设立组织委员会，由教育部部长陈宝生和广东省省长马兴瑞担任主任，教育部副部长钟登华和广东省副省长覃伟中担任副主任，教育部高教司司长吴岩担任秘书长，有关部门(单位)负责人作为成员，负责大赛的组织实施。

2. 专家委员会

大赛设立专家委员会，由中国工程院原常务副院长潘云鹤担任主任、国家知识产权局原局长田力普担任副主任，行业企业、投资机构、创业孵化机构、大学科技园、公益组织、高校和科研院所专家作为成员，负责参赛项目的评审工作，指导大学生创新创业。

3. 参赛组别

高教主赛道：创意组、初创组、成长组、师生共创组；
青年红色筑梦之旅赛道：公益组、商业组；
职教赛道：创意组、创业组。

4. 参赛类别

“互联网+”现代农业、“互联网+”制造业、“互联网+”信息技术服务、“互联网+”文化创意服务、“互联网+”社会服务。